U0023990

尋覓臺灣老眷村

繆正西・著

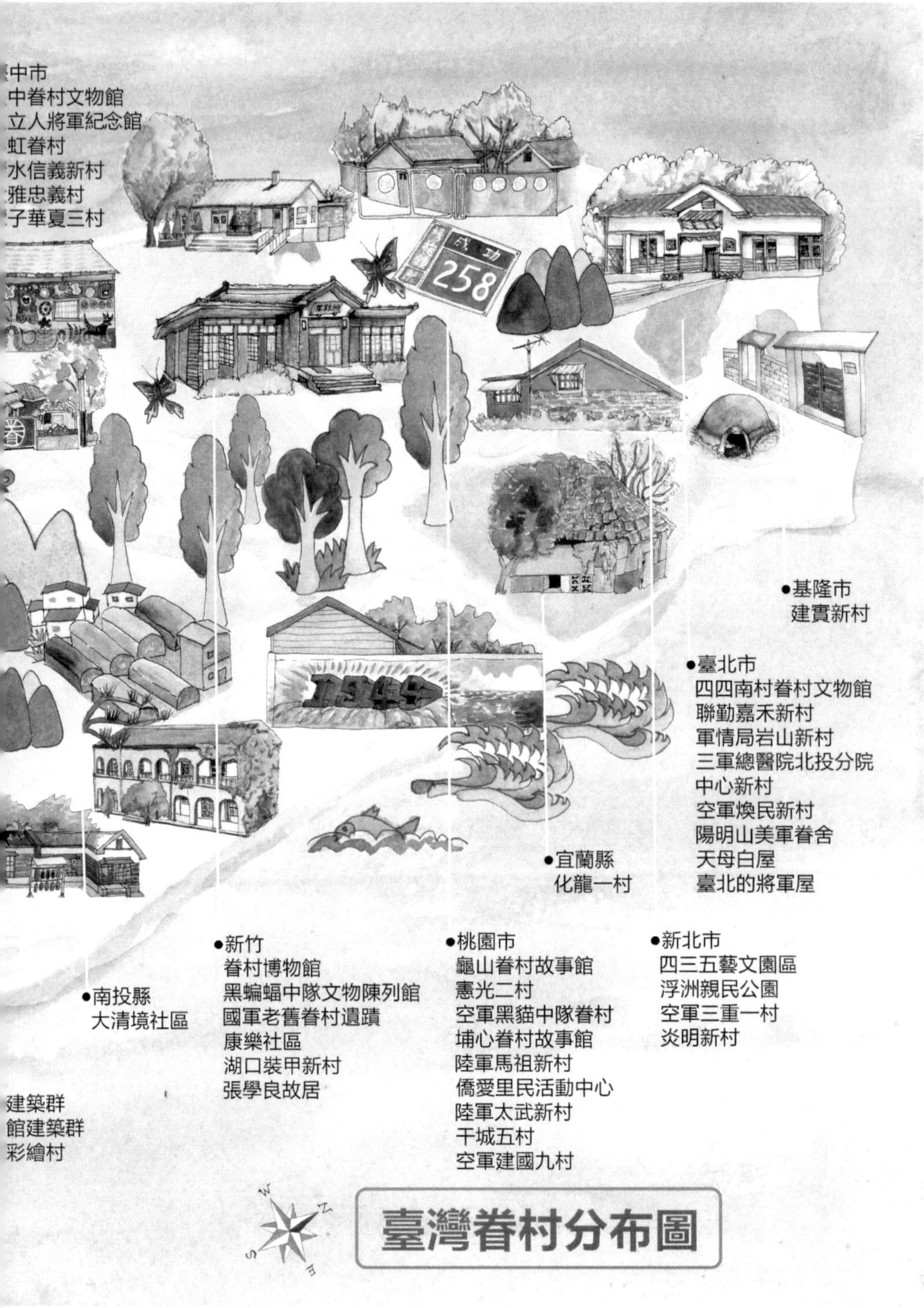

中市
中眷村文物館
立人將軍紀念館
虹眷村
水信義新村
雅忠義村
子華夏三村

●基隆市
建實新村

●臺北市
四四南村眷村文物館
聯勤嘉禾新村
軍情局岩山新村
三軍總醫院北投分院
中心新村
空軍煥民新村
陽明山美軍眷舍
天母白屋
臺北的將軍屋

●宜蘭縣
化龍一村

●南投縣
大清境社區

●新竹
眷村博物館
黑蝙蝠中隊文物陳列館
國軍老舊眷村遺蹟
康樂社區
湖口裝甲新村
張學良故居

●桃園市
龜山眷村故事館
憲光二村
空軍黑貓中隊眷村
埔心眷村故事館
陸軍馬祖新村
僑愛里民活動中心
陸軍太武新村
干城五村
空軍建國九村

●新北市
四三五藝文園區
浮洲親民公園
空軍三重一村
炎明新村

建築群
館建築群
彩繪村

臺灣眷村分布圖

澎湖縣
馬公市眷村文化館
湖西鄉隘門新村
嘉義市
嘉義市眷村生活文化館
雲林縣
建國一村
建國二村
彰化縣
中興新村
臺南市
水交社眷村文化園區
二空眷村樹屋
精忠新城
南瀛眷村文化館
公園新村
高雄市
醒村
樂群村
漢翔公司
左營眷村文化館
明德新村
建業新村
合群新村
黃埔新村
前海軍明德訓練班
花蓮
將軍
松園
介壽
屏東縣
孫立人將軍行館
屏東眷村文化園區
東港共和新村
臺東縣
蘭嶼稻香新村

推薦序——見證自己成長的歷史

繆博士這部傳記《尋覓臺灣老眷村》（臺灣現存國軍老眷村巡禮）把民國三十七年（西元一九四八年）以後，隨政府遷臺的國軍老眷村的起源、發展、興衰、人文與周邊環境，從北到南一一細數記載，替這些軍民遷臺的六十年歷史，留下了詳細的紀錄。

我從小，在高雄岡山空軍眷村——「復興村」（後併入「新生村」，更名「新生乙村」），出生長大。父親於民國三十四年（西元一九四五年），自廣東中山大學電機系畢業以後，投效空軍到了四川成都，在空軍與雷達相關部門工作；來到臺灣以後，在屏東東港雷達站工作，後來調往岡山空軍官校教授處服務。

「復興村」後面，隔著一條溝渠就是「劉厝里」，四周都是農田，也是我們小時候抓蜻蜓、釣魚及青蛙之地，充滿了兒時的歡樂；從這部傳記我才瞭解，原來「劉厝里」乃明鄭部將劉國軒之子劉登科與族人部屬，屯墾定居之地。而我們這十多個空軍眷村圍繞其邊，乃距清順治十八年（西元一六六一年）鄭成功取臺稱王之後，約三百年左右；這是臺灣又因另一批政權的更迭，再度成為大陸人士渡海的落腳之地，對照三百年前歷史，真是令人不勝唏噓！

我們出生於眷村的第二代，最年長的一輩，也都接近六、七十歲了！回顧我的父母一代，他們在民國三十七年（西元一九四八年）來臺的時候，還不滿三十歲（剛剛結婚不久）；卻做出了人生中最大的抉擇，斬斷了與親人及家裡的聯繫長達四十年。我的父親，最後甚至來不及聯繫，就已埋骨岡山；但是，他們的犧牲，卻帶給了我們這一代幸福安定、充滿希望及富足的生活，也接受到了良好的教育，並充分發展自己的事業。

我在臺大電機系念書的時候，班上有一位同學，曾是福建省紅衛兵的頭頭，女友在文革被殺後，抱著籃球游過金廈海峽到大膽島投奔自由；每次看到他，我都會問自己：如果父母當年沒有來臺灣，我的人生會是怎麼樣演變？

母親於民國一〇四年（西元二〇一五年）過世，享年九十四歲；我在岡山親情的羈絆，已經只剩下父母的牌位！

這本傳記的問世，讓我對從小長大的家鄉，有了更深一層歷史的羈絆！它讓我們這一群移民後代子女，在臺六十年來的生活，不致淹沒在歷史的荒煙漫草中；對此，我要向作者繆博士，致上深深的敬意及感激之情。

臺大前校長　李嗣涔

民國一〇五年（西元二〇一六年）八月八日

推薦序——竹籬笆裡的光陰故事

繆正西博士是出生於高雄岡山空軍眷村的子弟，多年來，繆博士專精於眷村研究，並走遍臺灣各地眷村，將逐漸消失的舊眷村及往事，透過學術研究轉化出的文字記錄，重新呈現在國人眼前。《尋覓臺灣老眷村》是繆博士走訪全臺灣老眷村遺蹟「田調筆記」的最新著作，包括本縣的「湖口裝甲新村」及「五峰張學良故居」等，都收錄在本書。

眷村是臺灣近代特殊歷史過程中衍生的獨特住居型態，是珍貴的文化資產。隨著時代變遷，多數的眷村拆除改建成為公寓大廈，老舊眷村已難復見。本縣湖口裝甲新村在四〇年代初期設立，是全臺灣相當少數以裝甲部隊為名的眷村；且由於該眷村產生過程的特殊性，導致長期難以改建，但卻無意間讓此歷史風貌與人文氛圍保存下來，並於二〇〇七年登錄為歷史建築。

為了保存裝甲新村的眷村文化及遺蹟活化，縣府於二〇一七年獲得文化部文化資產局的支持，辦理「新竹縣歷史建築湖口裝甲新村（乙村）修復計畫」。第一期的整復工程及保溫活動已經完成；第二期則邁入修復設計，同時辦理「史料蒐集及空間美化」等保溫計畫；這些資料整理好，將作為未來第三期裝甲新村眷村文化保存與後續活化的重要基礎。

「國軍老舊眷村遺蹟」是臺灣在歷史變遷及族群融合的過程中，相當重要的一環；眷村特有的住居記憶與人文網絡，更是多數外省族群共享的生命經驗。透過繆博士所著《尋覓臺灣老眷村》的字裡行間，讓我們重新感受到當年竹籬笆內，那股緊密生命共同體的濃厚情感，更體認到閩南、客家與外省眷村文化融合的光陰故事。謹綴數語，以表敬意，是為之序。

新竹縣長 楊文科 謹識

目次

第參站　新北市　59

第肆站　桃園市　81

第拾貳站　高雄市 205

第拾叁站　屏東縣 243

稻香新村

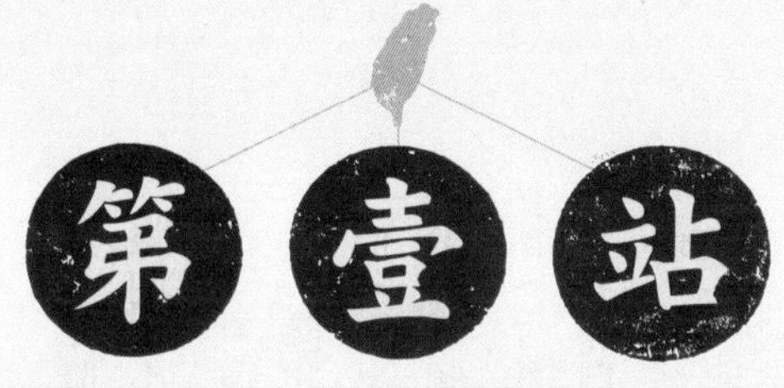

基隆市眷村分布圖

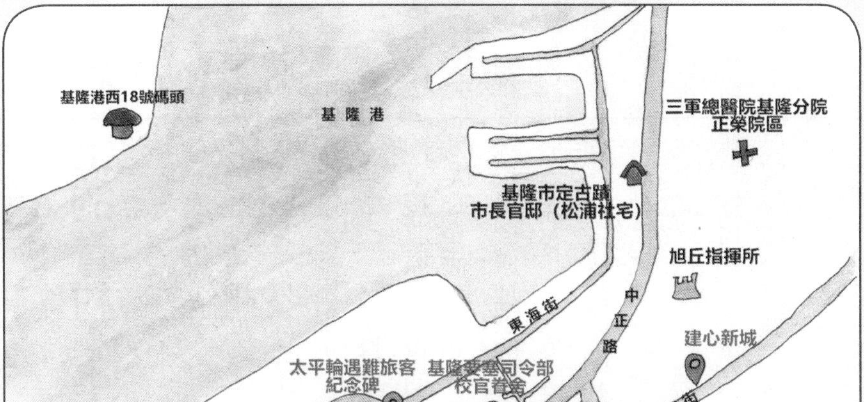

基隆港西18號碼頭
基隆港
三軍總醫院基隆分院
正榮院區
基隆市定古蹟
市長官邸（松浦社宅）
旭丘指揮所
東海街
中正路
建心新城
太平輪遇難旅客
紀念碑
基隆要塞司令部
校官眷舍
祥豐街
基隆要塞
司令部
建實新村
東海街
清法戰爭
紀念園區
正豐街
往基隆
火車站
海門天險
重建紀念碑
要塞司令
官邸
中正路
264
巷
北白川宮
能久親王紀念碑
海門天險
基隆港東岸
聯外道路
二沙灣砲臺
豐稔街
役政公園

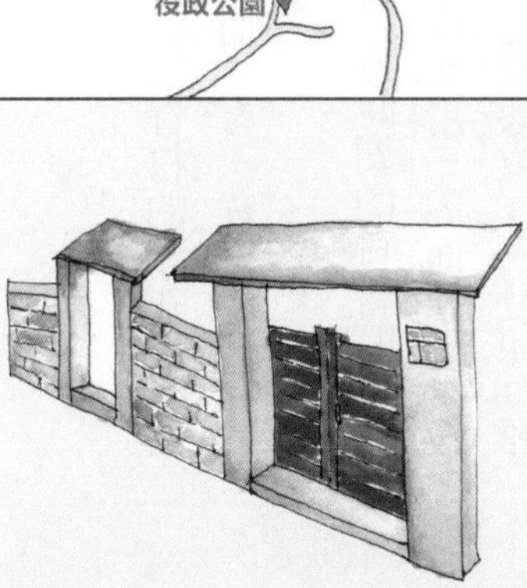

古蹟上的眷村——中正區建實新村遺蹟

基隆為港市，整個形勢倚山面海，因有海軍的軍事碼頭，所以也有海軍眷村的存在；但因腹地狹小，海軍的眷村數量，自然比不上高雄的左營軍港來得眾多。然而，在一片海軍眷村的世界中，基隆市的中正區，卻出現了三個陸軍眷村。

陸軍「建誠新村」、「建心新村」、「建實新村」等三村，原為日據時期的日新町日式宿舍；臺灣光復，國軍接收原屬日軍的基隆要塞及其日式宿舍，移交陸軍使用，因而埋下了後來這三個眷村誕生的伏筆。而為了三個眷村的學童就學需要，以往還在這裡設立了「陸軍幼稚園」；後來幼稚園廢校後，原址就改建成今日的「基隆市榮民服務處」了！

而目前仍活躍於電視臺，主持談話性節目的名主持人謝震武律師，就是出身於「建心新村」的傑出人物。在政府「眷改」的政策下，「建心新村」於民國八十二年（西元一九九三年）就地改建，成為高樓公寓式的「建心新城」；但「建誠新村」因位處山坡地，基於安全考量，改以發放補償金方式，供原住戶另購新屋後，再全村拆除。

「建實新村」雖早在民國七〇年代，就由國防部與基隆市政府合作改建；但在中正路上的日式宿舍群中，卻保留了部分未拆。其詳細位置，就在中正路的「基隆市公車處」與「基隆市榮民服務處」之間。

其中，中正路一一一號與一一三號的日式高級官舍，約建於民國十七年（日本昭和三年／西元一九二八年），光復後歸屬「基隆要塞司令部校官眷舍」；由於其建築與背景具有文史價值，為基隆市文化局指定為「市定古蹟」。而其後方，中正路一〇五巷一號至十六號的眷舍雖已拆除，卻圈圍起來無改建跡象；經詢問「榮服處」熱心的張先生（成長於「建心新村」）之後，方知背後原因：原來遺址內突出於地面上的直角三角形磚構殘蹟，可能是原「荷蘭城」遺蹟，是以受到文化部的高度重視。

而隔著中正路，「基隆要塞司令部校官眷舍」的斜對面，則是同被列為古蹟的「基隆要塞司令官舍」。這是日據時期，民國二十年（西元一九三一年）「基隆流水巴士」社長流水偉助所建的「基隆流水巴士舍宅」，其風格屬和洋折衷建築。光復期間，因位於少將嶺的原日軍「基隆要塞司令官邸」毀於戰火，是以擇此屋作為要塞司令官邸。而後，輾轉為李姓人士租用，地方上稱作「李宅」。

由「基隆要塞司令部校官眷舍」與「基隆要塞司令官舍」的地理位置來看，在以海軍眷村為主的基隆市，陸軍「建誠新村」、「建實新村」、「建心新村」等三個眷村住戶，應該都屬「基隆要塞司令部」與其附屬單位的官兵眷屬吧！

如今，在「基隆要塞司令官舍」與「基隆要塞司令部校官眷舍」，同樣殘破之外觀上，文化部與基隆市政府已經出資做了保護工程，免其繼續損壞。看著兩處標註著上億工程款項的告示牌，卻僅見鋼構鐵皮屋頂而已，這不禁教人憂心，懷疑其能有多少保護的功能？而隔著中正路，拆除了的「建實新村」部分眷舍原址（「基隆要塞司令部校官眷舍」正對面），目前正大

基隆要塞司令部校官眷舍

興土木，建造「基隆市中正區行政中心」新大樓；兩相對照之下，形成了強烈對比！

此外，張先生也指引我，去看「基隆市中正區行政中心」工地盡頭，日據時期所遺「陸軍省第十八號基隆要塞第一地帶標」的界碑——這又是一個驚奇！

其實，「建實新村」附近古蹟很多。例如：由「基隆市公車處」往前即有中法戰爭中犧牲的法軍公墓（「法國公墓」）、清軍合葬墓（「民族英雄墓」），其旁叉路上的「海軍陸戰隊」營區內，還有民國四十年（西元一九五〇年）于右任先生所題字的「太平輪遇難旅客紀念碑」；中正路對面，還有清代「基隆海關」官署原址（原為西班牙式二層磚木建築；民國二十一年／西元一九三二年，日人改建為「鄉土館」；光復後再改為「復興館」）、日本「北白川宮能久親王御遺蹟地」碑及山壁上「仰皇猷」三字模糊的石刻；而沿著其旁小路上山，則可直達「海門天險」砲臺；由「海門天險」到「中正公園」之間，還有「役政公園」陳列著除役的軍機、戰車、軍艦上的一部分設施等，乃早期美援保衛臺海安全的裝備。這些歷史遺

基隆市原海軍司令官邸

蹟，都見證了臺灣的歷史演變，足以提供遊人深刻省思！

我也查了曹永和所著《臺灣早期歷史研究》一書，得知：在明天啟四年（西元一六二四年），荷蘭人進入臺南地區，進行占領；兩年後，明天啟六年（西元一六二六年），西班牙人轉由菲律賓沿臺灣東海岸北上，最後來到基隆，也進行占領，並在社寮島（今日的和平島）築城，在港內山上築堡壘，還在大沙灣附近建「澗內」（中國人市街）。直至明崇禎十五年（西元一六四二年），荷蘭人由臺南北上，將西班牙人逐出臺灣，並毀去西班牙人所建設施；其後，荷蘭人繼續北上，另築防禦設施。

另外，再根據戚嘉林所著《臺灣史》中引用的中法戰爭時，法軍繪製的清軍基隆港地圖所示：除和平島上有城堡外，靠和平島的基隆港岸上，還有標註為「舊堡壘」的一段城牆建築，而其末端就接近大沙灣地區。

按此兩條資料合併來看，位於大沙灣地區的「建實新村」遺蹟，究竟為西班牙時期抑或荷蘭時期的建築遺蹟，必須細考方知了！相對於臺南市，因為有荷據時期遺蹟，「建實新村」中的遺蹟，不論為荷據時期或更早的西據時期，我們都應該高興，因為我們在基隆市，也找到除了臺南市之外僅有的古蹟了！

而未來，若是「基隆要塞司令官舍」、「基隆要塞司令部校官眷舍」，全都整修完成，順利開放參觀，相信來此探訪，必將是一趟充滿意義、洗滌心靈的古蹟之旅哦！

後記：基隆市國軍老舊眷村拆除時，「洞仙新村」的「白米甕砲臺」，也因發現疑似西班牙人占領的古蹟，而被保存了下來；目前和平島的考古挖掘，已經有墓葬、文物被發現，令人驚喜。

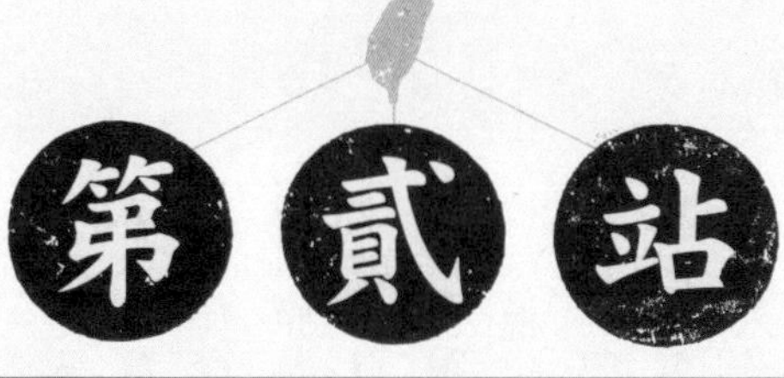

臺北市眷村分布圖

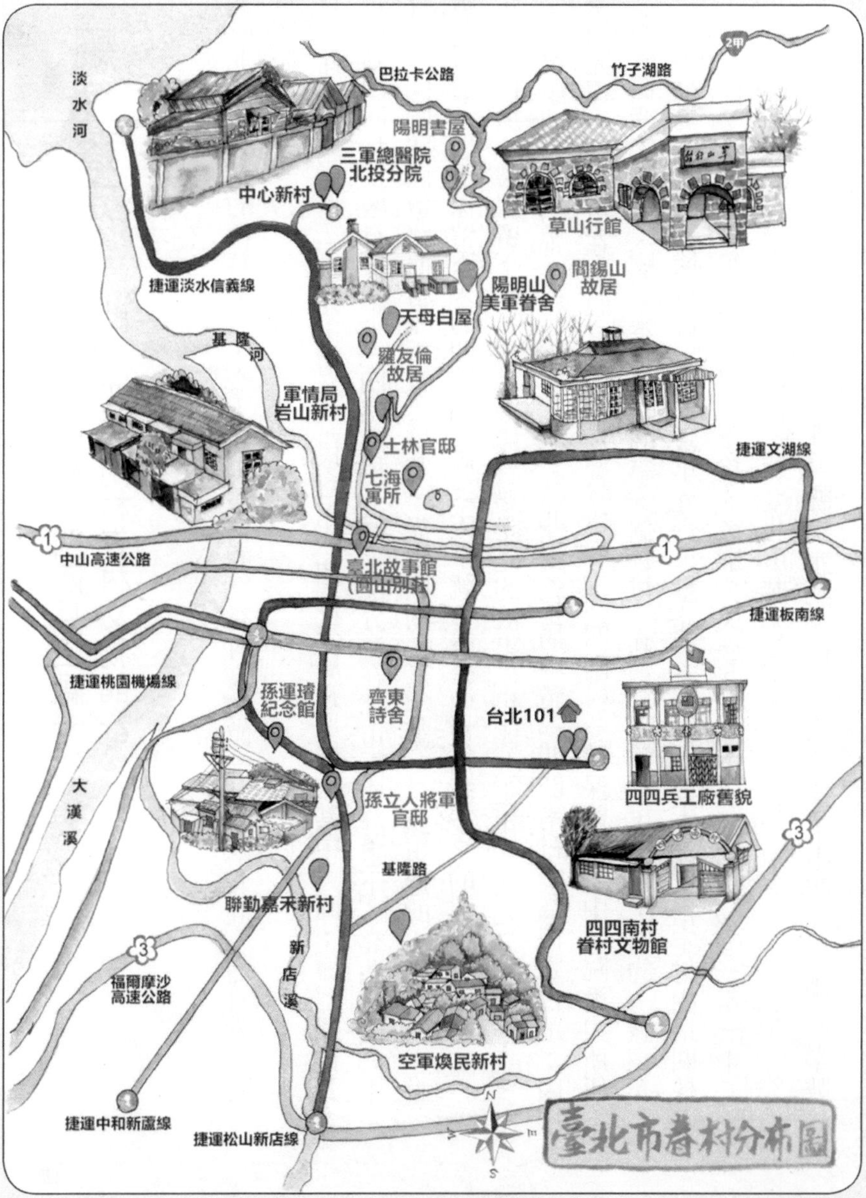

淡水河
巴拉卡公路
竹子湖路
2甲
陽明書屋
三軍總醫院北投分院
中心新村
草山行館
捷運淡水信義線
陽明山美軍眷舍
閻錫山故居
天母白屋
基隆河
羅友倫故居
軍情局岩山新村
士林官邸
捷運文湖線
七海寓所
1
中山高速公路
臺北故事館（圓山別莊）
捷運板南線
捷運桃園機場線
孫運璿紀念館
齊東詩舍
台北101
四四兵工廠舊貌
大漢溪
孫立人將軍官邸
3
基隆路
四四南村眷村文物館
聯勤嘉禾新村
新店溪
福爾摩沙高速公路
空軍煥民新村
捷運中和新蘆線
捷運松山新店線

飄萍落定——信義區聯勤「四四兵工廠」與「四四南村眷村文物館」

走入臺北市信義區的精華地段，令人難以置信的「眷村文物館」就座落其間，而且就面對著「世貿中心」與「一〇一」大樓。

其實，此文物館僅是「臺北市信義公民會館」四排一層瓦房群的其中一間；而這四排瓦房，原為聯勤四四兵工廠眷村——「四四南村」的一部分。在都市更新計畫下，靠西邊的「甲字號」眷戶，因開闢莊敬路而首先拆遷；接著，靠中間的「乙字號」、靠東邊的「丙字號」眷戶，也跟著拆遷。目前保留下來的四排，是原「丙字號」眷舍中被搶救下來的建築。

說起這四排房子被保留下來，卻是一段陰錯陽差的故事。民國九十年（西元二〇〇一年）一月，學者史康迪、葉乃齊、楊長鎮等人，向北市文化局申請「四四南村」為市定古蹟；因為它是臺灣光復後，國軍在臺設立的第一個眷村（「四四南村」被保留後，中研院近史所研究員朱浤源的研究才發現：國軍來臺設立的第一個眷村，其實是位在高雄市鳳山區的「誠正新村」，該村後來更名為「黃埔新村」）。當年九月，臺北市府文化局勘查後，指定村內這四棟建築物、自治會、碉堡、防空洞等為歷史建築；後來，民國九十二年（西元二〇〇三年）十二月，臺北市府文化局公告登錄「四四南村」為臺北市歷史建築。

不過，在市府的規劃下，原先五排編號相連的瓦房，卻打掉了中間的一排（編號

臺北市四四南村

CAA010801-025）作為廣場。而經審議保留下來的四排，又打掉了各戶間的隔牆，並於加強結構修繕屋頂後，再參照日本「公民館」模式，重新設計為「臺北市信義公民會館」。

四棟建築物變更用途，依次為：編號CAA010801-023作為「親子館」，編號CAA010801-024作為「眷村展示館」，編號CAA010801-026作為「展演館」，編號CAA010801-027作為「社區館」。如今，除了「展演館」外包給「好丘」做賣場與餐廳使用、「社區館」撥給景新里作為里民活動中心使用外，其他二館符合原規劃。

談到「四四南村」的故事，就必須從聯勤「四四兵工廠」的遷臺說起。民國三十七年（西元一九四八年）十二月，位於山東青島的「四四兵工廠」，首批員工與眷屬，搭乘「太康輪」抵達基隆港；上岸四天後，轉乘火車進駐臺北市鐵路三張犁支線上的終站——原日軍陸軍松山倉庫。「四四兵工廠」在此復工，倉庫中撥出部分，作為員工與眷屬的安置處所，一片片布幔隔開成了一戶戶的住居。

隨著一批批員工撤離青島，舉家遷臺，民國三十八年（西元一九四九年）初，廠長趙學顏將軍在廠區南面建起眷舍，讓員工與眷屬有了基本尊嚴的住居——這就是所謂「四四南村」最早的「丙字號」眷舍（每戶三點五坪）。當年六月，於「四四兵工廠」西面，建成「四四西村」；然後，再於「四四兵工廠」東南面，建成「四四東村」；並擴建「四四南村」的「乙字號」與「甲字號」眷舍。而為員工子女教養之需，則開辦「聯勤第四十四兵工廠附設幼稚園」、「聯勤第四十四兵工廠附設托兒所」於廠區南面；「聯勤第四十四兵工廠附設臺北小學」則復校於「四四南村」的東面（在「附小」東面，還有四四兵工廠的單身員工宿舍），小學後來就成了今日的「信義國小」。

在「四四兵工廠」的歷史裡，遷徙來臺並非該廠遷徙的頭一遭，然而卻是第一次離開秋海棠葉，漂洋過海來到這片芭蕉葉上，待上了比抗戰還長久得多的歲月。為了顧及員工福利，廠內不但設有「理髮室」，還有「福利社」與「四四菜市場」，提供售價低廉的生活必需品；生病有廠內醫院、「四四南村」的醫務所；老謝凋零的問題，「四四兵工廠」也有落葉安息之處——「四四公墓」就位於「吳興國小」、「基督教臺灣浸會神學院」南方，今日公墓旁還有個「惠安公園」。

整個「四四兵工廠」的員工與眷屬，就在這片天地間落葉生根。依前臺北市議員王正德的回憶：「四四南村」是工人配住，「四四東村」是技工與軍官配住，高階軍官則配住「四四西村」。依「眷村文物館」內的看板介紹：在那個貧困的年代，員工下班後為賺外快，有到三張犁踩三輪車載客、兼外職、推攤車賣吃食點心；眷屬有做刺繡、家庭代工，或到「四四西村」幫將官家庭洗衣的普遍情形。

當然，在物資缺乏的環境裡，員工子女的求學也是十分辛苦：利用木箱做成的書桌、砲彈殼做的檯燈；午夜零時整，廠方準時切斷住戶供電，一群學生則聚到巷口的路燈下，於夜風中繼續苦讀。

清苦的環境，成就了出自「四四東村」的留美博士立委費鴻泰、前臺北市議員王正德（高雄醫學院藥學士），克紹箕裘的則有費鴻泰的哥哥費鴻波（海軍二級上將）；在影視演藝方面，走出一片天的則有「四四南村」之名氣象主播李富城（空軍官校氣象科畢業，空軍上校退役），和王正德的堂兄凌峰（先入「聯勤兵工技術學校」，役畢轉影視發展）；以及原先隨父母自新竹遷來，成長於「四四東村」的李立群（中國海專畢業）。至於，眷村內沒讀好書但講求義氣的子弟，一般都會形成幫派；「四四兵工廠」子弟，曾有個「海盜幫」，活躍於西門町一帶，如今卻早已成為歷史名詞。

在都市發展下，民國六十九年（西元一九八〇年）「四四兵工廠」遷往三峽、「四四西村」改建為「明駝社區」甲、乙、丙區（目前社區內，還保留了一個「西村里」的里名）；接著，因開闢莊敬路，「四四南村」的「甲字號」眷舍也拆除了。而「四四兵工廠」的原址，蓋起了「臺北世界貿易中心」、「臺北國際會議中心」、「國際貿易大樓」、「君悅飯店」、

臺北市四四南村眷村文物館

「臺北市政府新大樓」、「臺北市議會」等建築。

民國七十九年（西元一九九〇年），「附幼」拆除；民國八十二年（西元一九九三年），「四四東村」原地改建；民國八十八年（西元一九九九年），「四四南村」也跟著拆除，走入了歷史（「四四南村庚區」改建於信義國小北方）。目前僅能從「四四南村」保存下來，開放供人參觀的「眷村文物館」，來回味以往時光了！

就「眷村文物館」內的陳設來看，乃以「四四兵工廠」與「四四南村」等三村的文物為主；全館採角落區域規劃，一入門沿指示走，有四四巨龍與古董自行車區、餐桌與衣櫥區、腳踏針車與電動針車縫

紉機區、附小課桌椅區、客廳（含書桌、電唱機的擺設）區、四四兵工廠的工作服陳列區、大型海報照片區、陳列藝術品的玻璃櫥櫃區、多媒體放映區、證件勳獎章與舊式鈔票陳列區、古董行李木箱區、起居室復原（含臥室、廚房與浴室）區、藝術創作牆面區、辦公室、照片展示區等。如此走下來，剛好環繞一圈。

更特別的是，展場中間有一個壓克力的二層地圖：上層顯示目前的建築物與街道，下層則呈現改建前「四四兵工廠」與「四四南村」等三村的分布位置，可以令人一看明白，今昔對比的變遷。其次，餐桌與衣櫥區的看板，有一段介紹眷村美食「五更腸旺」由來的文字；這是他處難見的說明。

不過，令人感到突兀的是，整體以「四四兵工廠」與「四四南村」為主的展示中，「證件、勳獎章與舊式鈔票陳列區」，出現了一位空軍上校捐贈的勳獎章與證書。雖說這是臺北市唯一一座「眷村文物館」，但若能更加用心規劃，於展示上做出區隔，相信效果可以更佳。然而，目前「眷村文物館」的編制，僅有館長、替代役男、志工各一名的情況下，若要求更多，可能也是奢望了！

最後，我願意分享一下，一次「雞婆」的經驗：有一回，我來此正好遇到一群來自東北「自由行」的遊客；當時，我義務導覽，他們很高興，離去時還拉著我合照。他們表示：有專業的介紹，收穫很多；希望我有機會「回祖國東北」，由他們幫我導覽「東北風光」。

繁華與落寞互見的眷村——中正區聯勤嘉禾新村

在臺北市公館地區「三軍總醫院汀洲院區」後面，一直到水源快速道路前，有一條永春街——聯勤的「嘉禾新村」，就像被世人遺忘般，隱身於都市叢林間。實際上，「嘉禾新村」原本是一片很大的眷村聚落，全盛時期住有眷戶一百三十戶；目前則是住戶遷出，全村封存，靜候市府文資專家審議，做最後去留的定奪。

「嘉禾新村」近年為人所知，即因電視劇《十六個夏天》、歌唱團體「五月天」的《人生海海》MV、蕭敬騰的《阿飛的小蝴蝶》MV，在此拍攝而聞名。

「嘉禾新村」原是日據時代陸軍砲兵聯隊的隊部所在地，臺灣光復後，它先後經歷「聯勤通信修理廠」、陸供軍法組等單位進駐，直至民國四十五年（西元一九五六年），才移撥作為聯勤的眷村使用。

整個「嘉禾新村」的建築，時間上含括了日據時期到光復後，至少縱貫了七十個年頭，從木造瓦房到鋼筋水泥的三層樓房，參差其間；空間上，它的組合看得出橫跨了各級官階，稱之從華宇到陋室互見實不為過。

「嘉禾新村」封村前，我來過數次。根據報紙的報導，「嘉禾新村」有合法戶八十戶、違建戶九十戶，國防部限定於民國一〇四年（西元二〇一五年）一月底前全部遷離。

臺北市嘉禾新村大門

從汀洲路三段二十四巷進入，右邊是「國防部水源職舍」，沿左邊「三軍總醫院汀洲院區職舍」往下走，走過「國防部學人新村」後，自十一號起至二十九號止，即是「嘉禾新村」面向汀洲路三段二十四巷的眷戶——這裡也正好是巷子的盡頭。接著，九十度轉彎後，出現的即是永春街；略微前行幾步，「嘉禾新村」的大門就在眼前；繼續沿著大門號碼，永春街上一三五號起至一八五號止，仍為「嘉禾新村」向外的眷舍。若順著大門入內，則屬永春街一三一巷；走入其中，巷弄蜿蜒、房舍參差，就像走入迷宮一般。

有一次到「嘉禾新村」，永春街一四一號的人家正在搬家。攀談之下，從年輕的張先生口中方知，隔壁一三九號新穎的三層樓房建築，正是聯勤兵工署長的眷舍；張先生的祖父，因擔任聯勤兵工署長的祕書，而得配住其旁。民國一〇四年（西元二〇一五年）一月二十五日，拆遷前夕入村，巧遇「好勁稻工作室」的徐小姐；經她指引，我才從後門，進入門窗皆已拆除的署長眷舍一窺。

值得一提的是，走進「嘉禾新村」大門，迎面即見名導演鈕承澤的外公——張載宇將軍的眷舍，是占地近四百坪獨棟獨院的將官戶；鈕承澤從小就住在這裡。張載宇眷舍旁，另有兩棟獨棟獨院的木造瓦房，明顯為日據時期建築：一棟造型接近武德殿，一棟形似日式高級官舍。再往內走，有些房舍則似辦公廳舍或營房改建。

然而，像張載宇的二層樓房將官級眷舍，「嘉禾新村」大約至少有五棟。當然，我也看過「嘉禾新村」內櫛比鱗次的房舍，緊緊相靠，連院落也沒有的陋室。走在「嘉禾新村」蜿蜒而錯綜複雜的巷弄內，一個轉彎也能教人從「庭院深深」的繁華，見到「蝸居斗室」的落寞。

以前「婦聯會」募款所建的國軍眷村，命名時往往將捐建機關或單位名稱鑲嵌其上；至於「嘉禾新村」的名稱，是否與香港「嘉禾影業公司」有關（也就是說，建村之初，有過香港「嘉禾」的捐款幫助）？我無從求證，只能聊誌存疑。

在都更之下，「嘉禾新村」得以封村保留，還是得感謝文史工作者與村民組成的「好勁稻工作室」，向市府提報「文化景觀」的勘查。「好勁稻工作室」的大動作，引起文化界的聲援（鈕承澤亦是聲援者之一），並受到市府的重視。

「好勁稻工作室」主張：將東起蟾蜍山腳下的「嘉禾新村」，經寶藏巖、自來水源區等，西至紀州庵的「城南水岸文史廊帶」連接起來，全區指定為「文化景觀」，為臺北市保留完整的歷史記憶建築。

的確，若將時光倒轉，民國四十五年（西元一九五六年）「嘉禾新村」建村時，臨側是「國防醫學院」，後面是「三軍總醫院」，村前是新店溪河道。而「三軍總醫院」對面，臺鐵新店支線的「水源地」車站，隨著支線停駛而關閉，居此間正好少了火車呼嘯的噪音；原本的車站，隔著羅斯福路，即是臺灣大學與繁華的公館商圈。如此得天獨厚的地理位置，真是令人羨慕！

即使如今，「三軍總醫院」、「國防醫學院」已遷往內湖，但「三總」舊址改稱「三軍總醫院汀洲院區」、「國防醫學院」舊址歸還臺大，成為「臺大水源校區」，其醫療文教區的性質和功能亦依然不變。臺鐵新店支線雖已拆除，但有代之而起的捷運新店線，交通依舊便捷。

雖說，民國一〇四年（西元二〇一五年）八月十七日，「嘉禾新村」總算被登記為「歷史建築」，但談到它的命運，卻遠遠比不上座落其旁的「寶藏巖」。

以「歷史聚落」審查通過，被臺北市政府保留的「寶藏巖」建築群，早已開放供藝文人士進駐，成為藝術創作園區；也公辦民營了「青年旅館」，提供商業活化的機能。這些確實也應該是將「嘉禾新村」予以保留可行的模式。

審視臺北市政府規劃「拆除『嘉禾新村』後，改建為防災公園」的構想來看，「好勁稻工作室」所提出的呼籲，其實並非毫無融合的空間。我相信，寶藏巖都保留得下來，「嘉禾新村」沒有保留不下的理由。再說，「嘉禾新村」還有設立「眷村博物館」的強烈理由；只是「嘉禾新村」全村保留的訴求，恐怕市府仍會打個折扣。以目前全臺保留而免拆的國軍老舊眷村來看，幾乎全屬日據時期所遺建築；所以，我合理懷疑，「嘉禾新村」最後逃過拆除命運的屋舍，恐怕也是日據時期的建築。

以寶藏巖而言，情形類似香港的調景嶺（不但歷史背景、人物，連其掙扎求生的故事都十分相像）；若「嘉禾新村」真是香港「嘉禾影業公司」捐款所建，那保留下來將更加別具意義。果真「好勁稻工作室」的主張實現，我相信美麗都會歷史廊帶的展現，必將提升臺北市的文化氛圍。

後記：在提筆寫下本文後，我又來到貼著「本處屬陸軍汽車基地勤務廠列管眷村」公告的「嘉禾新村」，可以探看到的一四九、一五三、一五七、一六三、一六九、一七三等巷弄內，屋舍門窗全被拆光時；我不禁聯想起民國一〇四年（西元二〇一五年）元旦，文史工作者痛心「老房子的鐵窗、鐵皮遭拆卸」，「嘉禾新村」將「未審先塌」，而邀請市府文化局長「到場現勘」的新聞。

民國一〇五年（西元二〇一六年）四月二十四日，「好勁稻工作室」發出新聞稿，指出：北市府審查結果，認為「嘉禾新村」足列「歷史建築」者，僅兩棟建物。「好勁稻工作室」抗議民代的兩面手法，最終可能摧毀具特色的「文化眷村」。「嘉禾新村」的未來，似乎愈來愈接近我的預測——結局恐怕不容樂觀，反而令人憂心啊！

芝山岩的神祕眷村——士林區軍情局岩山新村

二〇一五年，初春來到芝山岩，驚豔於沿路綻放的美麗櫻花之餘，不免聯想起芝山岩原本就是史蹟豐富的地方，舉凡芝山公園的「考古探坑展示館」、「六氏先生殉難碑」（日人伊藤博文的題字碑）、「義民塚」，山頂的百年古廟惠濟宮等，都是歷史的活教材。

然而，繞到山後，順著至誠路往下走，首先見到的是「私立惠幼幼稚園」，其後是「雨聲醫院」，「雨聲醫院」旁則是「雨聲國小」。回頭沿著「雨聲醫院」往下走，一個相當特殊神祕的眷村——「岩山新村」，就藏身在蜿蜒如小巷的芝玉路上；它不但神祕，也可能是距離「士林官邸」最近的眷村。

「岩山新村」的神祕，乃因其隸屬於國防部的「軍事情報局」。而談到「岩山新村」，就不得不從這個單位神祕的色彩說起。民國三十八年（西元一九四九年）國民政府遷臺，芝山岩後方的這一片地區，就成為國防部「保密局」（民國四十四年更名為「情報局」，民國七十四年再更名為「軍事情報局」）選定設址的管制區。除了「保密局」的營區之外，前前後後，其附屬單位還包含了現今仍可見到的「雨聲醫院」、「雨聲國小」、「惠幼幼稚園」等機構。

不過，「岩山新村」也非此地唯一「軍事情報局」的眷村；在民國三十八年（西元一九四九年）至七十六年（西元一九八七年）止，還有雨聲新村、雨後新村、忠義一村、忠義二村、

臺北市岩山新村（原惠幼幼稚園）

忠義三村、懷德新村等，共六個眷村的設立。我的老同事周教官，即是原出身這一大片眷村中的「眷二代」居民。

以「雨聲國小」來說，其前身乃民國四十一年（西元一九五二年）「保密局」設立的「立人幼稚園」。「立人幼稚園」設立後，次年即附設小學一班；民國四十三年（西元一九五四年）改名「私立雨聲小學」，幼稚園轉而附設於小學之下，並由「陽明山管理局」局長潘其武將軍兼代校長。民國四十六年（西元一九五七年）三月，改派姜毅英少將接任校長；民國五十四年（西元一九六五年）八月，再移交地方政府（當時隸屬於「陽明山管理局」）接辦。民國六十五年（西元一九七六年）十月，雨聲國小還受命籌辦過「雨農國小」。而老同事周教官，也是「雨聲」校友。

「私立惠幼幼稚園」雖非「軍情局」所附設，卻也是後來「婦聯會」所開辦。雨聲國小、

臺北市岩山新村巷弄景象

雨農國小、惠幼幼稚園、雨聲醫院等，都是為了「軍情局」的人員與眷屬、子女而設立；其在在顯示，這個神祕單位的特殊性。

芝山岩後山上，以前還有軍事管制區，駐有一個砲兵營（營西有一砲臺與衛哨），以保衛鄰近山下的「士林官邸」與「軍事情報局」；目前仍可見部分遺蹟。當年，從「陽明山管理局」這個特別劃出的行政區域內，至今仍可見到雨農路、雨農橋、雨聲街、雨農市場，芝山公園裡的「雨農閱覽室」、戴雨農將軍傳略紀念碑等，從中可知「軍情局」在此的影響力有多大。雖然，「陽明山管理局」裁撤後，其地併入臺北市士林區，但這個區域至今仍舊保存著「軍情局」的濃濃色彩。

可想而知，「岩山新村」與一般國軍眷村大不相同：它是由「軍情局」人員與眷戶籌資自建的眷村。「臺北市政府文化局」於民國一〇三年（西元二〇一四年）十月，認定「岩山新村為重要情報基地」，具「士林特殊的政治歷史資產」等理由，公告登錄為「文化景觀」；後來，文化局文資審查委員，對認定登錄範圍有所爭議，經多次討論再決定，改列為「歷史建築」。其登記為「歷史建築」的時間為：民國一〇四年（西元二〇一五年）十月二十七日。

「岩山新村」屬於芝玉路一段七十九巷二、四、十號的三棟建築物（含附屬建物黑瓦宅、唭哩岸石圍牆），便是被認定的「歷史建築」，包括前局長毛人鳳、侍衛官趙為恕、王定先等三人的住宅。

毛人鳳為陸軍二級上將，出身上海復旦大學，後入黃埔四期，曾是戴笠將軍的得力助手；戴笠去世後，他於民國三十五年（西元一九四六年）起，擔任「軍事委員會調查統計局」局長。該局於民國三十六年（西元一九四七年）改制為「國防部保密局」，仍由毛人鳳擔任局長。

民國三十八年（西元一九四九年）政府遷臺後，在毛人鳳任內擒獲中共在臺組織最高階的人物，就是蔡孝乾。蔡孝乾是日據時期前往上海大學求學，加入共產黨的臺籍青年；而蔡孝乾也是唯一參加過「長征」的「臺共」。蔡孝乾被擒後，為毛人鳳手下的幹員成功策反，完全瓦解了中共在臺地下組織，最後也逮捕槍決了中共潛伏在國民政府國防部內，軍階最高的將軍——吳石。

蔡孝乾後來被安置在「保密局」內任職，從事對大陸工作，最後升至「情報局匪情研究室」少將副主任，並兼任「司法行政部調查局」（今「法務部調查局」）副局長。蔡孝乾亦被安排居住於軍情局的眷舍，但是否為「岩山新村」，那就必須詳細考證了！據聞蔡孝乾雖身居高位，但幾乎生活、行動都受到嚴密監控，直至民國七十一年（西元一九八二年）十月病逝為止。

毛人鳳於民國四十五年（西元一九五六年）十二月十一日，卒於「情報局」局長任上。毛人鳳的夫人向心影女士，曾被喻為「中統史上最美貌豔麗的女特務」；他們育有毛祖貽、毛書渭、毛渝南、毛書南、毛佛南、毛維摩、毛小蘭、毛瑞蘭等八名子女。他們的生活，一如他們的身分，也充滿了神祕色彩，一切皆非外人輕易可以得悉。

侍衛官趙為恕，因職責所在，以保護長官安全為主，其為人極其低調；目前，並沒有他更為詳細的資料，由此可見。

至於，王定先先生曾是正聲廣播電臺《我為你歌唱》節目的主持人，企劃全臺歌唱比賽、發行國英臺語歌選的主要人物；他對於臺灣樂壇有舉足輕重影響，亦是流行音樂重要的推手之一。

整個「岩山新村」，可說是包覆在一大片民宅區域內；說實話，它一點都不像一般國軍眷村，因為它有著圍牆區隔，甚至眷村大門也與民居相隔甚遠。也許，這也就是它的「偽裝」與「保護色彩」吧！

目前，芝玉路一段七十九巷口，已經被圍籬給圍起來；二、四、十號，也都被圍在圍籬內。相信等待臺北市政府文化局整修完畢，應該就會讓世人一窺這些以往的神祕人物，其原先住家的景觀了！

溫泉鄉裡的眷村——北投區「三軍總醫院北投分院」與「中心新村」

步出捷運新北投站，沿著泉源路接新民路上山，經過「逸仙國小」後，再前行至叉路口，轉入新民路二十二巷，就是北投區的「中心新村」。

事實上，「中心新村」是由新民路、新民路二十二巷、中心街十巷、新民路六十二巷，所圍起約一點四公頃面積的眷村。

而新民路二十二巷、中心街十巷的另一側則是「新民國中」；順著新民路再向上，「三軍總醫院北投分院」就在「中心新村」的後方。除了地理位置的相鄰因素之外，「中心新村」與「三軍總醫院北投分院」的關係，實密不可分；這正因為「中心新村」，實際上就是「三軍總醫院北投分院」的附屬眷村。

「三軍總醫院北投分院」的前身，是日據時期原日軍的「陸軍衛戍病院北投轉地療養所」。臺灣光復後，一批「中華民國紅十字會」人員，隨陳儀自「東南長官公署」來臺，接收原日軍「陸軍衛戍病院」（院址在今廣州街北市聯合醫院和平院區附近）；其中，吳國興先生受命接管「北投轉地療養所」，並建制為「陸軍醫院」。吳國興自然也成為第一任院長，他透過調任相關人員、招募民間醫護人員，以補填軍職醫護職缺；其次，也留用一些痊癒的病患，並接受「軍醫學程」結業人員的分發，補滿員額。

臺北市中心新村

在時代的變遷中，「陸軍醫院」前後經歷了「聯勤第一醫院」、「陸軍第一總醫院」、「陸軍八〇一總醫院」的更名與變革；而後，「陸軍八〇一總醫院」遷往汀洲路（改編為「三軍總醫院」）。「陸軍醫院」原址，由基隆「陸軍八二一醫院」遷入，並再經「陸軍八三一醫院」、「陸軍八一八醫院」、「國軍北投醫院」等更名階段；最後再併入「三軍總醫院」，成為「三軍總醫院」的「北投分院」。

雖然，這所醫院歷經不同階段的任務整編，但繼續肩負著療養的重責大任，自日據時期迄今，這一直是此院最大的特色；尤其，民國四十一年（西元一九五二年）起收容精神病患，為軍醫院首創「精神科」，至今它更是國軍醫療體系中，唯一的「精神專科醫學中心」。

至於「中心新村」的早期，僅是接收原

日軍的病院附屬宿舍，部分並改建自庫房、馬廄、太平間而成，約容納了二十四戶；直至民國五十二年（西元一九六三年）五月，「婦聯會」協助增建七棟木構石綿瓦的眷舍（丙種四棟、丁種三棟，共十八戶）完成，也才有了「中心新村」的正式名稱，並成為地政上「中心里」名稱的由來。後來，醫院人員擴增，再開放空地准許申請自建；此時，大約又增加了三十七戶左右。

經過三個階段的擴增，「中心新村」就成了一座呈現三個時期不同建築風貌的眷村。由於，「中心新村」預計民國一〇五年（西元二〇一六年）六月，才遷往「國防大學復興崗校區後勤區」的新社區，因此，它又是迄今仍有九十七戶住戶的「活眷村」。如今，「中心新村」的住戶，都已是從該院與「三軍總醫院」退役的老人家了！我想：能遷至新社區，享有較好的住居環境，相信是政府對他們半生戎馬奉獻家國，有一點點尊嚴的補償吧！

「中心新村」因一直是軍醫院的附屬眷村，是以有「醫護眷村」之譽；又因位在北投的溫泉區內，也是全臺唯一擁有村內「溫泉公共浴室」的眷村，故亦有「療癒眷村」之稱。正因「中心新村」的歷史與得天獨厚因素，在經過村民陳情，市議員吳思瑤、潘懷宗與立委鄭麗君的力爭，「中心新村」成功地繼「寶藏巖」之後，於民國一〇〇年（西元二〇一一年）六月，被「臺北市政府文化局」登錄為「歷史聚落」的眷村。

如今，「中心新村」內也有「全國眷村文化保存聯盟」（民國一〇三年十月二十六日成立，榮譽理事長為謝小韞）的據點。民國九十七年（西元二〇〇八年）「臺北眷村文化節」，在此辦過「時光倒流‧回憶與回味」的老照片展，以回顧「中心新村」的往昔歲月；民國一〇

臺北市中心新村的公共溫泉池浴室

二年（西元二〇一三年），也辦理過「眷眷之心——北投中心參與式規劃工作坊及實驗活動」。

話說「中心新村」雖因「歷史聚落」得以全村保留，村內昔日由「公共廁所」改建而成的「活動中心」，卻已在民國九十三年（西元二〇〇四年）毀於颱風肆虐之下，遂未得復建，實令人感到可惜。

「中心新村」依山而建，村大門有條直通村底的道路，其餘村中巷弄就像葉脈般，由直通的主脈向左右橫向分支出去；房舍建築依山坡走勢漸漸升高；有些類似小小「山城」的感覺。這樣的建築型態，也得到電影導演青睞，像國片《鬥陣ㄟ》就在村中取景；尤其，影星江淑娜（在劇中飾演男演員梁修身的妻子）啃甘蔗的一幕，即在大門直通道路中段的電線桿下拍攝而成。

在春日陣雨的午後，我探訪了「中心新村」；它像極了夾在道路中，一片大拇指上的指甲。大門外有一家北方的麵食店，與新民路、中心街口的饅

頭包子店，遙遙相對。而大門直通村底的道路，左側有一公布欄，右側仍有展示於牆面上的村內老照片（但不知是否為「時光倒流・回憶與回味」老照片展的照片）。從老照片上，我看到昔日的宏偉拱型大門，中間是大大的國徽，就鑲在「中心新村」四字的中間；今日則是兩個短小門柱迎客，讓人感覺有點悵然若失。

走入村內，雖非國定假日，家家戶戶仍插著一面面小國旗；此一景象，彷彿時光倒流，走入了當年香港「調景嶺」的感覺。座落在中心街十巷、新民路六十二巷的眷舍，感覺上面積較大並有庭院，可能是高階軍官的眷舍；聽聞該村有將官眷舍，我猜想大約就在這個區域吧！

而村內新民路四十六巷的窄巷兩頭，一邊有五階的階梯，一邊有三層的階梯，都不算陡峭。大門直通村底的道路旁，一戶房舍的屋頂竟是三層；從下而上可見原先的瓦房屋頂，上面加了一層鐵架的鐵皮屋頂，其上又再加了一層新鐵皮屋頂。這些都是我見到的特別景觀。

「中心新村」與「寶藏巖」有些相似，因為它們都屬於依山勢而建的聚落，且分別位於臺北市兩端，一在南區，一在北區。當然，「中心新村」將來也會有保存後活化的問題；但能否如「寶藏巖」留有部分住戶？我不得而知。不過，有「全國眷村文化保存聯盟」在村內，我相信它應該會得到比較好的規劃，呈現在世人眼前吧！

夕照蟾蜍山——大安區空軍煥民新村

基隆路底一轉彎就是「民族國中」，沿著它往後走就是蟾蜍山；山上屬於羅斯福路四段一一九巷的聚落，便是「空軍作戰司令部」的眷村——「煥民新村」。它與臺北市的「中心新村」一樣，都是依山勢而建的眷村；但不一樣的是，走進羅斯福路四段一一九巷七十八弄至六十二弄的「煥民新村」房舍，就會發現二者略有不同：「煥民新村」格局盡皆狹小侷促，「中心新村」則有寬大有窄小，許多戶都有自家庭院，裝潢與布置風格多元。

知道「煥民新村」並想尋找它，是因為同宗的「人瑞」繆靜貞女士（現住中正紀念堂旁老公寓）告知：她隨夫婿遷臺，先是入住高雄岡山樂群村，後隨夫婿職務調動，再又搬到臺北的「煥民新村」；而「煥民新村」，便是她在臺灣的第二個家。

順著依山而建的窄小石階，拾級而上；「煥民新村」就是座落於蜿蜒石階兩側的三十九戶眷舍。在向晚的黃昏中，更瀰漫著一種說不出的落寞意味；走向「煥民新村」最高處往公館方向眺望，若不是「百老滙電影院」的高樓擋住，它應該是欣賞新店溪落日景觀，最佳的地點吧！而佇立於此，也才發現它與「寶藏巖聚落」正好成犄頂之勢，兩者是護衛著景美、永和進入公館的兩大堡壘。

民國一〇五年（西元二〇一六年）八月五日，蟾蜍山因擁有日據時期「農業試驗場」（今

日據時代農試所、蠶改場宿舍群

臺北市煥民新村

農委會農試所）宿舍群、「蠶改場」與「帝大」（今臺灣大學）教師宿舍，以及光復後興建的「煥民新村」眷村群（含國防部未列管眷舍）等，豐富多元的文化景觀聚落，故而被臺北市政府文化局登錄為「文化景觀」。

我來到「煥民新村」的時間點，大部分住戶已遷走，房舍被建築圍籬層層圍起。我正在躊躇不前時，忽然發現「好蟾蜍工作室」的招牌，入內一問，方知：正如「好勁稻工作室」致力於保護「嘉禾新村」一樣，他們也在進行著保留「煥民新村」建物的工作（他們正努力爭取「藝術家駐村」的「保溫」階段）。

「好蟾蜍工作室」駐地的余先生告訴我：「煥民新村」圍籬外圍的房舍，也是眷村的一部分，但屬於「違建戶」；並且，其中也有一戶繆姓人家。我依他的指示前往，果然尋獲。應門的繆女士說，她父親是江蘇無錫人，原是上海「老正興食堂」的少東，於國共內戰吃緊時，加入空軍（擔任美軍第十三航空隊司令的司機）而來到臺灣；最終在這裡落戶，是因為已經分不到眷舍，上級就讓「有眷無戶」的他們，在「煥民新村」外

臺北市蟾蜍山自力眷村

臺北市蟾蜍山自力眷村繆寓

圍自建房舍居住。繆女士父母育有一男五女，她自己加上手足共六人：長兄步父親後塵也成為空軍（乃「雷虎小組」的一員），但不幸殉職；而五姊妹中，僅繆女士與一個妹妹，婚後依然留在娘家照顧父母，直至兩老仙逝。如今，他們與隔鄰的十幾二十戶人家，成了蟾蜍山上僅餘的眷戶，依舊過著數十年如一日的眷村歡喜悲憂生活。

我認識的中央大學李廣均教授，稱這類眷村為「自力眷村」（意指其為「自食其力所建」），而非政府所建）。「自力眷村」住戶，沒有各軍司令部所發的「居住憑證」，亦不屬於「國防部列管眷村」；但全臺灣能夠逃過拆除改建，而倖存下來的老舊眷村，幾乎都是這類眷村。幸不幸？實在很難說。

不過，誠如這裡的住戶所言，他們是「煥民新村」的一部分，只差在「居住憑證」的有無而已！繆家姊妹現分居兩棟平房，因為經過整修，看起來屋況良好；比起那些圍籬內已不見門窗的殘破房舍，實是天淵之別！

夕陽西下，夜幕逐漸低垂，當燈火亮起，我才忽

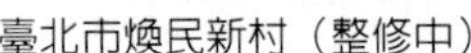
臺北市煥民新村（整修中）

然驚覺兒時眷村記憶一時之間甦醒——那是炊煙裊裊，左鄰右舍鍋鏟聲齊奏，巷弄裡飯菜香飄溢的時刻！如今這熟悉的眷村晚餐味道，不禁令我潸然淚下。淚眼婆娑間，我努力壓抑住心中的悸動……

在萬丈紅塵的臺北市，保留住蟾蜍山「煥民新村」最後的「郭外村」；讓這樣的「眷村味」，永遠慰藉眾多「失去眷村」的人子心靈吧！我在心中暗自祈禱上蒼，還望老天有知啊！

後記：相隔一年多後的元宵節，我再度來此拜訪繆女士，並接受晚餐款待；聽聞：除了他們家，以及先前「煥民新村」的繆靜貞女士之外，曾還有過兩戶繆姓人家，一位繆煥先生是繆女士父親的同事，另一位她較不熟（已忘了名字）。其次，繆女士也告知：費玉清兒時全家人也住這裡，小一時上半天課，周一有半天寄在繆家並吃飯，標準的「眷村守望相助」；而王傑、伍佰，以前也在此租屋居住過。費玉清的舊居仍在，據聞前一陣子的某日清晨，鄰居還見到費玉清回到故居山上，走了一圈。繆女士期盼：「封麥」的費玉清能投入這兒的活化與保存。

美蘇「冷戰」下的另類眷村——士林區陽明山美軍眷舍、天母白屋

抗戰勝利，國人欣喜未久，旋即陷入國共內戰的兵馬倥傯歲月。國軍節節敗退，最後退無可退，終於退到了臺灣。美國原已發表「白皮書」，強烈暗示放棄對國民政府的支持。接著，民國三十九年（西元一九五〇年）六月二十五日，北韓南侵，以致爆發「韓戰」，國際情勢大轉變。美國除了立即派兵援助南韓外，並命海軍第七艦隊進入臺灣海峽，協防臺灣；同年七月，援韓的聯合國盟軍統帥麥克阿瑟將軍訪臺。

民國四十年（西元一九五一年）五月，美國派遣「軍事援華顧問團」來臺，提供支援，全面協助國軍提升戰力，對抗中共。「美軍顧問團」之後在全臺各地，陸續建置了美軍顧問眷舍；此外，也在臺北市石牌興建了一座「海軍醫院」，越戰期間便成為美軍傷員或病號後送的療養醫院。「美軍顧問團」還選定了陽明山的「山仔后」、「天母」等地區，作為建造宿舍的基地；並由「陽明山管理局」出面，以美援資金徵收農地，興建西式眷舍，供美軍人員與眷屬入住。

民國六十七年（西元一九七八年），美國與我方斷交，轉而與「中華人民共和國」建交；「美軍顧問團」結束任務，撤離臺灣。當年徵收購地是由臺灣銀行作為美援資金的窗口，這些美軍宿舍便順理成章交由「臺銀」管理。至於，「海軍醫院」就被位於其旁的「榮民總醫院」

臺北市天母白屋

取得，並改建成為今日「臺北榮民總醫院東院區」。

「臺銀」取得這些美軍宿舍的所有權後，除部分充作「臺銀」高層的職務宿舍外，也提供部分出租民間，部分充當中央政府機關官舍。民國九十四年（西元二〇〇五年），「臺銀」欲出售這片總計四點二萬多坪的美軍宿舍群土地，提供財團進行改建開發；此一舉措風聲傳來，引起承租居民與附近居民一片譁然，錯愕不已。

原本，這片美軍宿舍群乃為「冷戰時期」美軍在臺建造的最大眷村群；而且在美軍離開後，前司法院長林洋港、舞臺劇大師賴聲川等名人，都曾住過此一宿舍群，擁有豐富的人文氣息。這些因素，喚起了當地居民保留建築的意識，進而組成團體進行抗爭。

歷經辛苦努力下，「天母」地區四棟中，搶救下了一棟，「臺北市文化局」於民國九十七年（西元二〇〇八年）登錄為「市定古蹟」，予以保留；「山仔后」地區，搶救下的二十二棟，「臺北市文化局」於民國九十七年（西元二〇〇八年），以登錄全區為「文化景觀」、宿舍為「歷史建築」的方式，得以保留。

「天母」的美軍宿舍，原分布在中山北路七段、臨磺溪一帶，完整四棟各占地數百坪，已被「臺銀」陸續出售改建大樓。搶救下來的一棟，座落於中山北路七段一八一巷二十三號，係民國四十二年（西元一九五三年）建成；為和洋混合、磚造的水泥平房，並覆有臺式黑瓦。屋頂立有歐式煙囪，屋內有壁爐及外露石壁龕，還有綠意盎然的庭院。此區，家家戶戶的屋牆都覆有層層疊疊的「雨淋板」，最先居住之美眷往往依自己的喜愛，將牆面刷上不同顏色的油漆；後來住戶卻統一漆為白色，附近居民遂將這一片宿舍群稱為「天母白屋」了！近期，在當地居民期待下，「臺銀」也編列預算，委由「臺北市文化局」代為修復管理；民國一〇四年（西元年二〇一五）四月，北市文化局公告「徵求民間團體經營管理」，現已整修開放供人參觀。

「山仔后」地區的部分，眷舍原分為A、B、C、D、E、F、G、H等區，共有兩百一十四戶。然而，它們並非全為同一時期興建，例如：F區與C-1區，為民國四十二年（西元一九五三年）建造，分尉級與校級規格；H-2區，是民國四十七年（西元一九五八年）建造，為將官級規格；C-2區，為民國五十三年（西元一九六四年）建造，亦分尉級與校級規格；H-1區，為民國五十三年（西元一九六四年）建造，為校級規格（建造時，並融入臺灣地方文化，使用當地建築技術與材料）。

然而，現存C-1、C-2、F、H-1、H-2等區，總計一百四十四棟眷舍（分布於格致路、仰德大道兩側）中，除二十二棟被指定為「歷史建築」外，「臺銀」仍希望將其他一百多棟分區拋售。目前，附近居民與民間團體，還在與「臺銀」抗衡，期盼爭取到更高的保留比例。若依臺大建

築與城鄉所劉可強教授指導下的團隊——彭皓炘、葉思妤、黃郁涵、陳韻如、賴彥如等碩士研究生，在民國九十六年（西元二〇〇七年），所做〈陽明山山仔后美軍宿舍保存再利用的社區參與歷程反省〉的研究報告所示，其預期結果並不樂觀。

不過，原「美軍宿舍群」因位於陽明山，且緊鄰「國家公園」，實不宜過度開發，以免生態遭到浩劫。「美軍顧問團」當年建造宿舍時，採低密度建築，並保留庭院空間。事實上，這比起後來財團的開發建造高級別墅，對生態環境之關注維護，相對友善多了！尤其，C-1區內，老樹眾多，濃蔭密布，幽靜怡人；C-2區，每戶擁有開放的大片草地、兒童遊戲場，充滿美國典型城郊社區公共空間的景象；H-2區，依美國郊區住宅規劃，並保有ＩＣＲＴ電臺的舊址，外圍的建業路上綠樹景觀美妙可喜，現仍為「美國在臺協會」（ＡＩＴ）人員的宿舍……。從種種因素來看，提高保留比例的呼籲，應當受到重視才對。

然而，欲求去之而後快者，卻不僅止於國內財團。民國一〇一年（西元二〇一二年）七月，「歐洲學校」亦要求剷平某區的美軍宿舍，以擴充校地；幸經當地居民與民間團體發起反對運動，才被擋了下來。

未來，這片見證美蘇冷戰對峙年代的原「美軍宿舍群」，還是會遭遇到財團的覬覦，持續地叩關，能否全數保留下來？我同樣持悲觀的看法；縱使如此無望，我仍期待奇蹟出現！因為，它是歷史的活見證，留下來就留住了時光，留住了看得到的真實教材。因為，歷史證據才是無價的啊！

臺北的星空——略談臺北的將軍屋

在臺灣，最高階的將官或擔任要職的將官，其眷舍通常不在眷村中，而是另有獨立的官舍。臺北市，由於是中央政府的所在地，自然是將官獨立官舍最多的城市。先總統蔣公一直具有軍職，且是陸軍五星特級上將，在臺北市除了大家熟知的「士林官邸」外，陽明山上尚有來臺首居的官邸——草山行館，以及夏季常住的「陽明書屋」。而他在全臺灣的行館，大約還有二十處左右。目前，蔣公所有居所與行館，皆經有關單位允准開放參觀，不再有任何神祕色彩了！

其次，蔣故總統經國先生則是「陸軍二級上將」；此一身分，恐怕知道的人就不多了！經國先生在民國二十六年（西元一九三七年）四月，自俄返國；隔年，他就被江西省政府派任為「省保安處少將副處長兼江西省政治講習學院總隊長」。此後，直至民國五十七年（西元一九六八年）八月一日，「因外職停役」，才從「陸軍二級上將退役」；總計經國先生服軍職達三十年整。

郵政總局曾於「蔣故總統經國先生百年紀念誕辰」時，出過一套「蔣經國先生軍旅身影」的郵票；前兩年，在「三軍官俱樂部」也舉辦過——蔣家三代的戎裝影像展。而目前唯一可見，經國先生著陸軍二級上將禮服的「全家福」照片，是民國四十九年（西元一九六〇年）八月四日，在其臺北市「長安寓所」（長安東路十八號）所拍的照片。「長安寓所」原是經國先生來臺後的住居，後因道路拓寬要拆除，才遷到「七海寓所」。「七海寓所」乃經國先生在臺灣最後之官邸，位於中山區大直。「七海寓所」原為「海軍外賓招待所」，經國先生於民國五十七年（西元一九六八年）擔任國防部長時遷入此寓所，一直到過世，未曾搬離。「七海寓所」已於民國九十五年（西元二〇〇六年）七月十八日，由臺北市政府文化局公告為「市定古蹟」。

陳故副總統誠，是陸軍一級上將，大安區的仁愛路上有其故居。陳誠故居，地屬國防部；但因其為早期公地自建的住屋，是以建物屬於其子女陳履安姊弟六人所有，約有二百坪左右。目前尚未開放參觀。

閻錫山也是陸軍一級上將，在大陸有「山西王」之稱；他在民國三十八年（西元一九四九年），於國家危急存亡之秋，接任行政院長。閻錫山來臺後原居麗水街，但苦於炎熱，因此後來於陽明山（今屬士林區）的永公路二四五巷中，另建住居。其屋採「仿窯洞」方式建造，依山崖開鑿，立面看去為二層磚造的洋樓樣式，取名「種能洞」；屋牆厚達九十公分，並設鋼板窗戶。陽明山的閻錫山故居，也已經臺北市政府文化局公告為「歷史建築」。

而曾任立法院長的黃國書，是新竹北埔地區的客家人，原姓名為葉焱生；他於日據時期，潛返祖國原鄉，更名為黃國書（取「炎黃子孫」之義，故以黃為姓）。而後，再以中國留學生身分，考入日本士官學校求學，學成返回大陸投入抗戰；抗戰勝利，黃國書晉升陸軍中將。

黃國書與鄒洪（新竹芎林地區客家人，日據時期先至日留學，再由日赴祖國，入保定軍

羅友倫將軍故居

校；抗戰時期任陸軍中將；抗戰勝利前夕積勞成疾病逝，國府追晉二級上將。鄒家祖厝在新竹芎林鹿寮坑）、李友邦（新北蘆洲人，日據時期返回祖國，入黃埔軍校；抗戰時期領導在祖國的臺籍人士，組織「臺灣義勇軍」抗日，後擴大為「臺灣義勇軍總隊」，晉升陸軍中將（一說為少將）總隊長。李家祖厝在新北蘆洲，已經文化部列為「古蹟」）、劉啟光（本名：侯朝宗，嘉義六腳人，日據時期返回祖國，抗戰期間擔任軍事委員會臺灣工作團少將主任；臺灣光復，先後擔任新竹縣長、華南商業銀行董事長等職），乃同為日據時期返回祖國，參加抗戰的臺籍青年中，獲得晉升將官的四人。

臺灣光復，黃國書經國府授意返臺選上立法委員，後來更擔任立法院長。

黃國書任立法院長時，住居在中山北路的圓山段（即今「臺北市立美術館」旁）。此屋為日據時期臺北的大茶商陳朝駿所建，採西歐都鐸式建築風格，形似西方的童話屋，時人稱為「圓山別莊」。陳朝駿去世後，「圓山別莊」幾經轉手，黃國書返臺後取得此屋，成為其私宅。

黃國書後來因「國光人壽」弊案牽連，辭去院長職並遭充公財產。民國五十九年（西元一九七〇年），黃國書的這棟故居，曾先後提供給「美軍顧問團」、「美國大使館」使用；美國與我斷交後，併入為舊「兒童樂園」的一部分；民國七十六年（西元一九八七年）起，交「臺北市立美術館」管理，三年後經小幅整修，設為「美術家聯誼中心」；民國八十九年（西元二〇〇〇年），臺北市政府文化局公告為「市定古蹟」；如今，它已改為「臺北故事館」，並以「活化」方式委託社團，開放商業營運。

接著，再來看看中山區的將官眷舍。曾任國防部長的白崇禧將軍，在臺故居位於松江路上。根據其公子白先勇的回憶：其屋「二十四小時都有特務輪流監控」。曾任參謀總長的空軍一級上將賴名湯的故居，則位於大直的北安路上；湯夫人孫德芳女士為金陵女中校友、上海音樂學院高材生，來臺後協助「金陵」於民國四十五年（西元一九五六年）復校（並曾兼任第二屆董事長），音樂創作亦多（軍樂部分，有〈國光進行曲〉、〈鋼鐵軍進行曲〉、〈藍天進行曲〉、〈壯志凌霄〉等曲）。一生曾有過「十二個妻妾」的陸軍二級上將楊森的故居，則在原長春路二二五號的日式宿舍；後來，楊森於新店某座山上，購地自建別墅，晚年就安居於別墅直至去世。

而中正區齊東街、金山南路與濟南路間，有原屬日據時期的「幸町日式宿舍群」；其中的十一棟屋舍，分別被臺北市政府文化局公告為「市定古蹟」及「歷史建築」。有「老虎將軍」之稱的空軍一級上將王叔銘，其故居便屬其中之一；該屋位於齊東街上，是經臺北市政府文化局公告為「歷史建築」的官舍；如今，已整修成為「齊東詩舍」，亦採「活化」方式，對外開

臺北市齊東詩社（謝宏偉攝）

放了！

中正區泰安街一巷的「海軍將官官舍群」，亦為日據時期的日式宿舍群；然而，其建築風格卻為和洋形式。臺灣光復後，曾是馬紀壯、黎玉璽、蔣謙及裴毓棻等海軍高階將官的官舍；民國九十六年（西元二〇〇七年）三月二日，也經臺北市政府文化局公告為「歷史建築」了！空軍前總司令，並曾擔任臺灣省主席的周至柔，其故居位於延平南路一一九號，是原日據時期「臺灣電力株式會社」的社長宿舍。

重慶南路二段六巷十號，原為日據時期「臺銀」高官的日式宿舍，目前是「市定古蹟」的「孫運璿紀念館」；它除了是前行政院長孫運璿最後入住直至去世的寓所外，也是省財政廳長任顯群、總統府資政黃少谷、顧祝同將軍等人，先後住過的故居。而顧祝同將軍去世前的最後住居，則是在泰安街二巷二號的樓房。

同為中正區，位於福州街南昌路交岔口的「陸聯廳」（對面是「郵政醫院」，斜對面為「臺北市立聯合醫院婦幼院區」），原為日據時期「臺灣軍司令官邸」，現為陸軍的官兵俱樂部；值得一提的是，它曾是引發「二二八事變」的臺灣行政長官陳儀將軍之官邸。在臺灣，陳儀是頗具爭議性的人物；但臺灣光復，國府派他來臺接收，他未以日據時期的「總督官邸」作為自己的官邸，卻選擇了較低階的原「臺灣軍司令官邸」居住，確有其風骨的一面。有關陳儀的翻案文章，也有其部屬在臺為他寫書出書。

不過，後來孫立人將軍也曾入住「臺灣軍司令官邸」，時間大約是民國三十九年（西元一九五〇年）至四十三年（西元一九五四年）間，亦即其任陸軍總司令至總統府參軍長的一段時間。根據屏東縣政府文化局的說法，孫立人將軍是四十二年（西元一九五三年），才漸次搬離屏東的官邸，遷居臺北；若此說法無誤，孫立人將軍住在原「臺灣軍司令官邸」的時間，應該不算長。

至於，大安區麗水街與金華街交岔口的獨棟官舍，內有四棟建築，主建築占地一百餘坪，且擁有前後庭院。它原是陸軍一級上將彭孟緝（「二二八事變」時，擔任高雄要塞司令，因下令射殺湧向要塞群眾，也成為了臺灣具爭議性人物）的官舍；而後，陳履安擔任監察院長、游錫堃及蘇貞昌擔任行政院長時，也都以之為官邸。此處迄今尚未開放參觀。

同為大安區，位於青田街一號、師大路八十六巷的兩處日據時期宿舍，則是曾任空軍官校（在臺復校）與政工幹校（今「國防大學政戰學院」）首任校長的胡偉克將軍，先後居住過的官舍。當時，住此區的小朋友們，都對於這位英挺帥氣的中英混血兒將軍，有過深刻印象。

根據前陸軍少將李次白夫人許念婉女士，在民國七十七年（西元一九八八年），經由前駐義大利經濟專員萬更年的協助下，發表於《傳記文學》的文章指出：民國三十九年（西元一九五〇年）六月，經國先生（時任國防部總政治部主任）即在胡偉克（時任國防部總政治部副主任）青田街一號的官邸，召見已經離開軍職的高雄市「凱歌歸飯店」負責人李次白，請他擔任談判密使，由香港轉赴上海密見陳毅（因李的七妹為陳毅的嫂嫂）。李次白透過其妹與妹夫，見到陳毅傳達國府的意思後，於等待回音的數日內，突因韓戰爆發情勢丕變，談判折衝就在還沒有正式開始的情況下，被迫夭折；隨後，李次白即遭中共扣押判刑，最終下放勞改。直至民國六十九年（西元一九八〇年）後，李次白才被釋放至香港；李次白至港後，申請返臺被拒，民國七十七年（西元一九八八年）含恨而終。

另外，士林區天母一帶也曾是高階將官的聚居地區。住過此區的將官，包括蔣鼎文、蔣緯國、劉安祺、石覺、何應欽、羅友倫等人。如今，僅位於天母中山北路七段八一巷四十五號的羅友倫將軍宅（距離「天母白屋」不遠），在當地的「天母綠玉聯盟」力爭下，於民國一〇三年（西元二〇一四年）十一月二十六日，為「臺北市文化局」登錄為「歷史建築」。

陸軍二級上將羅友倫，係廣東梅縣客家人，為國府來臺後首任的陸軍官校校長，其後也擔任過憲兵司令、國防部副參謀總長、聯勤總司令、我駐薩爾瓦多大使、總統府國策顧問等要職。羅友倫將軍宅，係屬自建宅第，但占地寬廣，林相豐富，其庭園規劃更可窺見他戀鄉的客家元素；此宅第在天母，宛如水泥叢林中的微型森林公園。民國一〇三年（西元二〇一四年）六月二十二日，《蘋果日報》曾報導：故居內老樹不少，亦曾見保育類的「鳳頭蒼鷹」的蹤跡。

曾任交通部長、國防部長的俞大維，為前清中興大臣曾國藩的外曾孫；他是美國哈佛大學的哲學博士，並曾至德國做博士後研究，聽過愛因斯坦的授課。抗戰期間，他以陸軍中將擔任兵工署長一職，深受蔣公器重；後來，他是臺灣國防上的彈道專家，也是經國先生的親家（其子俞揚和為經國先生的女婿）。

金門「八二三砲戰」爆發當下，時任國防部長的俞大維正在金門巡視，他身先士卒反擊，並因此負傷；後也曾乘坐空軍偵察機，至大陸東南沿海刺探共軍設施。俞大維在臺北的故居，原在新生南路上；其家具陳設與收藏，如今全皆遷往設於金門的「俞大維先生紀念館」，重新復原於「起居室」內的空間展出了！

目前，歷史悠久之將軍官邸，有些仍屬職務官舍並住有要員，有些則屬私宅，或易手他人，或已改建（例如：陸軍一級上將何應欽在牯嶺街的原故居，乃日據時期「三菱商事在臺負責人宿舍」，占地約七百坪，後由「元大建設」以六點二六億元購得，改建為「元大欽品」豪宅），自然皆不便在此言及了！

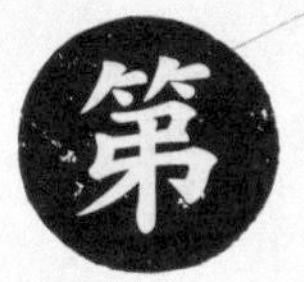

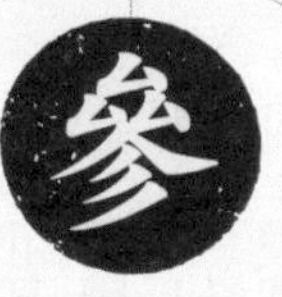

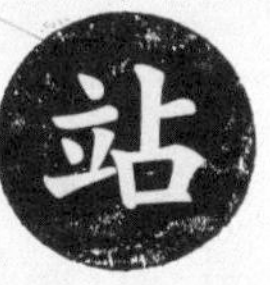

第參站

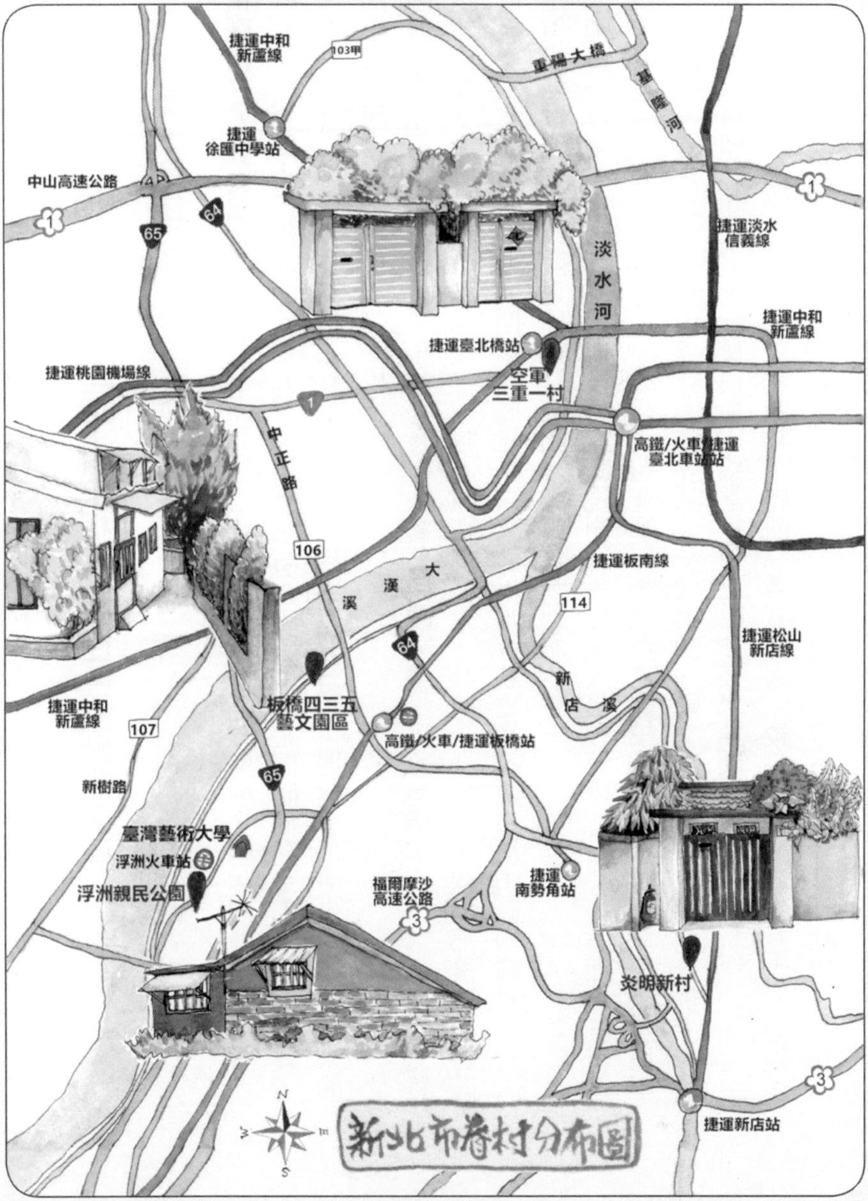

捷運中和
新蘆線
103甲
重陽大橋
基隆河
捷運
徐匯中學站
中山高速公路
1
65
64
1
捷運淡水
信義線
淡水河
捷運中和
新蘆線
捷運臺北橋站
空軍
三重一村
捷運桃園機場線
1
中正路
高鐵/火車/捷運
臺北車站站
106
大漢溪
捷運板南線
114
64
捷運松山
新店線
新店溪
板橋四三五
藝文園區
捷運中和
新蘆線
107
高鐵/火車/捷運板橋站
65
新樹路
臺灣藝術大學
浮洲火車站
浮洲親民公園
福爾摩沙
高速公路
3
捷運
南勢角站
炎明新村
3
捷運新店站
新北市眷村分布圖

眷村上的藝文園區——板橋區四三五藝文園區

板橋區四三五藝文園區，舊名「十二埒」，地屬大漢溪邊的沙洲；約民國四十一年（西元一九五二年）至四十二年（西元一九五三年）左右，國防部與金門防衛司令部，在此合建了「中正」、「篤行」兩個克難眷村。為了兩村軍眷子女的就學，便設了一所小學（即後來的「中正國小」，現今為「板橋國中」校址）。

民國五十二年（西元一九六三年）九月，強颱葛樂禮來襲，溪水暴漲，水淹二公尺；克難眷村原以竹片泥漿所築，禁不起水淹，一時之間牆倒屋毀。為免後患無窮，陸總部擬定遷村計畫；民國五十三年（西元一九六四年）颱風季來臨前，兩村就遷往臺北市松山區的婦聯一村、二村，遺留之地轉交「行政院退除役官兵輔導委員會」利用。

「退輔會」接收「十二埒」土地後，立即規劃為「專業人員教育中心」。一方面，計畫遷原民國四十八年（西元一九五九年）委託「花蓮師範」代辦之國校「師資訓練班」，以及民國五十三年（西元一九六四年）秋甫委託「省立師大」代辦的「國文專修科」，於此合併上課；另一方面，著手積極興建教室、學員宿舍、禮堂（中正紀念堂）等硬體設施。

民國五十六年（西元一九六七年）四月，聘前「省立師大」校長杜元載博士為中心主任；並再增建「思源圖書館」、「學生活動中心」等，使之具備一所大專的雛形。杜主任在任四年，原有意呼應結業學員與廣大榮民弟兄心願，將之擴建成「榮民大學」（在「退輔會」內，僅「榮工處」下，擁有「惇敘高工」一所高職）；惜功敗垂成。杜主任後，續任者皆由國防部借調而來，具「儒將」色彩的將軍。

民國六十四年（西元一九七五年）七月，「國文專修科」依新修正的「大學法」停招（但為緩衝退除役軍官轉業壓力，特洽「臺師大」開設國文系兩班，連續兩屆）；民國七十年（西元一九八一年）年，「師資訓練班」因「花蓮師專」改制「師範學院」亦停招。至於，民國六十二年（西元一九七三年）曾委託「臺北商專」代辦的「會計統計科」專班，也隨之停招；至此，「專業人員教育中心」走入歷史，改制為「短期職業訓練班」。

「短期職業訓練班」時期，「退輔會」在此開設了高普考人員訓練班、公務人員訓練班、警政人員訓練班，以及委託「臺北市立松山商職」代辦女子「高商班」，嘉惠榮民子女。民國八十五年（西元一九九六年）七月三十一日，賀伯颱風來襲，因泗汴頭抽水站閘門未關，導致「十二埒」再度淹水達一公尺七十公分，校舍與職員工宿舍，損失慘重。民國八十六年（西元一九九七年），隨「高商班」結束，所有短期班與業務轉併「桃園職訓中心」；至此，「短期職業訓練班」正式於「退輔會」中，功成身退。

「十二埒」之地，後由行政院主計處借用為「主計人員訓練班」班址；至民國九十年（西元二〇〇一年）六月，其位於新店的新大樓建成，遷往新址為止。「主計人員訓練班」遷走後，此地成了竊盜者與遊民的天堂，設施被盜賣殆盡，幾乎淪為廢墟。板橋代理市長張宏陸，心疼此優美環境受此糟蹋，是以動用公帑七百五十萬元，大力整修成「四三五藝文園區」。

新北市板橋區四三五藝文特區

民國九十五年（西元二〇〇六年）三月一日，江惠貞當選板橋市長後，又再進一步規劃，例如：將「中正紀念堂」的大廳，改為「板橋大戲院」；而紀念堂兩側教室，改為以板橋市外通橋樑——「新海」、「大漢」、「華江」、「萬板」、「華翠」、「光復」等命名的小型展館；後面兩排教室打通，分別作為中型展館的「浮洲館」、「臺灣兒童玩具博物館」；二樓左側教室作為社教研習教室，右側的辦公室則改為演藝人員暫時宿舍；「學生活動中心」前半部改為「魯班工藝研究所」，後半部改為「原住民活動中心」；學員宿舍改為「國際藝術村」；「思源圖書館」改為「親子館」；餐廳廚房改為練舞教室。一個美輪美奐的藝文特區，就這樣再度使「十二埒」，起死回生！

我有幸在「短期職業訓練班」的時

代，於民國八十五年（西元一九九六年）一月的寒假裡，與來自全國的榮服處志工，在此接受了為期一週的「講習訓練」；課程中，印象最深刻的是胡志強先生的課。胡志強出身臺中西區的眷村（模範村），長期擔任公職，他分析如何面對新聞記者，傳授祕訣曰：言「可言」者，誠懇告知「不可言」、「不知道」者以取得體諒，很是受用。當時，我即感覺胡志強很可能會是國民黨從政黨員中，最閃亮的明日之星。

那時，還有個考取高普考人員的講習班，也同時在上課；但是，我們的教室與宿舍，都是隔開的（只有吃飯時間，才會一起聚在餐廳用餐）。而參與講習的人員，還有部分為各地榮服處的專職人員；晚餐後，通常我們會有分組座談或一起散步，交換心得。我很高興能夠認識他們。

受訓完的年底，我突然接到「退輔會」的通知，要求為即將於「臺中榮民總醫院」舉辦的新春慶生活動，立即撰寫幾則標語；後來，「臺中市榮服處」的人員（當時一同接受講習訓練的朋友），竟然挑出「歡歡喜喜迎新年」、「快快樂樂慶生辰」的兩則，製成對聯掛在「聯誼廳」裡。這個烏龍事件，我是在退輔會的刊物上看到後方知；其實，以它作為對聯，對仗與平仄都有問題。此一對聯掛了多久？我不知道！記得，民國八十九年（西元二〇〇〇年），任教學校的韓國姊妹校教職員來訪，我受命陪他們旅遊；其中臺中的行程，他們要求去看東海大學的「路思義教堂」，當日我們到「榮總」的「聯誼廳」午餐，對聯仍在！在這一意外插曲後，我還協助過「退輔會」、「臺北市榮服處」、「臺中市榮服處」的一些活動；直到後來，「退輔會」漸次縮編，可以服務的活動減少，我也就逐步淡出了！

「十二埒」從早期「中正」、「篤行」兩眷村，到退輔會的「專業人員教育中心」、「短期職業訓練班」，正好記錄了國民政府遷臺後一段艱苦卓絕的歲月。而領取一次微薄退休金，考進「專業人員教育中心」的這些榮民弟兄，其卸下征袍，重拾書卷，兢兢業業學成之後，又再投入臺灣的國民教育，繼續奉獻心力，終老方領取教師的月退俸，與後來「領取雙薪」者，自不可視同「一丘之貉」。

當遊客倘佯在「四三五藝文園區」內，可能知道這裡歷史的曾經嗎？人們若能從歷史中汲取智慧，收穫必多。所以，我由衷企盼，「四三五藝文園區」裡，能夠規劃出一個空間來，將「十二埒」的歷史變遷，配合圖片，做一個完整的介紹。我相信，這將是個很好的教育方式，也會開創出我們更深遠的省思空間！

眷村遺蹟上的公園——板橋區浮洲親民公園

位於板橋區浮洲大觀路二段一八七巷與二六五巷一弄、力行一巷之間，鄰近國立臺灣藝術大學（原「國立藝術學校」，後逐步升格成為專校、學院乃至大學）的「浮洲親民公園」，是原陸軍「力行文和新村」的舊址。眷村拆遷後，它被改建為「暫設公園」；這是因為在地目上，它屬於文教用途的國中預定校地，是以在國中設立前，只能作為「暫設公園」。

「浮洲親民公園」之所以為人所注意，除了公園內保留了部分眷舍的遺蹟之外，亦因電視劇《十六個夏天》第一集，曾在此取景拍攝，遂聲名大噪。

而「浮洲」，原來僅是大漢溪中，沙石沖積而成的沙洲。民國三十八年（西元一九四九年）國府撤臺，大量軍民移入，大面積土地取得不易；因而，「浮洲」反而成為「國立藝術學校」、「國立華僑高中」設校，以及眷村興建的首選地方。民國四十三年（西元一九五四年），位於「浮洲」的陸軍「婦聯一村」、「力行新村」兩眷村興建完成；不久，兩村合併更名為「力行文和新村」。

由於，鄰近「國立藝術學校」與「國立華僑中學」，「力行文和新村」文教氣息濃厚；另一方面，卻因地勢低窪，年年飽受淹水之苦。民國四十八年（西元一九五九年）的「八七水災」，就慘遭水淹二公尺。民國五十二年（西元一九六三年）九月，強颱葛樂禮來襲，「石

新北市力行新村遺址上的公園

門水庫」洩洪，又遇漲潮，「婦聯一村」、「婦聯二村」、「力行文和新村」等浮洲地區的眷村，再度成為「水鄉澤國」。

後來，「婦聯一村」、「婦聯二村」的眷戶，在國防部的協助下，遷往他處眷村；土地移交「退輔會」興建了「榮民之家」（原「婦聯一村」）、「榮工處機械工程部重機械修護場」（原「婦聯二村」）。而「力行文和新村」也有部分眷戶，選擇隨「婦聯一村」、「婦聯二村」遷居；而「婦聯一村」、「婦聯二村」中，也有選擇不離開的眷戶。

最後，留下來的眷戶，就都整併至「力行文和新村」定居。後來，「榮民紙廠」亦在「浮洲」設立，它不但成為「力行文和新村」的鄰居，也成為村民眷屬工作選擇的考量之一。

約在民國八十九年（西元二〇〇〇年）左右，「力行文和新村」的居民，經爭取與鄰近十個眷村，改建於原「忠誠新村」的位置。新的公寓大樓型眷舍完工，住戶遷入後，「力行文和新村」隨即拆除，改建暫設公園；除保留有「力行新村」大門，以及一座兩層閣樓式建築（即《十六個夏天》拍攝場景）之外，公園內僅見部分殘瓦斷牆。

筆者父親的小學同學——蔡伯伯，是空軍上校，曾任「力行文和新村自治會」會長。我在國小四年級的暑假，父親帶我們兄弟來臺北玩，拜訪過蔡伯伯。蔡伯伯出示自己蒐集的郵票和錢幣，讓我們大開眼界。當日，蔡伯伯還開他的吉普車，送我們去搭車。當時，蔡伯伯是否就住「力行文和新村」，我也無把握。然而，多年以來住到哪個村子都是公認「模範夫妻」的蔡伯伯與蔡媽媽（夫妻相敬如賓，從未吵架），卻在孩子長大後離婚（據說連離婚當下夫妻也沒有吵架）——這對我來說，真是個不小的震驚！

某年一個夏日上午，我由「臺鐵」浮州站出站，步行約十五分鐘後，來到公車站牌為「臺灣藝術大學」一側，看到所謂的「浮洲親民公園」，試圖找尋以往印象，似乎一點都對不上來。仔細一想，這畢竟已經是三十年前的往事，人事變遷，一切自然難以「對位」了！

我的「力行文和新村」印象，還停留在民國七〇年代後期。當時，我任教於臺北某專校，有位同事就住在「力行文和新村」的文和巷內。由於同出身眷村，也聊得來，一日離校時，我便應邀，隨他前往「力行文和新村」的府上小坐。當我們搭車來到村門口，就看到濃煙竄升半空中，還有消防車鳴笛進出。隨他愈走愈近，赫然發現原來失火的正是他們家的隔壁鄰居，他家亦遭波及；消防人員拉起封鎖線，禁止我們入內。他焦急地打聽，得知父母弟妹皆外出，不在屋內，這才放下心來。

當然，那天陪他守候至火勢控制後，我便返家。印象中，「力行文和新村」巷弄狹窄——一排排黑瓦平房，僅家家戶戶大門對大門的巷子稍寬；後門對後門的窄弄，幾乎是門牆貼著門牆，難以通行。之後同事離職，前去「新加坡國立大學」攻讀更高學位，我也就沒有再來過「力行文和新村」。如今，再見時已成公園，滄海桑田，頗令人感慨！

其實，民國八十七年（西元一九九八年），「力行文和新村」還遭過另一次祝融之災；幸經全村居民投入救火，僅數戶受災，未釀大害。房舍老舊，加上火災頻仍，也就成為「力行文和新村」居民希望盡速改建的重要原因。

不過，比起臺北市的某些眷村，得以保留部分眷舍或整村保留的做法，來到「浮洲親民公園」，自然會有所失落！但大家不必太難過，因為在「浮洲親民公園」與「國立臺灣藝術大學」之間，尚有廢置但未拆除的公教眷村，可以一溫舊夢；也可以看看廢棄改設文化園區的「榮民紙廠」舊址，到「板橋榮家」找老榮民聊聊天。

其次，去尋「榮工處棒球場」追憶當年的「榮工少棒、青少棒、青棒」舊事；也看一下孕育朱天心三姊妹寫作之地的「婦聯一村」舊址，以及創造作家愛亞與新竹市前副市長林正杰的「婦聯二村」舊址，懷想他們成長的「曾經」。

我相信，來一趟「浮洲親民公園」，您也可能會有這些「另類」收穫哦！

不知是何人所言：「記憶就像溫水瓶，總留有一些餘溫。」回看「浮洲親民公園」，仔細咀嚼，就愈覺有一種「菜根香」的回甘啊！

後記：捲起「韓流」的前高雄市長韓國瑜，以及馬祖選出的立委陳雪生，都是原出身「十二將」之「篤行新村」的傑出「眷二代」。

高射砲陣地上的眷村——三重區空軍三重一村

位於三重區正義南路底的「空軍三重一村」，是屬於鄰近淡水河沙洲的邊緣之地。它原為日據時期的日軍高砲陣地；民國三十二年（西元一九四三年），美軍為阻斷日軍對南洋的支援，遂對日據下的臺灣展開大規模轟炸，是以此陣地成為被轟炸的重點目標（三重當地人稱此陣地為「兵營」，附近居民皆須設法避難逃離）。臺灣光復，陣地方為我空軍高射砲兵部隊接收。

由於，民國三十八年（西元一九四九年）「空軍總部」遷臺後，「高射砲兵司令部」（後改稱「空軍防砲兵司令部」）進駐三重；為了解決廣大的眷屬居住問題，大約民國四〇年代，在「中華民國婦女反共聯合會」的募款下，便興建了「建國一村」、「三重一村」、「三重二村」等，三座眷村。

基於土地不易取得的情況下，「建國一村」建在司令部旁（即今中央北路與三和路交岔口間）、「三重一村」就建在原日據時期日軍高砲陣地上；至於「三重二村」，也只好興建在淡水河邊的河灘上（即今大同南路底的兩側，其中一部分現為「三光國小」校址）了！解決了居住問題後，教育需求也要解決；接著，由「婦聯會」附設的「建國幼稚園」，也成立於「建國一村」旁。

新北市空軍三重一村

以往三個眷村的幼童，就讀「建國幼稚園」；幼稚園畢業後，則改由軍用大卡車，接送就讀於「臺北空軍子弟學校」（今臺北市懷生國中校址）。而軍用大卡車接送的地點，就設在「三重一村」的村口位置；這對「三重一村」的學童來說，真是最大的便利！

隨著時光荏苒，「高射砲兵司令部」在民國五十一年（西元一九六二年），改稱「空軍防砲兵司令部」後，又於民國五十七年（西元一九六八年）遷往臺北市南機場；後來原址成了「光榮國中」設校的校地。在「眷改」的進行下，民國九十三年（西元二〇〇四年）由政府協調遷建，「建國一村」、「三重二村」也先後拆除。惟獨「三重一村」經新北市政府文化局審議決定，於民國九十五年（西元二〇〇六年）八月二十八日列為「歷史建築」，以作為新北市國軍老舊眷村建築的保留遺址；「三重一村」也就因此成了新北市唯一被整個村子保留下來的眷村。

某年一個夏日午後，我來到「三重一村」；「三重一村」就隔在正義南路、同安東街、福德南路，以及「光興公園」之間。而「三重一村」西面的福德南路上，一座金碧輝煌的廟宇——樓宇高聳，富麗堂皇，正好與「三重一村」的破落餘暉，形成了強烈對比。

從進入村子大門口，即可看見的新北市文化局告示牌來瞭解：該局於民國一〇〇年（西元二〇一一年）八月，已委託某建築師事務所辦理「歷史建築空軍三重一村建物暨防砲陣地修復及再利用工程」，預定當年十一月至民國一〇一年（西元二〇一二年）七月完成規劃，民國一〇二年（西元二〇一三年）起施工至民國一〇三年（西元二〇一四年）底完工。然而，一切的跡象卻在在顯示著未能如期「完工」，不免令人困惑。

新北市政府的工程進行，除了大致規劃出預設的展示館（包括眷村典藏記憶館、眷村族群館、眷村流金歲月館、傳統文化藝術館）的掛牌外，似乎未有整修經費款的配合；是以「三重一村」，完全沒有市府規劃的「眷村文化園區」的宏圖展現出來。目前，只有委請保全公司派警衛駐守，並供影視拍片申請，租借場地供其使用而已。

我來的這一天，正好有錄影在進行。略有布置的場地與動線的隔離，一方面顯得熱鬧，一方面也限制了參觀。我環視了「三重一村」一遍，整個村子略呈方形：北面是「光興公園」，西面的大門對著正義南路，南面是同安東街，東面開口大面對福德南路。村內靠西的牆面上，有一幅「五〇年代一村生活地圖」，標出了三個眷村、司令部與建國幼稚園的位置，以及當年的店家與電影院的所在；靠東有一個方形廣場與防空洞，即日據時期日軍高砲陣地遺蹟。整個村子的眷舍，是圍著原日軍高砲陣地，呈ㄇ字形排列建成的形式。

聽聞「三重一村」獲得保留的原因之一，是因該村呈現了不同軍階的眷舍。的確走入村內，可以感覺整村眷舍，每一面建築都不一樣：有些是獨棟獨院，有些是兩層樓獨院，有些是窄小的平房，建築風格不一。我猜想整村住戶，應該是從將官到士官都有吧！

而網路上，有人列出臺北市「伊通公園」的空拍圖，來與「三重一村」做比較；說明同為原日據時期日軍高砲陣地，但六個弧狀排列的高射砲圓形基座，兩地卻完全相反。他指出：「三重一村」為坐北朝南，以東西向排列；而「伊通公園」則為坐東朝西，為南北向排列。這兩座高砲陣地，都位於松山軍用機場，東西面飛機航線上的要衝；相信日據時期，臺北市與松山軍用機場的安全，都十分倚賴它們的保護。

不過，如今時過境遷，「空軍防砲兵司令部」的遷址與改制（現縮編為「防砲兵指揮部」，設於臺南市仁德區長安營區）、「空軍防校」的走入歷史，如今「三重一村」的獲得保留，就顯得彌足珍貴。

其之所以彌足珍貴，還因為空軍防砲部隊以往有「空軍陸戰隊」之稱，其主要任務，包括固守高射砲基地、看守雷達陣地，以及保護機場安全。防砲部隊編制一如陸軍，也經常換防輪調，事實上也屬於十分辛苦的部隊；因此，除了少數長期服務於司令部的軍官士兵外，一般「三重一村」的軍眷子女，並不能像空軍其他單位般，天天可以「有爸爸回家吃晚飯」的幸運。

基於這樣的背景，「三重一村」所顯現出在保衛臺海安全的意義上，自然就是活生生的歷

史見證。因此，我誠摯地希望，「三重一村」能在新北市政府的相關配合款到位後趕緊施工，莫讓眷舍繼續殘破下去。留住「三重一村」，就留住了歷史可以比對印證的一頁，如何能教人不珍視呢？

此外，走一趟「三重一村」，也千萬不要遺忘「三重一村」旁，還有原「憲兵學校」遷臺初期校址遺蹟（後因苦於水患，遷往泰山區），以及光興公園與光興閱覽室等；這些地方，也都值得休憩與一逛。

其次，「三重一村」南面鄰近「忠孝橋」，橋下即為淡水河道上的「忠孝碼頭」，這兒每天都有渡輪按時往返於「大稻埕碼頭」間，是一條極具價值的觀光航線。相對於「好勁稻工作室」所提出的「城南水岸文史廊帶」，我相信雙北的觀光局官員若願意好好規劃，這也會是一條很好的「城北水岸文史廊帶」旅遊路線啊！

後記：「三重一村」已於民國一〇七年（西元二〇一八年）修復，對外開放觀光；好友李俊賢、董俊仁、林威廷等先生，都是保存與促成的功臣之一。而忠孝橋旁的堤岸上，有文化局製作的不鏽鋼「新北市民俗文化」的解說牌；其中有介紹鄧麗君的一塊解說牌，顯示她亦是新北市重要人物之一（鄧住過鄰近三重的蘆洲，那是穀倉改成的空軍眷舍）。

我還在這裡——新店區炎明新村

六月底的周末午後，久居新店的好友曹老師，介紹我認識「第二十屆金穗獎」的紀錄片導演王慧君女士。商談之後，天色尚早，他突然告訴我：「走——帶你去看，新店如今還在的軍情局老舊眷村。」我就這樣，隨著他經過「法務部調查局」大門、「崇光女中」，一路穿越大街小巷，來到中正路二七五巷的「炎明新村」。

「炎明新村」就只這一條巷子，是兩邊對門而列的眷村。全村五十八戶：左邊單號，由一號至五十七號；右邊雙號，由二號至五十八號。二號之前還有由于右任先生題字的一戶——「蘭廬」，但並無門牌編號。曹老師說：「這應該是早期管制門禁的警衛室。」我問他：何以知道這座眷村？曹老師告訴我，他父親也是「軍情局」退役的軍官，小時候他曾隨其父來此，探望過已退休的長官，所以有印象。

「炎明新村」單號之後，緊貼著一所學校；雖是周末午後，仍傳來了校園悠揚的鐘聲。我請教曹老師後，方知是「中正國民小學」。我問曹老師：它是否一如「雨聲國小」，曾是「軍情局」的「子弟學校」？曹老師卻答曰：「不知！」

走入「炎明新村」，安靜的巷子，除了寥寥可數的黑瓦平房，仍可辨識其為獨棟獨院形式的眷村之外，其餘大都已改建成獨棟的樓房，實在難以確認它是國軍老舊眷村。然而，其「獨

新北市炎明新村（曹齊平攝）

棟獨院形式」卻也教人嗅出它特別的意味——這裡應該是高級軍官的眷村吧！

走過仍是黑瓦平房的十四號，外牆上貼著護貝裱起照片與說明文字的海報，訴說著：軍情局陳榮光將軍的故事，讀之令人動容。這才讓人確定——它確實是那些曾經為黨國出生入死的「軍情局」工作人員的眷村。

從「蘭廬」、「獨棟獨院」、「陳榮光將軍眷舍」等條件來看，我猜想它是「軍情局」的高級軍官的眷村，應該是八九不離十！

而十七之一號的樓房，門口掛著：「中正市民活動中心」、「新北市立圖書館中正閱覽室」的三塊牌子，就成「國防部軍情局炎明新村自治會」、了它是眷村「鐵的事實」。單號中段的一戶，可看出改建樓房工程半途停工的歲月痕跡。何以改建卻未完成呢？看來這又是「炎明新村」另一教人驚奇的地方。

曹老師一面幫忙拍照，我就一面做紀錄。突然

新北市炎明新村十四號牆面（曹齊平攝）

出現兩個騎著幼兒單車，讀幼兒園年紀大小的小朋友，「笑問客從何處來」地，引導我們來到雙號中段的一棟樓房前。

小朋友的祖父（約六十餘歲左右）坐在門前，用著濃濃的「臺灣國語」跟我們聊了起來。原來，國防部以往也曾規劃「炎明新村」，與鄰近眷村整體改建的計畫，後來卻未落實。而後，有些眷戶「轉賣」遷出，有些就自行改建樓房。

老先生又說，迄今，「炎明新村」約有三十戶左右，已經轉賣給了「非軍眷戶」；例如他本身這戶，就是向一位上校承購而來，再自行改建成樓房。問老先生是否擔心，未來國防部將收回土地的問題；老先生說：「不擔心；我當時買的時候打有契約，並且我改建後，可是全村第一個自動申請報稅的人，後來很多人都跟進。我一年房屋稅要繳一萬多元啊！」

結束與老先生的談話，天色已晚，不忍再敲十四號的門，遂未能訪談一下陳將軍的後人。在夕陽餘暉中，曹老師陪我離開了「炎明新村」。回程中，我想著：「炎明新村」的存在，應該是國軍老舊眷村的「異數」；因為它既不像「中心新村」全村仍在的形式，也不像「岩山新村」之部分列為「歷史建築」而被保留。何以「炎明新村」會如此特殊呢？

返家之後，我在何思瞇所著的《臺北縣眷村調查研究》一書中，找到了有關「炎明新村」的資料；這對於我們認識它，有了更進一步的體認。

根據何思瞇的調查：「炎明新村」興建於民國四十三年（西元一九五四年），係由美軍情報單位出資，協助購地興建；土地所有權屬於政府，規劃提供軍方情治單位退休人員使用，原計畫興建五十四戶。

而「炎明新村」村名，乃取自於當時「軍情局」張炎元先生名諱的「炎」字，再加上「光明」的「明」字組合而來；眷村始建歸「國防部大陸工作處」管轄，村前的中正路亦由阮清源少將率眷戶及所屬同袍，利用公餘闢建而成。

由於，當時須經官方審核後，始可將房舍完全移轉給眷戶；但因未至地政機關辦理土地分割手續，導致眷戶迄今一直僅擁有「永久使用權」。我猜想：也許這就是「炎明新村」，無法與其他鄰近眷村一同合併改建的原因。

從何思瞇的資料來源看，乃出自於訪談當時「自治會」會長萬民肇將軍；而萬會長也說：原住戶約四十戶，其餘為承購戶及轉讓戶。由何書出版的時間——民國九十年（西元二〇〇一年）來看，至少已是十餘年前的事了！

今日，若真是如我所訪談的老先生所言——約有三十戶左右已是「非軍眷戶」，那麼，

「炎明新村」說它是「國軍老舊眷村」，似乎不對！然而，話說回頭，若說它已經不算「國軍老舊眷村」，似乎亦非！

「炎明新村」的存在，實在是如此之特殊；但它的存在，其實也提供我們對於「國軍老舊眷村」的變遷，另一種認識的想像空間，不是嗎？

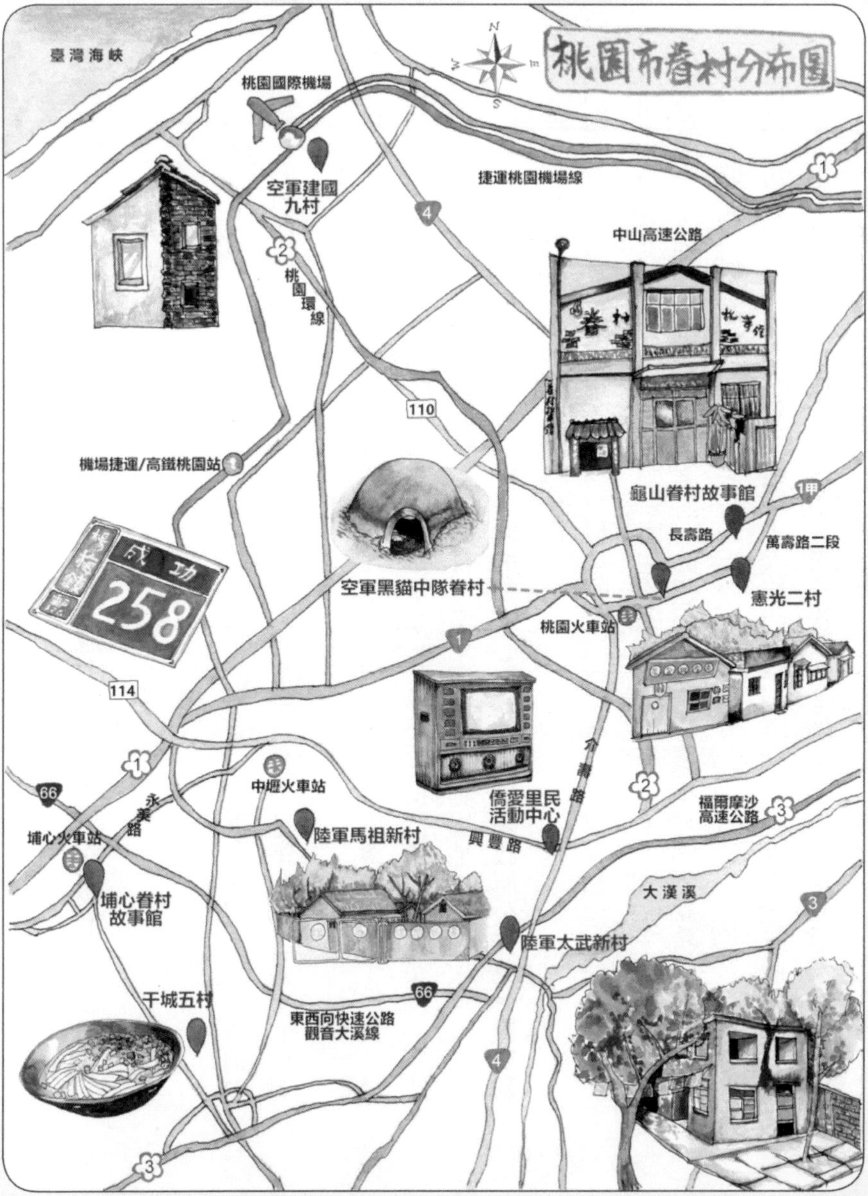

桃園市眷村分布圖

臺灣海峽
桃園國際機場
空軍建國九村
捷運桃園機場線
桃園環線
中山高速公路
110
機場捷運/高鐵桃園站
成功 258
空軍黑貓中隊眷村
龜山眷村故事館
長壽路
萬壽路二段
1甲
憲光二村
桃園火車站
114
中壢火車站
僑愛里民活動中心
介壽路
福爾摩沙高速公路
興豐路
永美路
埔心火車站
陸軍馬祖新村
埔心眷村故事館
大漢溪
陸軍太武新村
干城五村
東西向快速公路觀音大溪線
66
1
2
3
4

山區裡的眷村遺蹟——龜山區龜山眷村故事館與憲光二村

位於龜山區光峰路上的「眷村故事館」，原為「陸光三村」自治會所在的「文康活動中心」。「陸光三村」乃興建於民國五十七年（西元一九六八年）三月，是座有三百九十七戶規模的陸軍眷村。

當「陸光三村」原地改建為「千禧新城」時，在地的「桃籽園文化協會」結合了居民，於民國九十二年（西元二〇〇三年）間，成功爭取保留了原「陸光三村自治會」的建築——「陸光三村文康活動中心」，並且使之成為該年「桃園眷村文化節」的活動場地之一。民國九十三年（西元二〇〇三年）三月三日，「陸光三村文康活動中心」除經桃園縣政府公告為「歷史建築」，也更進一步成了桃園地區首座「眷村故事館」。

由於，龜山區原有十座眷村（陸軍：貿易一村、陸光二村、陸光三村、精忠五村、憲光二村；聯勤：克勤新村、貿商一村、明駝一村；空軍：建國一村、建國二村）其眷村分布密度，在桃園地區僅次於中壢；因此，「眷村故事館」一開始的規劃與展示方向，就希望兼具包容性，而非僅局限於「陸光三村」一村而已。

「陸光三村文康活動中心」是座兩層的建築，大約建於民國七〇年代左右；其成為「眷村故事館」的初始，亦由「桃籽園文化協會」代為經營；後來，才改由地方政府招標委辦經營。

整修中的龜山眷村故事館

民國一〇三年（西元二〇一四年）暑期，友人陪我前來，但因「眷村故事館」進入長期整修，是以失望而返。民國一〇五年（西元二〇一六年）寒假，我再度前來（桃園縣已經升格為直轄市層級的桃園市），才一圓心願。「眷村故事館」一進門就有個服務臺，詢問親切的志工研究生後，方知已非「桃籽園文化協會」負責——因上一年度是由「銘傳大學」的建築所獲准經營，而今雖已到期，但目前還是「看守代管狀態」，僅等待桃園市政府再行招標確定後，就會進行交接。

「眷村故事館」依樓層，規劃出兩個展場空間：一樓為主題展示空間，二樓為長設展示空間。我到訪的時節，主題展示空間的展出，是食衣的主題：食的部分，以圖片展出了眷村美食、製作者的照片，並搭配有這些叔叔伯伯、媽媽們的簡介；衣的部分，以

桃園憲光二村（李世琪攝）

照片與實物的展示為主，實物多屬旗袍。

在參觀過程中，我發現「衣的部分」，竟有一件越南國服（形似旗袍，但一律是高開叉且屬長袖，材質為薄絲質布料；必須搭配同材質長褲穿著）排列在其中。我不知道，它究竟出自現在的「千禧新城」新服，或是原「陸光三村」的古董？若是古董，那就顯示在原「陸光三村」的時代，眷屬中應該就有越籍配偶了！

長設展示空間，是以固定的區隔，分出展示的空間，分別有書櫃與閱讀區、兒童閱讀區、日據時期公學校照片展，以及原眷戶拆下保留的紅色木質大門、舊式鈔票與自治會住戶名牌一覽表的實物展。其中，「自治會住戶名牌一覽表」，是以壓克力板製成，再依號碼插入書寫各住戶資料的名牌；它應該是「眷村故事館」的特藏品。這樣的「自治會住戶名牌一覽表」的古董，原是各眷村自治會中都有的東西，但在其他眷村博物館卻尚未得見！

離館時，我在服務臺取了「桃園城市故事館」的簡介翻閱，發現「憲光二村」距此不遠。於是，在請教志工研究生後，依指示路線步行約十五分鐘，轉至大同路的巷子內。很快，我便來到位於明德路上的「憲光二村」。

「憲光二村」建成於民國五十六年（西元一九六七年），當時為

擁有乙種三十戶、丙種七十戶的平房連棟式眷村。民國九十五年（西元二〇〇六年），「憲光二村」住戶遷往鄰近「眷改」而成的「陸光新城」；同年十月二十六日，「憲光二村」經桃園縣政府公告為「歷史建築」的眷村。

「憲光二村」是全臺灣「國軍老舊眷村」中，唯一獲得保留下來的憲兵眷村，也是目前桃園市三座被全村保留的眷村之一。原先，龜山區的「精忠五村」也有希望被保留為「眷村博物館」，但並未成功；因此「憲光二村」，就成了龜山區唯一被全村保留的眷村了！

「憲光二村」不僅是電視劇《光陰的故事》取景拍攝的地點，連國片《鬥陣ㄟ》也跟進於此取景拍攝，甚至在此地舉行了「開鏡儀式」。這樣的機緣，大大提升了「憲光二村」的知名度，成為熱門的國軍老舊眷村。

而民國九十五年（西元二〇〇六年）的「桃園眷村文化節」，也選中「憲光二村」，作為活動的場地之一，且活動中的「全國眷村研討會」也在此舉行。這次研討會引發了全國眷村保留意識，促成了關心「全國眷村文化保留」的各界人士串聯成聯盟，「憲光二村」也因此得以在歷史上留名了！

目前所見，「憲光二村」全村是由村底的匚字形一棟，以及前排

「一」字形的七棟（其中四棟與ㄈ字形等長）的眷舍，整齊排列構成；除了少部分有二層閣樓外，多屬平房。村內左側，還有三棟四層樓的公寓式「職務眷舍」；這三棟後期建築，約為民國六十二年（西元一九七三年）至六十三年（西元一九七四年）間，陸續增建的部分。

如此的眷村建築，在「憲光二村」中，形成新式樓房眷舍與老舊平房眷舍，截然對比的型態，默默地反映了時代變遷的痕跡。村中一棵大榕樹，植於職務眷舍後方，正對應著與ㄈ字形等長四棟的舊眷舍；這樣的空間，形成了一個小型廣場。而大榕樹旁的邊坡護牆上，有著木條木板製成的國旗圖案；但如今已殘破斑駁，似乎是無言地面對著歷史的過往雲煙。大榕樹樹幹垂下兩條繩子，綁著一塊木板做成的簡易鞦韆——令人想起當年，這裡大概是村民聚會地點與兒童嬉戲的地方。

「憲光二村」一進大門即見首棟長平房眷舍的屋牆，其上有標語，寫著：「起得早，睡得好，七分飽，常常跑，多笑笑，莫煩惱，天天忙，永不老」；這具名由「大同社區理事會製」的標語，顯然富含著養生的哲理於其中。

民國九十八年（西元二〇〇九年）八月起，「憲光二村」由桃園縣龜山鄉公所（今為「桃園市龜山區公所」）「代管維護」；但必須每半年再向國防部申請一次，才能繼續行使「代管維護」權。因此，若欲來村參觀，就必須先辦理申請，經准許後，方得依規定時間前往參觀；所以，它是屬於非正式對外開放參觀的「國軍老舊保留眷村」。

截至目前為止，已有大陸「湖北省荊門市掇刀區林鋪鎮大同村」組團前來參觀過；而且，是在「龜山區大同村」村長鄭清木的陪同下，進行「憲光二村」的導覽參觀。是否大陸人士來訪，皆須由臺灣相關人士代為申請，可能還得詳問方知。

我來的時候，正好遇到影視製作公司進行錄影中，因而得以隨之入內參觀，其製作人蔡先生，還是前民視電視劇《嫁妝》的執行製作；由於我倆都成長於臺灣南部，算是鄉親，彼此於是親切地聊了一下。這可說是意外的邂逅。

上網查了資料，得知當局規劃「憲光二村」，成為未來的「龜山區眷村博物館」。當然，「憲光二村」如何與目前的「眷村故事館」做出區隔，共同為保留國軍老舊眷村的工作盡心，也許仍須仔細思量了！

後記：民國一〇八年（西元二〇一九年）十一月，桃園龜山憲光二村，開始進行整修工程，預計三年後啟用為「移民博物館」。「龜山眷村故事館」現為「養雞協會」接手經營；民國一〇七年（西元二〇一八年）三月二十七日，我應邀演講「龜山眷村話外一章——黑貓眷村」。

失落的山頂村——龜山區空軍黑貓中隊眷村

「建國一村」的舊址，位於目前龜山區山德里內，乃民國四十六年（西元一九五七年）由空軍第五基勤大隊興建，共有六十二戶眷舍，為龜山區唯一的空軍眷村。

「空軍建國一村」的住戶，都是空軍桃園基地人員的眷屬。由於早期機場附近的「建國一村」、「建國四村」、「建國十一村」、「建國九村」、「建國十六村」、「建國六村」等眷村，已達飽和，不敷使用，因此在取得土地困難的情形下，「空軍總部」才在中壢與龜山覓地，另外增建眷村。

民國五十年（西元一九六一年）二月一日，「空軍第三十五中隊」在桃園基地的機場成立後，龜山的「建國一村」開始有了不一樣的變化：「建國一村」後方，陸續蓋起了十二棟木屋型獨棟庭院的眷舍，配給「三十五中隊」已婚的飛行員。整體而言，它似為「建國一村」的一部分；但根據「空軍第三十五中隊」成員，楊世駒的說法：「正式名稱叫做「『建國二村』，我們稱之為『山頂村』。」

所謂的「空軍第三十五中隊」，事實上就是大家所熟知「黑貓中隊」；它與有「黑蝙蝠中隊」之稱的「空軍第三十四中隊」齊名，都是東西方冷戰下，「臺美合作」深入大陸地區，刺探中共軍事情報與核武發展的中隊。

桃園市龜山黑貓眷村原址（李夏苹攝）

「黑貓中隊」更是由美國中情局主導，與中華民國合作，執行定名為「快刀計畫」的專案。從中華民國空軍中被挑選出來，進入「黑貓中隊」的飛行員，都必須先赴美接受嚴格訓練；完訓後返臺後，「黑貓中隊」成員尚須不斷搭配例行訓練與執勤，以求技術和應變能力的完全純熟。

「建國二村」（當地屬「山頂村」的鄰里，「黑貓」成員習慣暱稱為「山頂村」；眷村拆除前，建國一村、二村的門牌顯示已合併整編為「建國新村」）最早入住的眷戶，包括第一批完訓進中隊五名飛行員中的華錫鈞、楊世駒、王太佑等，三戶人家。由於空軍「第三十五中隊」是繼「第三十四中隊」後成立的特殊任務中隊，所以，這個眷村也是經國先生最常來訪的眷村。描述「黑貓中隊」較深入的書籍，截至目前為止，大約也有十本上下。其中，提及「山頂村」生

桃園市龜山建國一村

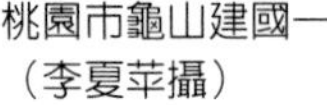

（李夏苹攝）

桃園市龜山黑貓眷村原址（李夏苹攝）

活的部分，卻僅有郭冠麟的《高空的勇者：黑貓中隊口述歷史》和沈麗文的《黑貓中隊——七萬呎飛行紀事》等，兩本書而已；此外，還有王黛比的〈回家吧！我的愛〉一文。通過這些文本的穿插、比對與整理，大致可還原勾勒出這個歷史不當遺忘的特殊眷村。

王太佑在村裡住了十二年，他的記憶裡，提及：「高層主導我們任務的是蔣經國先生，對我們十分親切、隨和。有次他隻身來到山頂村來看我們，當天我們夫妻都不在家，只有就讀小學的兒子在家。我從來未向子女談及任務的事，甚至也沒告訴他們蔣經國是誰。經國先生敲了我家大門，並報上名字，我兒子完全不知道這位先生是何許人物。」

楊世駒是繼首任隊長盧錫良之後，第二位「黑貓中隊」隊長。在楊世駒的回憶裡，他於民國五十二年（西元一九六三年）至五十八年（西元一九六九年）擔任隊長期間，「經國先生連續兩三年大年初二都到村子裡來拜年，先把所有隊員的小孩集中到我家裡，然後一個個發紅包，再向家屬們恭賀新年，十分平易近人。」

對於第二批完訓的葉常棣和第三批完訓的張立義來說，雖然已婚但因眷屬分別住在新竹與屏東，也就未遷入「山頂村」。

吳載堯是第三批完訓成員吳載熙（於民國五十五年訓練中殉職）的弟弟，他的印象中：「婚後大哥住在桃園龜山的建國一村（山頂村），專供三十五中隊飛行人員居住的房舍。美方也餽贈了一部大冰箱及冷氣機作為結婚禮物。山頂村的房舍都是獨立建築，四周有圍牆，外部有院子，內部有大客廳、兩間臥室，一個廚房及儲藏室，在當時是十分高級的建築。美方提供一部車子供大家上下班之用，每天早上大家由龜山出發到桃園基地，下午一起搭車回家。」

至於民國五十四年（西元一九六五年）在美完訓的第四批飛行員，則有莊人亮、劉宅崇、余清長等三人。當三人要遷入眷村時，現成眷舍就已不夠分配了。根據莊人亮的回憶：「總部只規劃一處空地給我，我便雇工蓋了一幢平房供家人居住。當時楊世駒、王太佑也都還住在山頂村。」入住村內，莊人亮就與余清長比鄰。

沈宗李和王濤是第七批完訓的成員，兩家亦比鄰而居。在沈宗李的記憶裡：「山頂村雖然也是眷舍，但房舍面積較大，內部全由每戶自行設計規劃。」

然而，民國六十年（西元一九七一年）第八批完訓的成員邱松州欲申請入住時，就已經沒有眷舍與空餘的土地——他只能選擇全家在桃園賃屋居住。因此，並非每位「黑貓中隊」的成

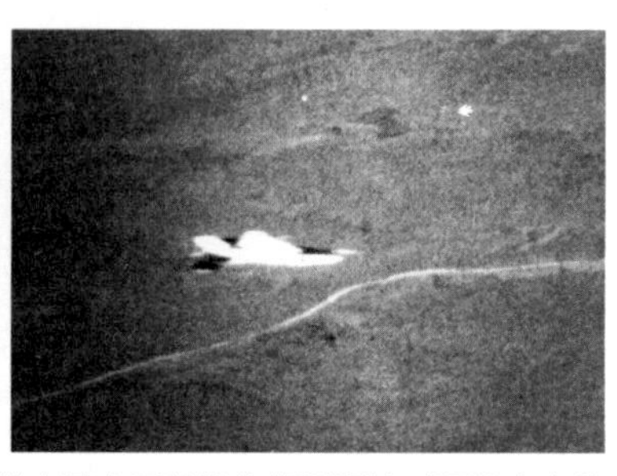

吳興華先生提供，其父吳載熙所駕U2機，所拍大陸空軍基地的偵測照片（照片來自美國的檔案資料庫，由徐林先生取得）

員，都能入住這個眷村。至於，未婚的飛行員，想當然耳，就必須住機場的基地單身飛行員宿舍內了！

撰寫《黑貓中隊——七萬呎飛行紀事》的沈麗文是沈宗李千金，她與邱松州的千金邱怡華合作，由邱怡華手繪書中插畫（該書編輯為繆沛倫先生）。沈麗文在書中說到：「在五〇年代，美國一般軍官的月薪約為美金六百元，而U-2飛行員則是兩千五百美金。」但話鋒一轉，她說：「至於臺灣方面，中情局也比照美國U-2飛行員的薪水，固定撥給空軍，但事實上飛行員並不曾領到這麼多錢，只不過比當時一般飛行員四千塊臺幣（約合美金一百元）的月薪，再多領個臺幣四千四百元的加給而已。」話雖如此，但這在當時的臺灣，已經算是極高薪資了！

事實上，「黑貓中隊」飛行員的月薪，在臺灣的確相對優渥。沈麗文也說：「桃園山頂村，一直到一九六九年，終於有了第一臺彩色電視機。沈宗李花了大約一萬元臺幣，帶回一臺日立（HITACHI）電視，因為是美軍供應的物資，比一般店裡賣得便宜。」

「黑貓中隊」飛行員所駕駛的U-2機，是美國所研發出來，乃當時最尖端的高空偵察機；然而，其失事率高，加上容易被中共飛彈攻擊，種種因素，造成飛行員的殉職事件頻傳；所以，它也是中華民國犧牲優秀飛行員最慘重的中隊（包含於赴美受訓期間與執行勤務中喪生者）。於是，這個眷村也有了「寡婦村」的稱號。

楊世駒就說：「除了民國五十九年十一月於桃園基地失事的黃七賢之外，其餘九人都是在我副隊長和隊長任內殉職的。每當接到有人犧牲的消息，我就將訊息告訴總部，然後帶著一些禮品到烈士家中慰問。其實，當家屬看到前一天駐隊裡應隔天回家休息的親人，突然變成隊上長官來探望，就已經心裡有數了，悲傷萬分自不在話下。不過，看在其他隊員眼裡，卻也感同身受，因為也許哪天自己的家屬也變成被慰問的對象！除了隊上人員的慰訪外，經國先生也會輕車簡從地搭著吉普車，到遺眷家中拜訪。例如吳載熙殉職後，他就去過吳家數次。」吳載堯對於哥哥吳載熙的犧牲，也頗為感慨地說：「冰箱、電視機等家電一應俱全，全是美國進口，也配給有公務車；不過，優渥的背後竟得付出如此高昂的代價。」

不過，楊世駒亦說：「當時國家對於我們中隊犧牲隊員的撫恤做得很完善，撫恤金之發放以及遺眷的照顧都十分周到。而美方的合約中，也載明了補償條款，就是遺眷中的直系親屬每人給予二千元美金補助金，透過空軍總部情報署轉發。」

沈麗文則從另一個角度切入，說到：「初次造訪的人，可能會覺得村中生活悠閒而寧靜。仔細打量，卻會發現這個村子的門牌號碼似乎有些混亂，在五十三號之後，又有五十三號之一、五十三號之二、五十三號之三……。然而，明明每一戶都是獨棟平房，和五十三號一點關係也沒有。」她說：「五十三號是莊人亮的舊宅，他是黑貓中隊第十七位飛行員，在他之前，

桃園市龜山黑貓眷村最後身影（鄭秀瑛攝）

已經有十一個人陣亡（包括大家以為已殉職的葉常棣和張立義），而他兩度遭受飛彈攻擊都安然逃脫，因此後來附近加蓋的房子，都想沾他的好運道，而沿用了這個幸運數字。」

王黛比（本名：許牟憲）是第三任隊長的王太佑妻子，在〈回家吧！我的愛〉一文中，她則談到「黑貓中隊」成員與眷屬的心酸：「春日的黃昏下班後，我匆匆趕回家要給兩兒準備晚餐，看到外子在衣櫥裡找冬裝，他只告訴我『要去韓國出任務』。提著行李包我陪他走到眷村口的停車場，臨上車時我在他耳邊輕輕的說了一聲『I love you』，看著小吉普車越行越遠，消失在夕陽的餘暉裡，我突然覺得自己無比的孤單，好像世界上只有我一個人似的。」又說：「深夜外子回家後疲憊不堪，累得都沒有精神說話了！我幫他脫飛行衣時，愕然看到他背上佈滿了像被皮鞭抽過似的一條條紫紅色的血痕，他已麻木得不感到刺痛了；那是因為『個裝士』沒把他的『半高空壓力衣』（Partial Pressure Suite）穿好所致。在我給他拭抹潤膚油時，忍不住心痛的眼淚一滴滴在他背上。這已經是半個世紀前的故事！」

沈麗文以一個眷村內孩子的眼光來看，她於書中也描述了村內的生活：「接近中午時，老楊便騎了三輪車前來，收集眷村媽媽們準備的便當，再送去學校給各家小孩。平房旁邊是一片綠油油的農田，颱風天淹水時，偶而會有一、二條魯莽的水蛇混進家中。」但是，接下來她卻說：「午後眷村時而傳出的麻將聲，或許便是這些飛行員太太們的一種排遣方式，藉著在眼前築起的方城，抵擋那些盤旋在心底深處、難以捉摸的憂慮。」

沈麗文也轉述了哥哥沈立威的印象：「吃過牙膏狀的太空食物（桃子口味不錯，肉醬超難吃）。但那裡終究不只是孩子們遊戲的樂園！某天，村裡一位伯伯失事，爸爸說他不見了，聽說只打撈到衣服。他記得有好幾年時間，爸爸每年都帶著他去空軍公墓憑弔，只看到墓碑上都是二、三十來歲的年輕人，他雖然還是小孩，也覺得淒慘。」

沈立威說的「某天，村裡一位伯伯失事，爸爸說他不見了，聽說只打撈到衣服」的殉職飛行員，可能是民國五十八年（西元一九六九年）一月五日，在華東墜海殉職的張燮；事發一年後，有一艘漁船在彭佳嶼附近，發現了張燮的遺物。

劉東明是第四任隊長劉宅崇的公子，印象中也曾「有一幕清晰的畫面：一日放學回家，看到一位阿姨坐在客廳悲傷的哭泣，正在安慰她的媽媽打發他帶妹妹出去玩；一邊玩耍一邊看著家裡人進人出，都紅著眼睛。長大後才知道，原來那是鄰居黃七賢的新婚妻子，他在那天失事」。

沈麗文更說：「當然也有還正在學走路、就再也見不到父親的眷村孩子，父親是一枚勳章，母親的眼裡則永遠留下曾經心碎的痕跡。什麼時候，能不再有這樣的故事？」至於倖存的老飛行員，卻也誠如王黛比所說：「外子把一生中最好的歲月奉獻給自己的國家，視死如歸，無怨無悔。如今蒼翁白髮、垂暮之年還得忍受著當年高空飛行所產生後遺症的痛苦折磨、落寞、消沉……！讓我傷心的記下這段往事。親愛的、讓我牽著你的手，我們回家吧。」在在說明了「山頂村」內，外人看似風光下的哀傷。

民國六十三年（西元一九七四年）七月十六日，「快刀計畫」結束；十一月一日，空軍「第三十五中隊」在第五任隊長王濤任內撤銷編制，走入歷史。在「黑貓中隊」存在的十三年中，前後共有二十八名飛行員，殉職犧牲的飛行員計十名，包括郗耀華、陳懷、梁德培、李南屏、王政文、吳載熙、余清長、黃榮北、張燮、黃七賢等烈士；兩名失事被俘的葉常棣、張立義，在大陸經勞改下放，直至民國七十一年（西元一九八二年）獲釋，方得以離開大陸。其中，號稱「王牌飛行員」的李南屏於民國五十三年（西元一九六四年）七月七日，在福建漳州遭共軍擊落，共軍由殘骸中尋獲一枚刻有「葉秋英」的戒指，拿去詢問被俘的「黑貓」隊員葉常棣，證實是其隊友李南屏的妻子名字。葉常棣在未進「黑貓中隊」前曾飛過「巫毒偵察機」，被俘時年方三十，結婚也才十個月，家住新竹。

李南屏殉職當月，蔣經國立即出版了一本五十五頁小書（蔣經國：《在平實中求進步——紀念空軍中校李南屏》，臺北市：中國青年反共救國團，民國五十三年七月出版）；該書中談及：李南屏擔任的職務除了飛行員之外，還有作戰長（作戰長不擔任駕機出勤任務）的職務，而且還附了一封李南屏最後寫給妻子葉秋英女士的家書，此家書中說：若有人問起，他在哪裡？他要妻子回答「不知道」。經國先生盛讚李南屏，到了生命最後，還在為國家保密。李南屏並未擔任過「黑貓中隊」作戰長，李南屏沒飛過「黑蝙蝠」；但他是空軍「王牌飛行員」，一直都參與大陸情報偵察的工作。他的墓碑上刻著：「總部情報署中校飛行官」；他是否有可能在「空軍總部」擔任過「黑蝙蝠中隊」的機密作戰長職務（「黑貓」殉職者中，蔣經國只為陳懷與李南屏寫過文章，顯示兩人的特殊）？尚有待學者專家，再做進一步研究。

在「眷改」政策下，民國九十六年（西元二〇〇七年）「建國一村」等九村拆除；「山頂村」也已經不在，但土地尚未轉移。民國一〇四年（西元二〇一五年）八月二十二日「空軍司令部臉書」上有這麼一段新聞：「空軍氣象聯隊政戰主任莊上校日前拜會桃園市龜山區山德里里長李金龍先生，感謝該里長協助單位列管『建國一村』空置眷地環境維護等巡管工作。」

「黑貓中隊」倖存隊員中，除華錫鈞後來留美取得普渡大學航太博士，返臺任「中山科學院」副院長（兼航發中心主任），並以空軍二級上將退役外，其餘退役後皆轉任民航機師，現已古稀，多近老謝凋零！

華錫鈞曾接受《聯合報》訪問，道出當年的心情：「出任務前一晚必須住在隊上，每次離開家都想，這會不會是最後一次看到家人？」但「唯一方法就是告訴自己，國家需要情報，國人需要安全，包括我的家人在內」。這樣的話語，令人恍恍惚惚憶起《史記・刺客列傳》裡，那一幕幕悲壯英雄的身影。

相對於「黑蝙蝠中隊」的文物館，已在新竹市拆除的原眷村遺址上佇立多年，在在提醒著訪客：勿忘英雄的犧牲！但屬於「黑貓中隊」的文物館呢？總非「山頂村」的空置眷地吧？面對著夕陽餘暉，我問天空，也問臺灣！

後記：繼「龜山眷村故事館」的演講後，同年八月十七日，我陪同龜山區公所人文課與龜山眷村故事館人員、山頂國小校長，勘查了「建國新村遺址」；十月三十日，再應「蘆山園社區大學」之邀，演講「眷話黑貓──從山頂村到山頂國小」（演講中補充了：李南屏一家人，原也住此村，李殉職後遷出，李妻後改嫁）。該遺址曾改設為收費停車場，而後又荒廢；這是我出書前最後探訪的情況。

永不散場的同學會——楊梅區埔心眷村故事館

談到桃園市楊梅區的埔心，大家一定馬上會聯想到「埔心農場」；但現在，還有一座「埔心眷村文化故事館」，是大家可以探訪的對象哦！

位於桃園市南邊楊梅區中興路上的「埔心眷村文化故事館」，距離臺鐵的埔心車站步行不到五分鐘，堪稱桃園市交通最方便的眷村故事館。

「埔心眷村文化故事館」位於「金龍社區活動中心」的一樓。活動中心周邊，原為陸軍的眷村群；隨著國軍老舊眷村改建方案的遷建，眷村拆除後，獨留活動中心。這是因為土地雖屬國防部，但地上物卻屬原桃園縣政府的財產，是以不得拆除。

民國一〇二年（西元二〇一三年）七月二十四日，經由「金龍社區發展協會」理監事會議通過，籌設「埔心眷村文化故事館」；八月一日成立「籌備工作站」，並擇定活動中心一樓的空間，作為未來的館址。在周邊眷村原住戶的努力下，再加上縣議員周玉琴的協助，「埔心眷村文化故事館」終於在民國一〇三年（西元二〇一四年）的國慶日正式開館。

其實，「埔心眷村文化故事館」的構想，發引自民國一〇〇年（西元二〇一一年）「老溫的同學會——四維五十回憶」部落格中——亦即「四維國小」五十周年校慶的校友省思。「四維國小」是民國五十八年（西元一九六九年）八月，建校於埔心的眷村區域內；早期全校學生

桃園市埔心眷村文化故事館

清一色，皆為軍眷子女；而校徽上相交叉的槍與筆，又代表了文武合一的「眷村國小」特色。

「四維國小」的校友，因眷村改建後而四散。在大家恐怕聯繫有中斷之虞、感傷老眷村的不存之下，又再加上不願兒時回憶將成斷線的風箏、往事亦塵封於歷史；於是，「金龍社區發展協會」的國小同窗——理事長張小姐和顧問江先生，匯聚「老溫的同學會——四維五十回憶」部落格上，大量「四維國小」校友的懷念與感傷，幻化成「埔心眷村文化故事館」的構建想法。而後，他們也認真地肩負起了「埔心眷村文化故事館」籌設的重責大任，並使夢想成真。我很慶幸自己於「埔心眷村文化故事館」籌備與開幕期間，投入了一點點心力的協助；所以，自然很高興見到這座眷村故事館的誕生。「埔心眷村文化故事館」開幕當天，我發現館內一塊「招牌」上的刻文，竟是「埔心眷村故事館」——明顯少了「文化」二字！何以如此，我並未追問。

「埔心眷村文化故事館」的收藏與展示品，乃以埔心的光華二村、三龍新村、四維新村、敬軍新村、金門新村、成功新村、五守新村、北功新村等，八個原陸軍老眷村居民捐獻的文物為主。

這八個眷村，最早是興建於民國四十年（西元一九五一年）的「光華二村」，最晚則是興建於民國五十四年（西元一九六五年）的「北功新村」；最早是改建於民國八十六年（西元一九九七年）的「光華二村」、「敬軍新村」、「北功新村」等三村，最晚改建則是於民國九十四年（西元二〇〇五年）的「三龍新村」、「金門新村」等三村。在那段曾經「村村相連，生活緊密」的五十四個年頭裡，一千二百零六戶軍眷的生活故事，確實是埔心發展史中，不該被遺忘的一段歷史。

「埔心眷村文化故事館」所在的「金龍社區活動中心」，原就是金龍里的辦公處所；而以往八個眷村中，也就有五個隸屬於金龍里，可說已占了二分之一以上。由此看來，眷村故事館設於此，也可說是非常有意義的事。

開館之初，靜態活動的部分，以照片影像展出為主，主要集中在人物故事方面，例如：鍾光仁中將伉儷（鍾將軍曾任成功新村村長，鍾夫人曾任五守新村村長）與子、孫、曾孫等，一家四代從軍的故事；突擊南日島與步登島的趙少芝少將；獲得四屆國軍英雄（第十三、十四、十六、十七屆）的張紹樑少校；傘兵英雄的楊治國上尉；以及由士官考訓升任軍官的任運邦先生等。總之，多屬眷村第一代的故事。

至於，眷村原有風貌與眷村第二代的照片，則屬照片影像陳列的第二部分；從照片中，可以看出當年眷村清貧的生活。

其次，屬於文物展示的部分，則以勳獎章、眷補證與眷村相關書籍為主；其中，眷補證的蒐集完整，年代無缺，亦是館藏一大特色。

另外，「埔心眷村文化故事館」也曾外借「新北市空軍三重一村」的文物，進行過交流展。而埔心眷村優秀的第二、三代人物的資料，以及數位影音資料的規劃，也在建構中。

動態部分，則常舉辦座談、口述歷史紀錄、烹飪交流研習、社區獨居老人探訪照護、四維國小校友聯誼等活動，是結合「金龍社區活動中心」與「埔心眷村文化故事館」性質，而屬於比較特殊的活動。

如今，「埔心眷村文化故事館」也是全國唯一可在網路上，點看影片簡介的「眷村故事館」；這一方面，可見張小姐和江先生的努力與用心。

對於出身埔心眷村的傑出人物，我也進行了資料的蒐集，諸如影視業界的曾亞君、陳為民、盧秀芳、蔡詩萍等，政界的盧秀燕以及旅美太空博士何林鈞，還有張茂桂（中央研究院的研究員）、吳統雄（世新大學資訊系創系主任）、吳聖雄（臺師大國文系教授）、理筱龍（前陸軍官校系主任）、理筱霞（美安臺灣副總裁）、毛麗珠（陸軍專科學校教師）、張慧蓓（長榮大學助理教授）、蘇偉馨（龍潭諾瓦小學創辦人）、歐陽琦潔（臺北商大教師）、李俊賢（眷村影像記錄工作者）等；我也期盼，未來可以在「埔心眷村文化故事館」內，看到有關他們的資料展出。

談到埔心眷村人物，我也想到多年前認識的一位出身埔心眷村的朋友；她曾跟我說過，兒時印象深刻的片段記憶：有一天父親消失了，過了好幾天，才見到穿著軍服一身骯髒、滿臉倦容、腰間別著手槍的父親回家，洗了澡後倒頭就睡了一整天。她說：「長大之後，才知道父親是反攻大陸，又敗退回來了……」她說著說著，竟一面搖頭一面笑，眼中泛著淚光。

話說回頭，張小姐和江先生也曾告訴我：「金龍社區活動中心」的未來，將朝向「族群文化館」的方向規劃，例如加入「客家與茶葉產業文化」、「新住民文化」等展示空間的部分。若是如此，「埔心眷村文化故事館」也將會是全國首座融入「族群文化」的眷村故事館。也許，此一突破將帶來另一種思維與包容哦！

後記：「空軍三重一村」整修前，李俊賢與董俊仁搶救一批文物，運送至此館二樓存放；後也整理埔心眷村文物，布置出一文物展示空間。民國一〇八年（西元二〇一九年）暑假，我協助「桃園市國家文化記憶庫『桃源有憶事』眷村學委託專業服務後續擴充案」，進行原埔心眷村住戶進行訪談，並撰寫「辭條」，算是更深入的理解埔心眷村；在此，感謝原住戶陸小姐熱心地的呼朋引伴，才能完成工作。同年十月十日館慶後，「埔心眷村文化故事館」改為預約開放參訪，不再每日開館營運。

不在馬祖的眷村——中壢區陸軍馬祖新村

位於中壢區鄰近「龍岡大操場」的「馬祖新村」，與楊梅區埔心的「金門新村」，同為民國四十七年（西元一九五八年）由「婦聯會」興建完成的陸軍眷村。

村名的由來，乃因民國四十六年（西元一九五七年）蔣夫人宋美齡女士，至前線馬祖勞軍，直接意識到：若能為當時駐守馬祖的陸軍八十四師官兵，興建安置眷屬的眷村，對於士氣的提振會有很大的幫助！是以在臺灣積極覓地。果不其然，民國四十七年（西元一九五八年）金門「八二三砲戰」發生，「金門新村」與「馬祖新村」，就成了安定前線軍心的首批眷村。

其後，「婦聯會」興建的眷村中，再以「金馬」為村名的眷村，尚有民國五十一年（西元一九六二年）興建完成於臺中市南屯區的「馬祖二村」，以及民國五十三年（西元一九六四年）興建完成於桃園小大湳的「金門二村」。

中壢的陸軍「馬祖新村」規劃之初，預備建七十六戶；其後，又為了因應士官需求而增建。「馬祖新村」興建完成時，就是一座擁有一百戶的大眷村；而後，又逐步擴充至二百二十六戶。民國八十四年（西元一九九五年），又再併入「陸航一村」的十七戶；因此，「馬祖新村」確實是個龐大眷村。

不過，「馬祖新村」的特殊性不僅在它的大；其實，它還曾在民國七十七年（西元一九八

桃園市馬祖新村

八年）及八十八年（西元一九九九年），兩度獲得全國模範社區。此外，「馬祖新村」也是全臺眷村中，唯一呈現近圓形環狀排列的眷村，並在村中心還有一座涼亭為主的小公園。民國九十二年（西元二〇〇三年），依「眷改」計畫，「馬祖新村」住戶遷至以「陸光五村」為基地改建的新式公寓大廈國宅；至此，「馬祖新村」全村廢置。

民國九十三年（西元二〇〇四年）三月三日，「馬祖新村」與龜山區的「陸光三村文康活動中心」，同時經桃園縣政府公告為「歷史建築」。以全臺四座「金馬」命名的眷村來說，中壢的「馬祖新村」，也成了唯一被保留下來的眷村。

當初，「馬祖新村」原公告的保存面積本來是五點四公頃；但是，到了民國九十四年（西元二〇〇五年）四月二十一日，桃園縣政府重新公告，更正原公告的保存面積，將其縮小至二點九公頃。整體而言，縮小面積達原保留面積的近二分之一，實在令人驚訝！這一年，正是公視《再見忠貞二村》一劇拍攝播映熾熱之際；而「桃園眷村文化節」，更是高調地請來導演梁修身、演員趙學煌等人舉行座談會。相形之下，儼然是截然的對比。

由於，保留面積大幅縮小，目前保留下來的部分，就僅餘以小公園為圓心的將官與上校級眷舍，以及對面的「婦聯會附設幼稚園」與「活動中心」；至於原先周邊的尉官與士官眷舍，皆全部拆除了！所以，「馬祖新村」屬於部分保留的眷村，而非原村全部保留的眷村。這一方面，確實教人感到遺憾與可惜。

桃園縣政府為進一步向國防部爭取「馬祖新村」成為「桃園眷村文化園區」，民國九十九年（西元二〇一〇年）文化局特地選定「馬祖新村」，作為當年「桃園眷村文化節」的活動主展場，藉以突顯「馬祖新村」的重要。

不過，相對於「馬祖新村」保留面積的縮減，至今桃園官方文宣上，卻仍註明著：「因應都市計畫使其擴大保存範圍並統一規劃籌設眷村博物館，擇優保存將官、校官、尉官、士兵級典型眷村舍各一棟，以供參觀」的字樣。看著這樣的說明，真讓人有些啼笑皆非的感覺。

在時光轉移下，「馬祖新村」自民國九十四年（西元二〇〇五年）起，由桃園縣政府文化局，以半年為期向國防部申請（並展延方式）代管維護方式。所以，如今「馬祖新村」是直轄市——桃園市的「文創基地」，也是現今全臺國軍保存的老舊眷村中，唯一每個月的第二和第四個周末日，都由地方政府當家辦理「跳蚤市集」的地方。而「文創基地」與龜山區的「眷村故事館」相同，都是由桃園市文化局招標，由得標單位經營。

民國一〇三年（西元二〇一四年），八月的一個午後，我首次來到「馬祖新村」；看見保存下來的眷舍，有樓房，有平房，形式上似乎是以將官眷舍為主，其旁配有侍衛官士眷舍的樣態，屋況外觀的維持與整修維護都做得很好。由於並非開放日，所以我並未入內參觀。

「馬祖新村」與新北市的空軍「三重一村」相同，都有保全公司的警衛輪班看顧。我向警衛先生借用洗手間，親切的警衛先生跟我聊起來：有位他不知名姓的老將軍，偶爾會由兒孫陪同回來，看看他的老房子；據說老將軍都會沉默駐足許久，感覺是念舊又不捨的樣子。

這一日，我也巧遇製作人兼演員鄭志偉先生，在此進行連續劇《阿母》的拍攝。我主動向他打招呼，並在交換名片後閒聊；我感歎今日本土劇演員的閩南語，難有像他、李羅、徐亨等少數表達較佳者。這時，他才告訴我，其實他是榮民子弟，父親祖籍浙江；而他從小在嘉義長大。鄭先生也感歎，臺灣國軍老舊眷村與五〇年代房屋的消失迅速，現在拍片需要，場景難覓；他對於有人願意為老眷村做文字紀錄，表示感佩。我們同樣成長於南部，可用「下港腔」的閩南語互相交談，聊得頗愉快。

九月，我找了一個「跳蚤市集」日，由友人陪同，再度來到「馬祖新村」。市集的攤位是出租給民眾與學生，用以販售創意商品。我巧遇兩位取得「文創案」之一的大學張姓女老師，她服務於此地某大學商設系；她邀我至村內的文創辦公室，聊她的構想與帶領學生的創作。其後，眷村紀錄片工作者李先生跟他就讀廈門大學的公子，前來訪談張老師，也邀我接受訪談，並進行拍攝。

是日，文化局與張老師的團隊還安排了古箏表演，以及同學們穿上軍裝、旗袍等服飾，來回走動於市集間，藉以營造復古情境的氛圍。古箏表演者為中年婦女，其衣著打扮與整體氣質，確實表現出民國五〇年代的風韻；其彈奏表現也在水準之上。然而，男同學軍裝的知識不足，穿著與配件有誤、領帶歪打、腳穿現代球鞋，女同學穿旗袍亦腳著球鞋，大剌剌地走著；整個氛圍反顯弔詭與頹廢。

傍晚時分市集打烊，我轉往「家樂福」買了麵包果腹，欲趕車返臺北；沒料到在那裡又遇到古箏表演者邱女士，她也在選購晚餐。我們愉快地聊起來，方知：事實上她是本省人，由於兒時隨父母來到中壢，租住在龍岡市場旁的眷村內，因而成為眷村的「另類住戶」。她表示，後來父母買下租住的眷舍，一直住到她們兄弟姊妹結婚；然而，房舍不幸因火災焚毀，因他們非具軍人身分，眷村改建也無法享受福利。邱女士也說，她從小就生活在眷村中，因此國語標準，對眷村也有一分無法割捨的情感；所以，她樂於參與「馬祖新村」的活動。

接下來，國慶日參加「埔心眷村文化故事館」開館活動後，我又轉來「馬祖新村」；因為，「眷永拾光——光輝十月復興馬祖新村」的活動，也從今天展開。當我後腳步入「吐納而就——胡明貴書法展」展場時，縣長吳志揚先生前腳也跟著來到會場；我因許久未見其尊翁伉儷，是以轉請他代為問候安好。

胡老先生雖非「馬祖新村」原住戶，但為居住桃園的老榮民；他原先對書法就有興趣，是以軍職退役後潛心習寫，成為桃園的書法家之一。胡老先生書法自成一格，亦展亦賣，索價僅百元一幅；可惜，觀者多而購者無。胡老先生聊得高興，說選一幅送我；我愧不敢當，硬是請他收下百元，選了「八仙上壽組詩」離去。

桃園市馬祖新村光影電影館

其後，我未再到「馬祖新村」據說已成「桃園市光影電影館」的地點；近期，聽說於民國一〇四年（西元二〇一五年），曾邀請過原住戶第三代的韓宜邦，回「馬祖新村」參與「眷村名人講座」，分享他拍攝連續劇《雨後嬌陽》的心路歷程。此外，公視《一把青》連續劇也來此村與「海軍桃園基地」（原「空軍黑貓中隊基地」）取景拍攝，甚至也在這裡辦過《一把青》的「乘御時代的尾翼・致敬」戲劇特展活動。

桃園因曾是全臺數一數二的「眷村大本營」所在地，自民國九十年（西元二〇〇一年）推出「第一屆桃園眷村文化節」以來，活動未曾間斷過，亦可謂地方政府中，最熱心於眷村文化保存與活化的城市。

然而，細數三次我的所見與感懷，心中一直覺得少了些什麼！精確地說，在商業化與「大拜拜」一下，少了的應該是那一點點「精細」吧！

作者在馬祖新村接受採訪錄影

「活化」必須與商業化妥協，推銷活動少不了「大拜拜」，這都無可厚非；但粗糙的背後，讓人總覺得是在消化預算與經費，少了真正的用心。我相信多一點「細緻」的用心，才能使「眷村文化」可長可久；多年以後，它就是歷史，也才能教人得以深入體認所謂真正的「眷村文化」啊！

後記：好友林煒舒兄告知，據他訪談得知：「馬祖新村」原係犒勞「登步島戰役」有功人員配住（特此附帶記存）。該村之「活動中心」，後改為「光影電影館」，我也因而指導元智大學藝術管理碩士班的研究生江宗穎，以「電影社教機構文化局委外之經營比較——以北北桃為例」為題撰寫論文（江生於民國一〇六年獲碩士學位）。「馬祖新村」已於民國一〇八年（西元二〇一九年）初，整修完畢，正式對外營運開放；未來可能設「民宿」，可供住宿體驗。

大溪風雲——大溪區僑愛里民活動中心與陸軍太武新村

桃園市大溪區，由於有形似浙江溪口的風光，因而被先總統蔣公選定建成「慈湖賓館」，並作為戰時避難的軍事指揮中心所在地；他老人家去世之後，即暫厝於此迄今。此外，蔣故總統經國先生，去世後也擇鄰近的「頭寮賓館」暫厝至今。

大溪的老街，以及周遭的日據時期公共建築，也保留完好；再加上，它也是已故歌星鳳飛飛的故鄉，是以成為觀光客必定朝聖的地方。其中，原日據時期「大溪公會堂」，光復後充作「蔣公行館」，並於其西南側另建起居室；在「慈湖賓館」未興建完成前，蔣公伉儷偶爾來此度假，如今仍留有當年蔣夫人用來做西式糕點的美式烤爐。蔣公過世後，改為「蔣公紀念館」；民國九十三年（西元二〇〇四年），桃園縣政府公告為「歷史建築」。到了民國九十四年（西元二〇〇五年）十月，整建重新開放，命名為「大溪藝文之家」；定期有藝文活動進行，並有販賣紀念品的商家進駐。

由於，扁政府執政期間欲去「威權化」，乃於全臺各地大拆蔣公銅像；當時的大溪鎮公所則大量收置，並於慈湖入口處，興建公園安置銅像。如今，它也成為陸客必訪的「銅像公園」。

在大溪的國軍老舊眷村中，幸而被保留下來的，只剩「太武新村」一座。不過，就地改建

桃園市太武新村

的「僑愛新城」，還保存了原「僑愛新村」時期，「僑愛里」的「里民活動中心」；目前，也仍是里辦公室的所在。「活動中心」前的圓環，在眷村改建時拆除；圓環中的蔣公銅像，被移至「活動中心」二樓陽臺，成為全臺唯一一座位於二樓陽臺的蔣公銅像。

「活動中心」內，一樓穿堂展示有「僑愛新村」的舊照，其中就有隔街知名牛肉麵店丁老闆其兒時與父兄合照的照片。「僑愛新村」為「婦聯會」運用華僑捐款所興建的眷村，故名「僑愛」。「僑愛新村」出身的名人，則有：文化界名人高信譚、高信疆兄弟（高母畢業於河南大學醫學院，隨國府來臺，後於此村的醫務所任醫師；村內許多小朋友，都是高媽媽接生的）；而年輕的一輩，則以王琄為代表，她因在公視《再見忠貞二村》中演技傑出（與趙學煌搭檔，飾演其妻），榮獲民國九十四年（西元二〇〇五年）金鐘獎之「連續劇最佳女主角」獎殊榮。

桃園市太武新村大門

至於「太武新村」，是國防部於「八二三砲戰」後，興建的高級軍官眷村。在全臺灣，與之村名相同的眷村，僅新北市中和區的「太武山莊」，約為國防部於相近年代興建；但「太武山莊」眷舍尚分三級（將官、校官、尉官），與「太武新村」全為高級軍官眷舍不同。而「太武」之名，乃源自於金門的太武山。

「太武新村」因受美援技術影響，乃採清水紅磚、木窗、鋼筋水泥結構的二層樓，計三房兩廳的甲種眷舍建築形式；因此，它接近於美軍眷舍的風貌，不同於一般國軍眷村的風格。當時一共建了二十五幢紅瓦樓房，一幢四戶，共計一百戶；配給曾駐防金門的將校級的有眷軍官，每幢並配有水井一座（先抽水至二樓水塔儲存，再供四戶住戶使用），以及戶外無圍牆庭院三十坪。

「太武新村」於民國九十八年（西元二〇〇九年）三月三十日，因「建築紋理及各眷舍空間保持完整」等理由，經桃園縣政府公告為「歷史建築」。不過，整個「太武新村」占地達二點五公頃，但登錄保存「歷史建築」面積，僅四千多平方公尺。

同是登錄「歷史建築」保存的國軍老舊眷村，與「馬祖新村」相比，「憲光二村」、「太武新村」卻是桃園市內尚未「活化」利用的眷村。因此，民國一〇二年（西元二〇一三年），桃園縣議員楊朝偉、吳文治，曾於三月時，在「太武新村」拉白布條抗議；直指縣府未妥善處理土地，甚至令「太武新村」雜草叢生，成為治安死角。縣議員的動作，迫使縣府於五月十三日，邀集國防部召開「文化資產諮詢會議」；結果，雙方達成共識，願意比照臺北市海軍將官官舍（黎玉璽將軍故居）的重建開發模式，請文化局以ＲＯＴ模式開發。

桃園縣升格直轄市「桃園市」後，民國一〇五年（西元二〇一六年）三月二十六日，市長鄭文燦與陸軍六軍團指揮官任季易中將，共同主持「太武新村駐地工作站」開幕儀式。雙方先嘗試以其中三幢眷舍進行修復工程，並於太武新村二十二號成立「駐地工作站」，進行「太武聚」。

所謂「太武聚」的行動，就是「駐地工作站」在每周四、五、六的九時至十七時，有駐守人員進行訪談、影像記錄。「太武聚」行動的目的，乃期盼透過訪談、影像記錄，使在地眷村文化故事，能對歷史建築再利用之定位、機能與規模，提供永續經營基礎，並尋求眷村文化保存與再利用模式，以結合桃園市內「太武新村」、「馬祖新村」、「憲光二村」等三村，成為有特色的「文化園區」。

大溪區原有中華新村、忠勇新村、忠勇二村、勝利新村、太武新村、勤奮新村、忠勤一村、忠勤二村、忠勤三村、僑愛新村、慈光一村、慈祥二村、慈祥三村、慈湖新城等，計十四座眷村；所謂「太武聚」的「在地眷村文化故事」，不知只聚「太武新村」或亦聚「大溪所有眷村」？

若以建構桃園市內「太武新村」、「馬祖新村」、「憲光二村」等三村，成為有特色的「文化園區」來看，所謂「太武聚」行動，宜為「大溪所有眷村」的訪談與影像記錄較佳；然而，可能成為問題的原因，應該就是「經費與人員的配合」了！

桃園能有三座「歷史建築」的眷村再利用「文化園區」，再加上「埔心眷村文化故事館」、「龜山眷村故事館」，其他縣市難望其項背；但唯有好好規劃，才能避免「僅以眷村為幌子」，事實上卻「掛羊頭賣狗肉」地完全商業化！這也就是「文創再造」的兩難；不但考驗市府團隊，也考驗著桃園市民。

後記：民國一〇八年（西元二〇一九年）春季，我再度造訪「太武新村」，該村已由文化局發包施工整修中。

守著陽光守著你——龍潭區干城五村的故事與遺蹟

龍潭區原有「干城五村」與「龍潭新村」兩座眷村。而「干城五村」是民國五十一年（西元一九六二年），「婦聯會」興建七座命名「干城」的眷村之一；其他分別是臺北內湖的「干城一村」、新北林口的「干城二村」、新北泰山的「干城三村」、臺北士林的「干城四村」、臺中南屯的「干城六村」、高雄大寮的「干城七村」。不過，「干城五村」並非新建的國軍眷村，它是原名「潛龍新村」的舊眷村所改建。

這是因為那幾年，政府在全臺規劃了幾個眷村改建專案，分別定名為精忠專案（有精忠一村、二村）、忠貞專案（有忠貞二村、三村）、干城專案（計有六個村）；其中，改建龍潭「潛龍新村」，增為三百零二戶的部分，即專案中的「干城五村」（故改建後的「潛龍新村」，就更名為「干城五村」）。

由於龍潭是陸軍總部、中山科學院的所在地；因此，早期「干城五村」與「龍潭新村」的住戶，多為服務於這兩大單位的有眷官士兵。

若說「干城五村」只有遺蹟，不免令人感傷；但是，「干城五村」原址周遭，卻還住了許多「干城五村」的原住戶，這又是什麼樣的特殊情感呢？

其實，在臺灣經濟起飛之下，原位於「干城五村」後排的眷戶，因經濟改善，子女長大後

桃園市干城五村市場

眷舍空間不敷居住，便買下了後方的私人土地，加蓋樓房居住；在「眷改」施行時，私地自建的部分當然就保留了下來。這一排房舍，就成了今日干城路三一五巷的住戶。

而非「干城五村」後排的眷戶，有些一樣是在子女成年，收入增多後，在附近購屋；至於「眷改」後，中壢的新居就由子女遷去入住。此外，最特殊的一群，則是遷居中壢新居後住不慣，賣了房子再搬回龍潭的人。在這樣的情形下，方才造就了「干城五村」已經不在了，卻仍有不少原住戶聚居周邊的特色。

然而，這其中還有另一個原因：原來，村中有一部分，是由泰緬邊區撤回的官兵眷戶；他們有些在泰緬邊區時，為求長期抗戰便在地成婚，以便一代一代打下去；有些則是來臺後成婚，安居落戶；甚至有人是直到民國五〇、六〇年代，東南亞出現排華運

桃園市龍潭李家米干店

桃園市干城五村碳酸水池塘

動，才娶了逃難來臺的華僑小姐。此一原因，形成了這一群眷村人擁有特殊情感，緊緊依靠的理由。

其中，李媽媽（羅女士）便是留下來的一例；但她不同於「干城五村」的「孤軍」眷屬。她是出生於緬甸的「孤軍」第二代子女（父親為廣西人，母親為雲南人）。「孤軍」撤守時，她隨父母來臺；後來嫁給民國三十八年（西元一九四九年）來臺的陸軍軍官。民國六十七年，丈夫調到桃園，他們才在龍潭頂了「干城五村」的眷舍。她在村內，是既具眷村第一代眷屬，又具「孤軍」第二代眷屬身分的特殊者。

如今，李媽媽與自己女兒同學藍小姐（「干城五村」的第二代），一起擔任龍潭地區照顧獨居老榮民，以及新住民媽媽團體的志工。曾有滇緬邊區生活經驗的李媽媽，擅長烹煮傣族風味的雲南美食；藍小姐早年畢業於實踐家專服裝科，雖非「孤軍」後裔，但跟著村內的這些媽媽們學，她也成了製作西南少數民族與東南亞服飾的專家。

至於，干城路三一五巷的「李家米干」店，即屬村子後排，購買私有地加蓋出來中的一戶。「李家米干」是「干城五村」原住戶，現在米干店是大家聚頭用餐聊往事的地方。話雖如此，但老成凋謝下，老面孔一年比一年少；而新面孔的增加，仍比不上「干城五村」還在的時候。

「李家米干」的老闆娘是緬甸籍「水擺夷」酋長的千金，隨夫婿撤臺入住「干城五村」迄今，沒有斷過家鄉美食「米干」的營生，並將手藝傳承給了第二代、第三代；在我看來生意是十分興隆的。猜想「干城五村」還在時，等吃「李家米干」的人，不知排隊排到了哪邊？

「李家米干」的次女是現在的掌門人，從小就看著村內「孤軍」眷屬媽媽們展現各種手藝，長大後的她也就本領高強；也會講母親「母語」的她，只悠悠地說著：「當時來臺孤軍，多老夫少妻，有些認分怎麼吵、怎麼打也不跑；有些則跑了、上吊自殺，成了眷村的悲劇！」不過，她話鋒一轉，接著說：「留下來的眷村媽媽韌性強，子女也都學習母親的認分，成就了強勁的生命韌力！」

「水擺夷」在雲南境內就是中國人，在緬甸境內則成了緬甸人，在泰北成了泰國人；一個民族就這樣被劃為不同國籍的人，這也像國共內戰造成了臺海分治的情形。探親開放老兵回鄉又再返臺、緬甸夫人返國探親再回臺灣、「眷改」遷居中壢再回龍潭……。這是個什麼樣的認同，又是什麼樣的疏離呢？

也許您來此一遊，可以哼著羅大佑的〈鹿港小鎮〉，但夢迴「干城」卻淚眼朦朧啊！

後記：民國一〇六年（西元二〇一七年），許祖菱以「伊相禮的一九六一」，獲該年度桃園紀錄片比賽第二名；其內容即是敘述嫁給「孤軍」外公的「水擺夷」外婆故事，與「李家米干」次女所言相符。民國一〇八年（西元二〇一九年），與好友丁逸博士閒聊方知：其出身「干城五村」，但國小未畢業，全家就遷出，自行購屋居住。

你的樂園我的家——大園區空軍建國九村遺址

「空軍桃園基地」的周邊，原先是屬於「基地」地勤人員的眷村聚落；後來，又增建了飛行員眷舍，以及職務眷舍，形成了「空軍桃園基地眷村群」。這些眷村，行政區上分屬蘆竹、大園兩區。

「空軍桃園基地眷村群」，以「基地」為區分：南面的蘆竹區，有建國二村、建國四村、建國五村、建國六村、建國十二村、建國十六村、建國十九村、建國二十村、凌雲一村（「婦聯會」捐建）、慈恩一村（「婦聯會」捐建）等十村；北面的大園區，則有建國八村、建國九村、建國十村、建國十一村、建國十七村等五村。

民國九十五年（西元二〇〇六年），住戶在「眷改」之下，被遷往龜山區「陸光新城」，所餘老舊眷舍便逐漸被拆除；其中，「建國十村」舊址，鄰近「桃園國際機場」，由「長榮航空」在此蓋起了公司大樓。

然而，部分眷村並未完全鏟平，沒了屋頂、門窗，只剩下斷垣殘壁留存；如此廢墟，就封存在建築圍籬中，伴著比人還高的草木獨向黃昏。這兒因地處偏僻，眷村遺址外的住家不多。此一特性，吸引了喜愛野外軍事冒險的玩家，前來進行「生存遊戲」的對陣競技；尤其假日，熱烈的情況，簡直不下於一場有規模的「軍事演習」。

由於眷村遺址地屬國防部，又被劃入「桃園航空城」開發範圍內，桃園市政府又只是名義上的代管單位，反而使此地成了「三不管」地帶。民國一〇三年（西元二〇一四年）二月二十四日，《聯合報》首先披露：「建國九村」遺址，成了「生存遊戲」玩家的天堂，群聚於此，進行ＢＢ彈的射擊。此一情況，引起眷村外當地居民的安全憂慮。

民國一〇六年（西元二〇一七年）軍人節，「中華生存野戰推廣協會」索性正式在此辦起「第一屆生存遊戲節」，號召大批玩家前來參與，以慶祝軍人節。「中央社」記者特地訪問了桃園市都發局都市行政科的官員，官員即表示：為免土地開發前成為治安、環保死角，願在地方里民同意下，開發成短期「生存遊戲園區」，通過登記方式，供玩家付費使用。

「建國九村」原是接收日軍所遺營房，隔間成為眷舍，用以安置大陸遷臺，入駐「空軍桃園基地」大批地勤人員的眷村之一；只是任誰也沒想到，如今斷垣片牆的遺址，竟成了「生存遊戲」玩家最愛的「樂園」！

說起「建國九村」曾經出過的傑出人物，就屬前國防部長李天羽將軍。民國三十五年次的李天羽，隨父母親來臺初期，就住在「建國九村」。後來，因民國五十年（西元一九六一年）的「波蜜拉颱風」，吹壞眷舍，造成嚴重漏水，「建國九村」的受災戶才被遷到「建國十一村」，李家即是其中之一。

「空軍桃園基地眷村群」中，曾有我以往的同事翁老師、淡江大學戰略所同學的譚教官；他們都認識「李家三傑」：老大天羽、老二天翼（空軍中將副司令）、老三天翎（中山醫學大學解剖學教授）。「建國九村」的其他傑出人物，還包括曾經出過兩本專輯的時裝模特兒周寄南女士；如今，她雖已退休移居美國，卻仍是「桃園空小校友會」的美國聯絡人。

桃園市政府每年辦理「眷村文化節」，卻未思考過如何好好保存「建國九村」，只當成短暫生財的「金雞母」的考量。對於「李家三傑」、周寄南來說，「建國九村」曾經是他們的家；我不知道，他們是否曾為此感到難過？

倒是「空軍桃園基地眷村群」出身的好友劉先昌老師（曾任教於對岸），有過如下的表示：在兩岸的互動互訪之下，「民國與眷村」原就是對岸饒有興趣的話題；若能略加整修「空軍桃園基地眷村群」，讓滿載陸客，甫出機場的遊覽車，第一站就來此巡遊一番，看到擦亮的「建國某村」村牌、大門飄著青天白日滿地紅的國旗、屋內陳設著兩代蔣總統肖像，再輔以兩岸認同的抗戰史料，相信必具時代精神、歷史氛圍與連結兩岸中華情的情懷，對陸客必能產生廣大的磁吸效應。

「桃園航空城」的計畫，歷經政黨輪替，迄今已經超過十年，「計畫」仍然僅是「計畫」；「空軍桃園基地眷村群」的廢墟依然，「建國九村」也繼續進行著「生存遊戲」的遊戲。虛幻的「桃園航空城」，何日可以成為事實？我不知道。我想只能靜靜地期待吧！

後記：「桃園航空城」中，有「黑貓中隊紀念館」的規劃，欲以桃園空軍基地內，原「黑貓中隊」的機堡、機棚與辦公大樓等建物組成；但迄今未得實現。

桃園市建國九村遺址（劉先昌攝）

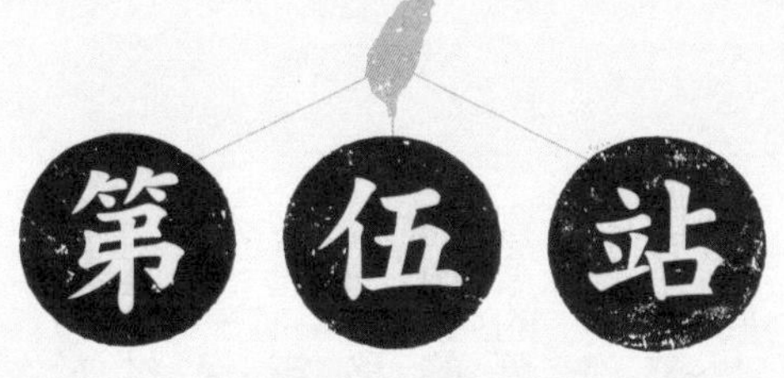

第伍站

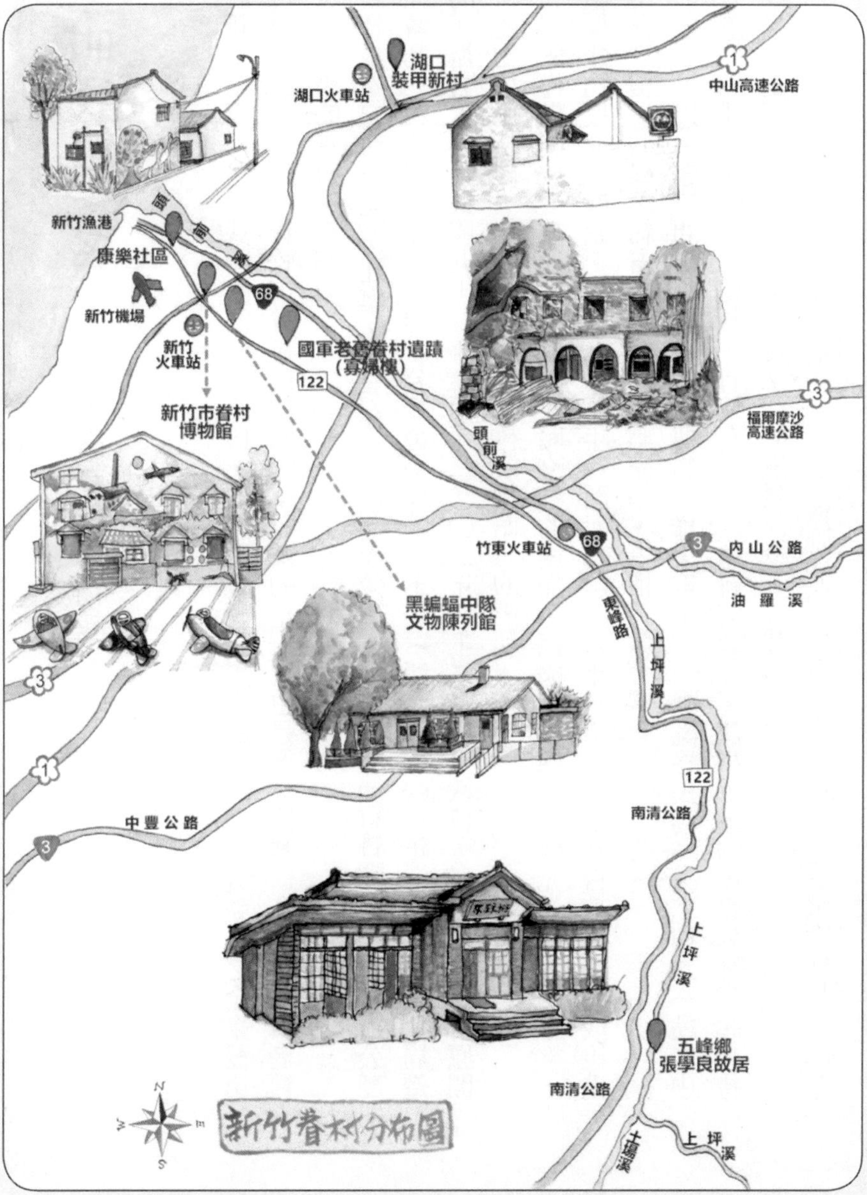

湖口
裝甲新村
湖口火車站
中山高速公路
新竹漁港
頭
前
溪
康樂社區
新竹機場
68
新竹
火車站
國軍老舊眷村遺蹟
（寡婦樓）
122
新竹市眷村
博物館
福爾摩沙
高速公路
頭
前
溪
竹東火車站
68
內山公路
油羅溪
東峰路
黑蝙蝠中隊
文物陳列館
上
坪
溪
122
南清公路
中豐公路
上
坪
溪
五峰鄉
張學良故居
南清公路
新竹眷村分布圖
上坪溪

叫我第一名──新竹市眷村博物館

位於新竹市東大路與武陵路的十字路口上，門牌號碼「東大路二段一〇五號」之全臺灣第一座眷村博物館，即是「新竹市眷村博物館」；特殊的是，它也是全臺灣唯一非由「國軍老舊眷村」保留下來的眷村文物館所。

「新竹市眷村博物館」建築，原為民國七〇至八〇年代「法務部新竹調查站」的辦公廳舍，後移轉為「新竹市環保局」的辦公廳舍；民國九十年（西元二〇〇一年）二月，環保局遷往南寮的新辦公大樓；民國九十一年（西元二〇〇二年）十二月二十八日，新竹市政府將原閒置著的舊建物加以整修，作為「新竹市眷村博物館」的館址。

原先展館僅僅開放一樓而已，但隨收藏文物的增加，民國九十四年（西元二〇〇四年），開始將整棟建物擴充為展館。民國九十五年（西元二〇〇六年）十月二十八日，施工完成後重新開放；三層樓房的展館約占三百坪，規劃完整，堪稱笑傲全國。

目前，展場以主題空間樣貌呈現：一樓為「烽火重生──戰亂移民潮」，二樓為「縮影中國──竹籬笆內的春天」，三樓為「有情有義──患難與共」。建物外牆的壁畫彩繪也頗具特色，可以說是鉅細靡遺地呈現了眷村生活的風景，令人玩味再三。

戶外部分，架設有原眷村住戶捐贈的「飛機副油箱水塔」；它是由F100戰鬥機報廢的副

新竹市眷村博物館

油箱改製而成，正是當年「克難生活」的活見證。此外，館外大門亦仿眷村紅門白線的木門形式，水泥圍牆外則加上竹篾編成的竹籬笆；一如時光倒流，重回「竹籬笆」年代的氛圍。

民國一〇三年（西元二〇一四年）夏天，我來到「新竹市眷村博物館」拜訪。進入一樓，有服務志工所在的服務臺。展示區首見的是開館時的照片（其中，我所熟識的陳興國中將是文物捐贈者之一）；仔細分辨，展示區分成：A區——歷史背景、B區——臺灣眷村的形成、C區——軍旅點滴、D區——新竹眷村的衍生、E區——特展區等部分。我印象深刻的是：C區的各種軍事裝備（含美援裝備）；D區的一幅立體地圖，它呈現了新竹市原先四十六個眷村（含陸、空、聯勤、警備、反共救國軍等）的位置，只要您按下某村燈號按鈕，其在地圖上位置的燈號便會亮起；E區的「黑蝙蝠中隊文史資料展」。

二樓分成：A區——眷村文化演變、B區——生活寫實、C區——眷村虛擬巷道。其中：B區中仿設的眷舍內部隔間規劃十分考究，舉凡鍋碗瓢盆以及衣櫃中的旗袍、長衫，皆為原眷村居民所捐實物（亦見到陳興國將軍所捐陸軍少將軍便服；此為全臺眷村文物館所，唯一陳列的將官軍便服）。C區的巷道模擬逼真，尤其山東饅頭店面、古董腳踏車，真有進入時光隧道，感受歲月倒流之感。

三樓為特展室（分成A、B、C三區）、研習教室、會議室等。而特展室內，皆採玻璃櫥櫃式展示，為定期特展與研習作品展等兩大部分；其研習教室，主要以傳承眷村手工藝為主，力求保存眷村手工藝並加以延續，以免失傳。

「新竹市眷村博物館」隔著東大路對面，往火車站的一頭是「新竹市黑蝙蝠中隊文物陳列館」，往機場的一頭是「載熙國小」。「載熙國小」原為「新竹空軍子弟小學」，後為紀念空軍「黑貓中隊」犧牲的臺籍飛行員吳載熙烈士，乃更名為「載熙國小」。「載熙國小」旁，乃武陵里於「眷改」之下，所興建起來的新式公寓社區，號稱「新竹第一村」。是以參訪上，都是十分便利的景點。

整體而言，「新竹市眷村博物館」無論規模抑或建置，皆堪稱全臺一流。值得一提的是，出身新竹眷村的名人不少，計有：政界——蔣孝嚴、冷若水；學界——章孝慈；企業界——朱順一；影視界——閻荷婷等。可惜的是，眷村博物館內，卻未見有關他們的介紹。

關於這些，仍得歸因於大部分博物館院不收費，在人員編制上仍以志工為主的關係，這是十分可惜之處！博物館必須收費，才有改善的可能；但話說回頭，博物館若收費，恐也無法支付專業人員薪資；因此，它是亟需政府或民間基金會來加以支撐，否則就難以深化經營。

事實上，臺灣諸多博物館院，甚少有研究人員的編制（官方僅「故宮博物院」、「國史館」、「國父紀念館」等，有研究人員編制）；這一方面，莫說比不上先進國家，就算是跟大陸比，我們也未能趕上。臺灣每年培養出的文史學者不少，卻一直難有發揮長才的位置；但是，我們卻不願意在此一方面投入，只歎人才流失，真是令人汗顏啊！

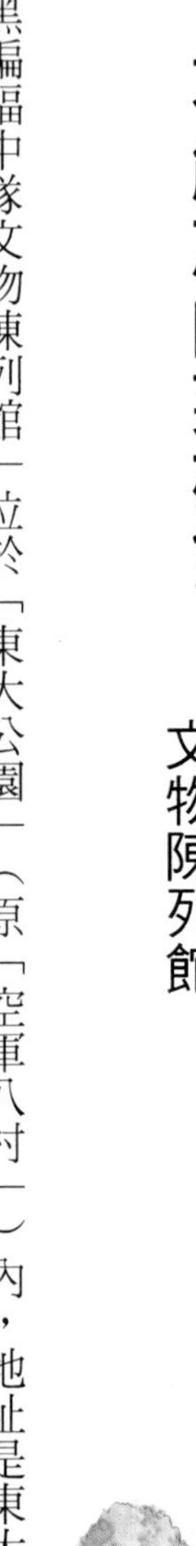

不能忘的英雄館——新竹市黑蝙蝠中隊文物陳列館

「黑蝙蝠中隊文物陳列館」位於「東大公園」（原「空軍八村」）內，地址是東大路二段十六號。整個陳列館的所在，據說就是當年空軍黑蝙蝠中隊的營區原址。館舍建築，乃仿當年「美軍顧問團宿舍」興建，為地上一層、地下一層。

空軍「黑蝙蝠中隊」是民國四十一年（西元一九五二年），由「美國中央情報局」以旗下的「西方公司」，與中華民國空軍「桃園基地」合作成立的「特種作戰部隊」，主要對大陸地區的中共部隊進行空投和心戰任務。民國四十二年（西元一九五三年），遷至新竹基地執行任務；民國四十五年（西元一九五六年）五月，開始對大陸執行低空電子偵察任務（而「黑貓中隊」執行的是高空偵察任務）；民國四十七年（西元一九五八年）一月，正式對外使用「空軍第三十四中隊」（黑蝙蝠中隊）番號。

「黑蝙蝠中隊」自民國四十一年（西元一九五二年）成立，至民國六十二年（西元一九七三年）任務終止，共計損失了飛機十五架，犧牲了一百四十八人。這堪稱空軍史上，犧牲最慘烈的特種部隊（若以犧牲比例計算，最高則屬「黑貓中隊」：二十八位隊員，殉職十位、被俘二位）。好友曹齊平老師的妹婿，即是「黑蝙蝠」殉職者李英琪先生的「遺腹子」；我曾聽曹老師談起，其妹婿兒時與寡母「相依為命」的清苦生活。

新竹市黑蝙蝠文物館

另一位不願我寫出名字的好友，在其兒時記憶裡，曾有一段這樣的故事：有一天深夜父親帶了四個孩子回來，住下長達半年；母親也當自己的孩子看待。兒時的他，十分不解：狹小的房舍與拮据的三餐下，為何竟然多了四個小孩來生活？

直至某日早上，母親把四個孩子打扮整齊，對他們說：「孩子，我只能照顧你們到今天，等一下上級會派車來接你們，到不同的家庭去。」這四個孩子哭著喊：「不要、不要，我們就要跟著妳這個媽媽」，大家抱著哭成一團。長大後他才敢問，方知兒時的「這幾位小朋友」，乃父親戰友「黑蝙蝠中隊」的遺孤。當時，遺孤之父陣亡，母生產聞訊又血崩亡；是以父親暫時接他們來家中。

一如「北市空小」為紀念「黑貓」首位犧牲的陳懷（先總統　蔣公賜名為「陳懷生」），而更名「懷生國小」；「宜蘭空小」，則更名「南屏國小」以茲紀念。至於，純以紀念「黑蝙蝠」犧牲者的學校，則有「拯民國小」（原「虎尾空小」）、「以栗國小」（原「東港空小」）。

「黑蝙蝠中隊文物陳列館」中，僅一樓為陳列展館，地下室則作為社區教室與公益團體的辦公區。展場主題區分為：（一）大時代的故事——以黑蝙蝠中隊的背景沿革與大事紀為主；（二）暗夜黑蝙蝠——以展示當年主要執行任務的B-26、C-54、C-47、C-46等縮小版飛機模型為主；（三）超級任務——介紹執行對大陸的各項任務，與支援越戰運輸人員的任務；（四）北斗七星下的勇者——介紹歷任中隊長與損失十五架次及犧牲的一百四十八位烈士；（五）隊員生活剪影——展示隊員各項有關「黑蝙蝠」的文物為主。

此外，展場旁也闢有「多媒體室」，作為放映黑蝙蝠中隊的紀錄片，供民眾欣賞之用；另也有特別製作的大開本《黑蝙蝠兒童繪本》，提供親子或兒童單獨認識閱讀使用。

至於館內陳列文物來源，乃黑蝙蝠中隊成員與家屬所捐贈當年隊員擁有的相關服飾、用品、裝備、照片等文物；其中，軍服是展示品中的最大宗，包含夏季軍常服、夏季軍便服及飛行裝等。館藏的「西方公司」的文物，以及隊員所獲的勳章、獎章，是最為珍貴的文物；而全館文物，則以當年擔任電子官的李崇善少校所捐文物為最多。

不過，陳列館為使展示更完美，有以人造模特兒配穿軍服軍帽的布置；然而，軍服跨越換裝改制，在缺舊式軍帽下，卻讓模特兒戴上新式軍帽配穿舊軍服，場面顯得失真又滑稽。這真的成了所謂的「張冠李戴」，讓人不禁啞然失笑，甚至搖頭歎息！

與「新竹市眷村博物館」相比，「黑蝙蝠中隊文物陳列館」是迷你的文物館了；但相同的

新竹市古賢飛機博物館

是，以志工為主的人力配備，說明了現今全臺眷村文物館所的悲哀。沒有足夠能力且專業的人員，此類文物館所仍只是聊備一格啊！

若您仍有興趣，再沿著東大路經「新竹市眷村博物館」、「載熙國小」往下，行至東大路三段一一〇巷，鄰近機場則見「古賢里社區飛機模型陳列館」。它的規模上大於「黑蝙蝠中隊文物陳列館」，陳列各類飛機模型，計有三百多架。只不過，它屬於社區自行成立的私人文物館所，是以須收清潔費二十元。

雖然，「古賢里社區飛機模型陳列館」在規劃設計上未達專業層次，但仍可見素人平實可愛的風格。此外，陳列館三樓設有觀景臺，可欣賞「新竹空軍機場」的飛機起降。特別提請留意的是：由於涉及軍事機密，故禁止攝影，違反可得坐牢了！

幾度夕陽紅——新竹市國軍老舊眷村遺蹟

臺灣光復以來，新竹市國軍相關建築，多屬接收自原日軍的建築。首先，是環繞新竹公園麗池畔的建築群，包括今日的玻璃工藝博物館、湖畔料亭、風城願景館等。

「玻璃工藝博物館」原建於民國二十五年（西元一九三六年／日本昭和十一年），用作日本皇室或高級官員來臺的行館；光復初期為「接收委員會」的住所，後提供「美軍顧問團」使用；再後為「新竹憲兵隊」隊部；民國八十八年（西元一九九九年）左右，方移交新竹市政府，改為「玻璃工藝博物館」。

「湖畔料亭」約與建於民國五年（西元一九一六年／日本大正五年）的「新竹公園」同時，原為日人接待高將領與富商大賈的宴飲日式料理餐廳（一如臺北車站側，今日的「國父史蹟館」，為原日據時期是「梅屋敷」的高級日式料理餐廳相同）；民國三十九年（西元一九五〇年）後，先是用作空軍單身飛行員的宿舍，後來成為空軍眷村；最後與竹蓮街的空軍眷村，合併為「空軍十一村」。民國八十八年（西元一九九九年）因「眷改」實施，眷戶遷出而荒廢。當時，新竹市政府原規劃作為「眷村博物館」；但民國九十一年（西元二〇〇二年），現「新竹市眷村博物館」設館後，則再經歷諸方討論，才恢復「湖畔料亭」舊觀。

「風城願景館」原是空軍工程聯隊，於民國四十八年（西元一九五九年）所興建的聯隊

新竹市湖畔料亭（吳炳輝攝）

禮堂；民國八十八年（西元一九九九年）隨「眷改」案，空軍移撥新竹市政府，民國八十九年（西元二〇〇〇年）改成「風城願景館」。

在新竹公園麗池畔的建築群外，就屬建功一路兩側的眷村群。其中，「赤土崎新村」是跨建功一路，成對角線的分散眷村；「忠貞新村」則是位於建功路與建功一路十四巷交岔口的直角上。這兩座眷村，皆是日據時期「日本海軍第六燃料廠新竹支廠」（一至四廠在日本境內，五廠設於北韓，六廠設於臺灣高雄）內的建築。

民國三十八年（西元一九四九年），國軍撤臺，有一批軍眷被安置於廠內一棟樓房（即目前靠建新路「赤土崎新村」中的一棟樓）；由於這些眷屬多屬丈夫戰死或失聯，因此樓宇就被稱為「寡婦樓」了！

「忠貞新村」則成立於民國四十三年

（西元一九五四年）二月，計有二百一十四戶，是屬於空軍工程聯隊的眷村。

民國九〇年代，「寡婦樓」引起地方文史工作者的注意；尤其，中原大學建築系教授趙家麟，還利用寒假期間，率學生前來進行測繪。經測繪，趙家麟發現：「寡婦樓」有二十個圓拱，且是眷戶長時間下來，在樓中又再搭建房子的「屋中屋」型態。這屬於臺灣眷村文化中的稀有個案。

「眷改」實施，「赤土崎新村」併入新竹市其他眷村改建，眷戶遷居；新竹市政府以「都更」名義，將原址劃為商業區。「寡婦樓」的命運，受到文史工作者的關注。

民國一〇一年（西元二〇一二年），鄰近「赤土崎新村」，同為日據時期的日軍遺留建物的「金城新村」（「陸軍化學兵學校」前校長孟興華一家人，曾是該村住戶）；成為光復路上，最後一座被拆的眷村。新竹地區國軍老舊眷村的保存，再度引發話題；地方文史工作者，正努力進行搶救。

民國一〇三年（西元二〇一四年）十月，「原日本海軍第六燃料廠新竹支廠」經新竹市文化局審議：其七棟建築中的五棟被列為「歷史建築」，「忠貞新村」列為「文化景觀」；但「寡婦樓」與另一棟樓房卻未被青睞。接著，國防部與新竹市政府，清理周邊就先拆掉了一棟，「寡婦樓」顯得岌岌可危。此舉引起文史工作者的請願，訴求全面保存「寡婦樓」。

然而，就在民國一〇四年（西元二〇一五年）清明連假期間，反倒是原眷戶欲領拆遷補助費，雇來怪手拆了「寡婦樓」。是以原有望爭取保留的「寡婦樓」，今已走入歷史，令人不勝唏噓！

所幸，「忠貞新村」經新竹市文化局規劃為「眷村文化園區」，成為新竹市唯一獲保留的國軍老舊眷村。在新竹市的四十六個眷村中，空軍就占二十三個；「忠貞新村」係空軍眷村，是以它的保留也具有代表性。期待不久的將來，可以見到它的開放，供人參觀。

後記：「金城新村」於民國一〇四年（西元二〇一五年）十月二十六日，因其為「金門防衛司令部」團長以上領導幹部眷村，以及仿「美軍顧問團」眷舍形式所建等理由，被登錄為「歷史建築」。國防部保留下了「金城新村」中，鄰近金城一路、二路上的十五幢建物；至於，其餘拆除後的空地，將規劃為公園使用。

「金城新村」係民國四十八年（西元一九五九年），「陸總部」以「（四八）君啟字第〇三六號配舍令」，配出第一批六十七戶的高級軍官軍眷入住，在新竹有「將軍村」之稱。新竹市政府有意將保留下來的十五幢建物，設為綠地公園內的「大地圖書館」，令其成為「閱讀大地」——農產品的另類圖書館。

竹市最後眷村——新竹市康樂社區

民國一〇五年（西元二〇一六年）暑假，久住新竹的好友吳兄，開車陪我補拍新竹地區國軍老舊眷村遺蹟的照片；並且，帶我到新竹市東大路三段「新竹機場」旁的「康樂社區」，拜訪這座無名的眷村。

東大路三段，一邊是「新竹機場」的高大圍牆，一邊是連綿的稻田；踏入東大路三段四三〇巷的「康樂社區」，首先映入眼簾的是一排雨淋板的瓦房。這排房舍的第一間，有「康樂社區關懷據點營房健康小站」的招牌；細看之下，才發覺它的確是營房（大約是一個「獨立連」的營房），且已成堆積舊家具桌椅的倉庫。

平行於其後的兩排房舍，卻是不折不扣的眷舍。走進一弄，搭有可遮陽光與風雨的棚架，正跨於營房與第一排眷舍間；放置的幾張椅子，顯示它是午後黃昏老人家喝茶聊天的地方。第一家是一號，其閣樓式建築，頗不同於這裡所有平房的建築；但一眼看去，顯然已經無人居住。第二家，圍牆正掛了許多放大的照片，其中包含結婚照；感覺應該還有人居住，只是主人不在。

我再往下走，見到一戶人家，門外停了一輛殘障人士代步的電動機車。我探了一探屋內，果然有位老婦人坐在椅子上。我微笑向她請教：「眷村可要改建了嗎？」她搖搖頭回答：「沒

新竹市康樂社區，作者採訪後離去（吳炳輝攝）

有。」

繞到二弄，見到一位提著水桶倒水的老伯伯，我趕緊請教他。老伯伯說：這是空軍防砲部隊的眷村，有些同袍回大陸去定居，有些過世了，村內住戶愈來愈少！的確，整個村子約二三十戶的樣子，卻瀰漫著「空巷」的蕭索之感；尤其，在此微雨午後，乍似一幅黃昏淒涼景象，不見盎然生趣！

繼續前進，巷子底端，鄰近西濱高架道路側，有個「舊槺榔驛」的老車站；這是日據時期「古槺榔庄」連接到南寮漁港，輕便鐵道遺留下來的車站。在「康樂社區發展協會」的努力爭取下，整修開放觀光；除了保留車站外觀與一段輕便鐵道外，車站就成為一家雜貨店。一列改造的輕便火車，靜靜停在鐵道上，時間彷彿靜止。

據說，民國八十八年（西元一九九九年）起，社區發展協會將里內——百年古井、古厝、二座日據時期碉堡、留下彈孔的牆面、大稻埕等遺蹟，整理規劃妥當，成功擠入新竹市的觀光景點；此外，

也爭取到空軍新竹基地，將前行政院長唐飛駕駛過的汰除F104戰機，安置於「康樂公園」內，供人參觀。

由於我必須趕著完成拍照的行程，未能久駐停留，便匆匆趕往下個老舊眷村；但是，我仍好奇於這個「康樂社區」。它就像在繁華的新竹市內，一處偏僻而時光靜止的區域一般；彷彿世界遺忘了它，它也遺忘了世界！這個午後，我與吳兄就像是意外的過客，一不小心跌入時光隧道，竟然走入了這個「異想世界」。

「康樂社區」的眷村是個沒有村名的眷村，村內也生活著一群被世界遺忘的榮民榮眷；一如過往的唐飛與他的戰機，也像「舊棟棡驛」一般，等著厭倦都會生活，想翻翻發黃照片，找尋昔日生活回憶的人們，偶爾「飛鴻踏雪泥」地留下足跡。只不過雪融之後，足跡也就消失了！

我稱它為「竹市最後眷村」；因為，它應該是新竹市最後一個「活眷村」，也是最孤寂的國軍老舊眷村！

淚問人間幾多事——湖口鄉裝甲新村

民國三十八年（西元一九四九年），陸軍裝甲兵部隊隨國民政府撤臺，進駐新竹湖口與臺中清泉崗；駐湖口的是裝甲第二、第四總隊，經整編為「裝甲一師」。後來，臺中清泉崗在「美軍顧問團」的協助下，改建空軍機場，其裝甲部隊和「裝甲兵學校」，也就遷來湖口；這樣一來，湖口便成為了全臺最大的裝甲兵基地。

湖口的「裝甲新村」，乃為安置裝甲兵眷屬所建的眷村；依不同階段建成，成為甲、乙、丙、丁等四村。

甲村位於愛勢村信義路上，建於民國四十年（西元一九五一年），為高級軍官眷舍，屬獨門獨院，計二十二戶；乙、丙等二村，約建於民國四十二年（西元一九五三年），分別在民生路一六巷，以及湖口橋下。鄰近營區的丁村，是民國五十二年（西元一九六三年）才建成，土地為當地傳姓家族的祖產，遲至民國七十年（西元一九八一年），才以每坪新臺幣五千元徵購。丁村共十一戶。

整個「裝甲新村」來說，丙村因位於湖口橋下，地低近水，逢雨必淹，在民國七十五年（西元一九八六年）最早被拆除。據友人告知：丁村至民國九十七年（西元二〇〇八年）底時，還有少數人居住其中。目前還有人居嗎？這機率恐怕很低了！

新竹縣裝甲新村

目前，僅位於民生街一六一巷內的乙村，因建築保持完整，獲得新竹縣政府登錄為「歷史建築」；但並未投入經費整修，屬於荒廢狀態，眼見景況竟是草比人高。

要到「裝甲新村——乙村」，宜先搭火車到湖口。從臺鐵湖口車站出來，沿著中正路走到民生路交岔口，左轉沿民生路直走到和愛路交岔口，再往下民生街一六一巷，就在左手邊；彎入巷內，即見「裝甲新村——乙村」。

乙村建築，為面對面的雙排黑瓦平房，巷寬三公尺，中間有水井和活動中心；共計有二十九戶。村內唯一二層樓建築，據說是以前的「康樂室」。何以村中會有「康樂室」呢？此因乙村原本是屬於單身軍官的宿舍。換言之，「裝甲新村」保留下來的建築，反而不是「眷舍」；但是，這也是它奇特的地方。

在全臺保留下來的國軍老舊眷村中，「裝甲新村——乙村」是全村保留面積最小的，卻也是唯一還包含單身軍官宿舍的特例。

說到裝甲兵，就不能不提——民國五十三年（西元一九六四年）一月二十一日，裝甲兵副司令趙志華的「兵諫事件」；因此事件，趙志華與一陳姓士官，被軍法判刑。趙志華被判死刑，但未執行；民國六十七年（西元一九七八年），他在陸軍醫院保外就醫，直到民國七十二年（西元一九八三年）去世。

而原任裝甲兵司令的蔣緯國將軍，雖在民國五十二年（西元一九六三年）就調任「三軍大學」的「陸軍參謀指揮學院」院長；但「兵諫事件」後，蔣緯國即遭冷凍。蔣緯國將軍常開玩笑說：自己是「永遠的中將湯」。「裝甲新村——乙村」之所以是單身軍官宿舍，會是因為當年的「湖口裝甲兵諫事件」影響嗎？答案恐怕難明！

我考上大學，到成功嶺接受「大專生暑二梯集訓」時，聽過蔣緯國將軍的演講（那時他已是陸軍二級上將），十分生動幽默；而且，一開始就放那首最轟動的港版〈楚留香〉歌曲，令所有同學耳目一新。

話說回頭，「裝甲新村——乙村」的整修開放，恐非短期間可期待達成；同樣的情況，也讓人聯想到苗栗市勝利里的「篤行七村」。

民國一〇四年（西元二〇一五年）四月十八日《聯合報》報導：「篤行七村」眷戶遷居後，原址屬國防部軍備局所有，環境髒亂，蚊蟲蟻孳生。「篤行七村」未聞得到保存，相信必也拆除了。全臺縣市中，唯有苗栗縣是無國軍老舊眷村保存計畫的縣市。未知「全國眷村文化保存聯盟」或民間團體，可有願與新竹縣政府、苗栗縣政府政府商談，一起協助國防部來保護並開放僅有的眷村遺蹟？

後記：同樣關心老舊眷村的朋友梁蒂玲女士所成長的地方，是苗栗通宵虎頭山的空軍通信單位老眷村；好友吳炳輝老師認為該眷舍建築，應是日據時期「通霄神社」的附屬建築。「通宵神社」於文化部補助整修完成後，附屬其旁的老眷村，現在苗栗縣府無經費再繼續修復，所以搭起棚子保護。這很可能是苗栗縣唯一存留的國軍老舊眷村，期盼大家一起關心（一如對桃園的空軍建國九村，它屬於日遺眷舍）。

五峰山泉憶少帥——張學良故居

中華民國史上，遭蔣公軟禁的將軍僅有張學良與孫立人兩人。張學良是因民國二十五年（西元一九三六年）十月十二日，與西北軍的楊虎城將軍，發動「西安事變」之故；至於，孫立人則受民國四十四年（西元一九五五年）五月二十五日，所發生的「郭廷亮匪諜案」牽連。

位於新竹縣五峰鄉桃山村清泉二五六之六號的「張學良故居」，便是張學良早期在臺的幽居所在。這幢日式屋舍，原是日據時期的「井上溫泉警察療養所」；張學良在民國三十五年（西元一九四六年）被遷居至此，一直住到民國四十八年（西元一九五九年），被遷至臺北市的北投為止。仔細算來，張學良在此共住了十三年。

民國四十八年（西元一九五九年），張學良遷走；民國五十二年（西元一九六三年），「葛樂禮颱風」來襲，位於溪岸邊的「張學良故居」，被暴漲的洪水沖毀，僅餘地基基座。後來，新竹縣政府與五峰鄉公所，斥資新臺幣四千七百萬元，於溪對岸高地重建；民國九十七年（西元二〇〇八年），邀請了張學良的幼妹張張懷敏女士與姪女等八人，來臺剪綵開幕。至於，原址與階梯、崗哨一併復原，規劃為「張學良將軍故居遺址」。

民國一〇〇年（西元二〇一一年）二月十九日，到訪的遼寧省長陳政高認為，基於重視張學良幽禁清泉期間的歷史意義，應於原址重建「張學良故居」；並當場慨捐新臺幣兩千萬元，

新竹縣張學良故居紀念碑（吳炳輝攝）

願與新竹縣政府合作。新竹縣政府又再爭取了交通部的配合款後動工；民國一〇三年（西元二〇一四年）完工開放參觀。

至於，民國九十七年（西元二〇〇八年）所仿建的「張學良故居」，則改做「原住民族館」，納入「張學良文化園區」。整個「張學良文化園區」，包括「張學良故居」、「荻園」、「將軍湯」、清泉一號吊橋，以及其旁的「三毛夢屋」、「清泉溫泉」（日據時期的「井上溫泉」），還有溪對岸的「原住民族館」（清泉一六四之四號）、天主教堂等。

「三毛夢屋」（位於桃山村清泉一號吊橋上方五十公尺處）乃因三毛女士，於民國七十二年（西元一九八三年）至七十五年（西元一九八六年），居此紅磚屋約兩年多的時間；她是為了尋求寫作靈感，並幫此地天主堂的丁松青神父（丁松筠神父的親兄弟）翻譯著作。此屋，屋主並未出售，而是自設咖啡廳方式，一面經營，一面紀念三毛。

目前開放的「張學良故居」是完全依「張學良故

新竹縣張學良故居地基（吳炳輝攝）

居」原屋複製的屋宇；新竹縣文化局為求陳設完全復原，還請來原張學良的管家劉家材，回憶當年景象，協助複製家具的擺設。室內除了有兩人的蠟像，還有張學良坐讀書冊的銅像；另外，也闢了「小型視聽館」，供遊客觀賞張學良的影音DVD。

「張學良故居」外面，還有張學良與趙一荻立姿的塑像。民國二十年（西元一九三一年）九月十八日，日軍突陷瀋陽，數日內又進陷東北各要要地，是全面侵略我國之始；張學良奉國民政府命令不抵抗，引兵入關接受軍事委員會節制。當時，不明其中緣故之人，曾在報上作畫賦詩諷刺：「瀋陽已陷休回顧，更抱阿嬌舞幾回」；其中的「阿嬌」，據云暗指的即是「趙四小姐——趙一荻」。

故居的展示方面，有張學良的衣帽、複製手稿；其中，張學良書於民國七十九年（西元一九九〇年）十二月三十一日的一幅字：「不怕死不愛錢，丈夫決不受人憐；頂天立地男兒漢，磊落光明度餘年」，很教人深思！而張學良與趙一荻，生活於此的照片，也

是展示的重點；從中可見，張學良養雞種菜、趙一荻以縫衣機縫製衣服的影像。

張學良是民初四大美男子之一（另三位是汪精衛、于斌、顧維鈞）；張學良與趙一荻的故事，自也是「英雄美人」的故事，外人難斷是非。張學良幽禁歲月，趙一荻一直相伴；英雄雖落寞，但有美人相隨，亦成佳話。一生無怨無悔，陪伴張學良的趙一荻，最後在張學良元配俞鳳至女士的成全下，晚年終於成了張學良夫人。

民國四十八年（西元一九五九年），張學良被遷居臺北，先住在北投優雅招待所；後來由蔣經國先生陪同找地，於復興崗附近蓋了他在臺灣最後的住所。張學良晚年接受訪問，表示自己不後悔發動「西安事變」；並以一句話，含括蔣公與他的關係：「關懷之殷情同父子，政見之爭宛若仇讎」，頗耐人深思！

我經過北投時，曾見路旁有指標，指著「少帥禪園」，聽說即是張學良的住所。至今未去一探究竟，未知開放了沒有？若說張學良一生居住最長的時間，應該屬北投的住所才是；希望，有一日大家也都能參觀，這座張學良居住最久的「將軍屋」。

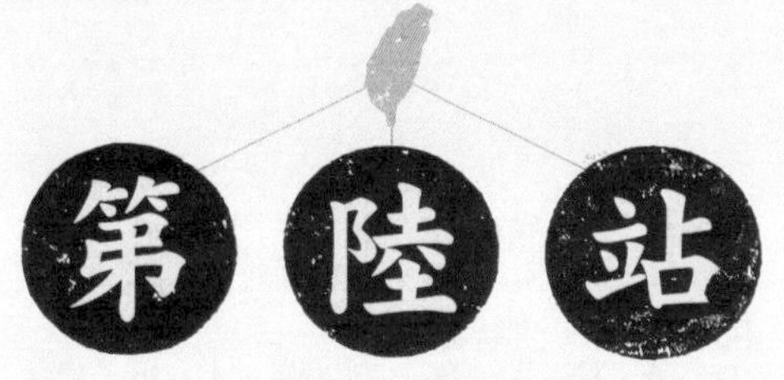

臺中市眷村分布圖

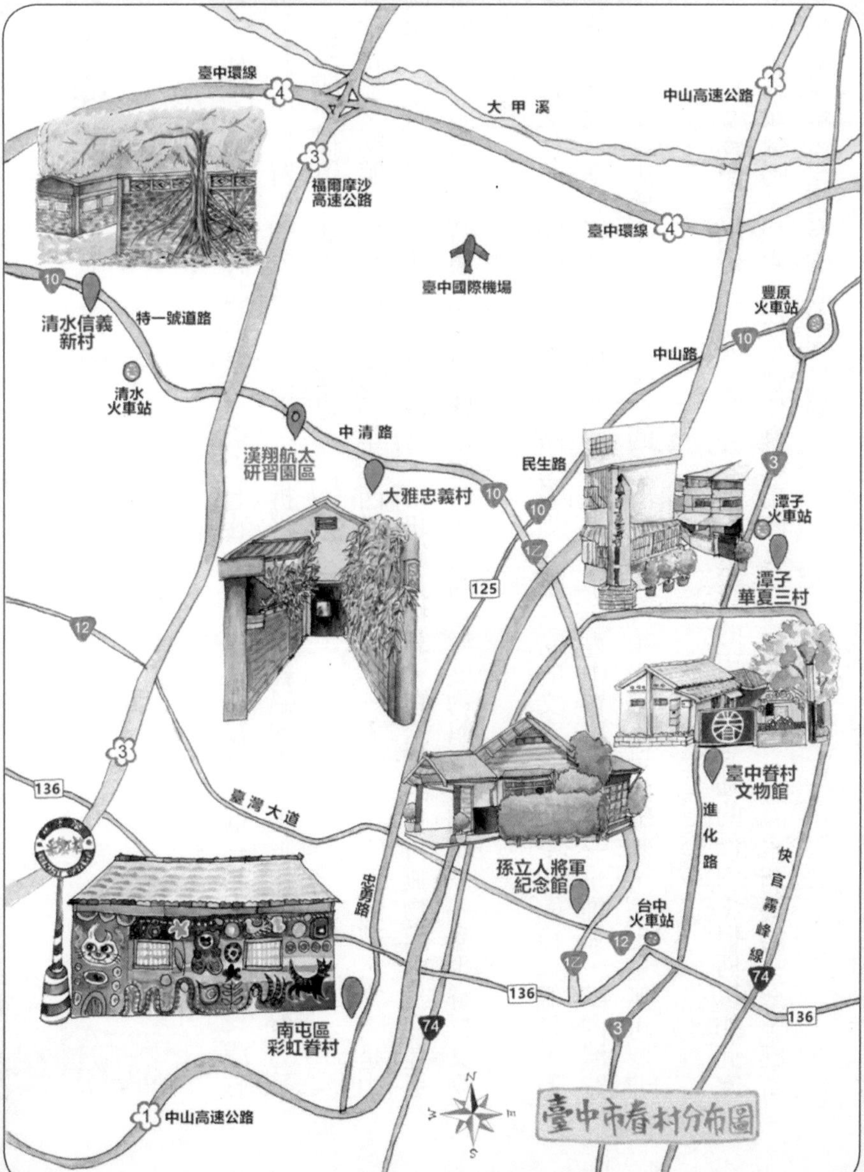

臺中環線
大甲溪
中山高速公路
福爾摩沙
高速公路
臺中環線
臺中國際機場
豐原
火車站
清水信義
新村
特一號道路
中山路
清水
火車站
中清路
漢翔航太
研習園區
民生路
大雅忠義村
潭子
火車站
潭子
華夏三村
臺中眷村
文物館
臺灣大道
進
化
路
快
官
霧
峰
線
孫立人將軍
紀念館
忠勇路
台中
火車站
南屯區
彩虹眷村
中山高速公路

夢裡尋它——臺中眷村文物館

「臺中眷村文物館」位於北屯區天祥街十七巷一弄一號，它為原空軍「北屯新村」（凌雲社區）拆除時，所保留下的公園預定地上，未拆平房眷舍；經過地方文史工作者與居民努力爭取下，才得以成功保留，並予以整修改建。

「臺中眷村文物館」是在民國一〇三年（西元二〇一四年）十一月二十日開館，當天是由臺中市副市長、文化局長、北屯區長等長官，一起風光揭幕。在全臺的眷村無物館中，它是近年來最新成立的館所；但若與全臺所有縣市政府成立的眷村文物館所來相比，「臺中眷村文物館」無疑地也是最為迷你的一館。

「臺中眷村文物館」開館後，我在網路上看到一篇參訪的文章，提及：開館後八個月，還在「試營運」階段。基於好奇，我在第九個月，來到了「臺中眷村文物館」。誰知，館內展覽文物稀少，令人十分失望！仔細打量，它的空間狹小，成了先天不足的限制，倒也是無可厚非的地方。

「臺中眷村文物館」的籌建與開館，都在出身眷村的市長胡志強的任內；但何以如此寒酸，難道胡市長避嫌嗎？胡志強從小就住臺中市西區「模範新村」（近「水湳機場」），應當對眷村文化的保留，盡更多的心力才是啊！

臺中市眷村文物館

再說，前行政院長唐飛長期服役空軍，亦為北區空軍「安康一村」的第一代住戶（因唐飛於民國四十九年／西元一九六〇年，與出身岡山空軍眷村的張明燦小姐結婚；約一年後，獲配入住空軍三大隊的「安康一村」眷舍）。其次，還有出身西屯區「大石里新村」（近「水湳機場」）的白嘉莉小姐，都是臺中市眷村名人。

至於，臺中縣市合併升格直轄市後，原出身臺中縣眷村的傑出人士，如：《文訊》總編輯（同時也是臺北市「紀州庵」的承接經營者）封德屏女士（雖是生於屏東空軍眷村，卻成長於臺中清水的「果貿一村」），以及「臺中空小」傑出校友，輔大歷史系退休教授尹章義等，實也不宜忽略。這些都說明，「臺中眷村文物館」應當有更豐富的呈現內涵才是啊！

「臺中眷村文物館」的開館經營，與「桃園龜山眷村故事館」一樣，是採委外給大學相關系所經營的模式；「臺中眷村文物館」經營的團隊，是由劉為光教授所帶領的逢甲大學建築系師生群。

「臺中眷村文物館」內，除了展示以往的眷村文物、照片外，尚有美食文創商品攤位、青年文創工作者攤位等；其企圖結合「文創」與「青創」，以求多元化的經營構思，讓人一目瞭然。

不過，「眷村文物為主」的理念應當優先才是；否則，恐怕失焦而造成反效果。當然，經營團隊也有一肚子苦水。民國一〇四年（西元二〇一五年）八月十二日，網路上就有一篇，署名「公民記者哈拉客」的報導，採訪了團隊成員的黃郁軒小姐，她表示：經費與人力都十分吃緊，而國防部為了獲取更高利潤，還會再拆屋賣地；如此，連最後的綠地空間，都將失去。

同一篇報導，也呈現了前高雄岡山眷村居民孟南熙的擔心：「裡面的文物資料跟生活的影片蒐集得不夠齊全，再加上宣導不周，恐怕會變成蚊子館」；並也陳述了他的建議：政府要重視，加強宣導與充實館藏，才能讓大家充分認識眷村文化，理解那段軍人家庭的清苦生活。

如此看來，「臺中眷村文物館」恐怕還有很長的辛苦路要走。回想，民國七〇年代初，我就讀中興大學期間，忙著讀書和打工，未對臺中眷村投入關心；也是慚愧的事，應該打板子。我是直到近十年，國軍老舊眷村都快拆光，才在友人提醒下驚醒，投入心力，為保留眷村文化盡一分力。

有一位略小我幾歲的教育界好友曾跟我提過，他小時候，因父母於臺中教書的緣故，他們租住過臺中空軍眷村的眷舍。他說起印象深刻的一幕：「有一天，爸爸向一位伯伯敬禮。我不解地問爸爸：為何向他敬禮？爸爸告訴我：因為他是飛行員，為我們保衛領空，很偉大。」他說：「後來看到村中的飛行員伯伯，我也向他敬禮。長大以後，才知道這些飛行員上了飛機，可能就將為國捐軀了！所以，今天看到他，明天可能就看不到他了！」

前文化部長龍應臺，也寫過這樣的故事：她讀中學時，曾去過一位同學家，見過她英俊的飛官大哥；但日子沒過多久，這位開朗孝順的大哥，就在任務中犧牲了！其實，早年空軍中，常悲傷地稱呼這些接收自美軍除役的老舊軍機，為「空中棺材」；這對空軍子弟來說，都不是陌生的事。

另外，民國九十八年（西元二〇〇九年）十月三日，上映的電影《淚王子》一片，說的是「白色恐怖」年代裡，遭誣陷槍決的飛行員家庭故事。而故事是改編自影星焦姣（前「中影」演員、香港「邵氏影業」演員）父親遇害的真實故事，她與導演楊凡都出身臺中的空軍眷村。此片開拍時，導演與演職員，還至焦姣父親被槍決處燒香致意。

臺海逾半世紀無戰爭，但空軍犧牲的飛行員卻不少！臺灣有「黑蝙蝠中隊文物陳列館」、「二二八紀念館」；但更多非「黑蝙蝠」、「黑貓」的犧牲飛行員，以及無辜犧牲於「白色恐怖」的空軍人士，又有多少人記得？

「臺中眷村文物館」是目前全臺唯一，由老舊空軍眷村轉型的眷村文物館，應該很有發揮的空間；而已經卸任市長的胡志強先生，也應該沒有顧慮，可以多投入關心了吧？

後記：據民國一〇九年（西元二〇二〇年）二月九日《聯合報》的報導：有「最美麗主持人」之稱的白嘉莉小姐，於當天回到從小長大的西屯區「大石里新村」遺址憑弔，並在副市長令狐榮達的陪同下，於里活動中心前，植下一株櫻花樹苗，作為紀念。

但使龍城飛將在——孫立人將軍紀念館

臺中市向上路十八號的「孫立人將軍紀念館」，是民國四十四年（西元一九五五年）十月起，孫立人遭幽禁之所；後來，孫立人一直住此到去世為止。孫立人是中華民國史上，沒有吃過敗戰的將軍，此一紀錄迄今未有人能超越。然而，看孫立人的故事，往往令人想起同飲「莫須有」罪名的南宋名將岳飛。然而，值得慶幸的是，孫立人暮年得雪沉冤。

這座孫立人故居，是在民國九十一年（西元二〇〇二年）七月一日，經審定為「歷史建築」；並由臺中市政府文化局，規劃為「孫立人將軍紀念館」。民國九十九年（西元二〇一〇年）十一月二十一日，「孫立人將軍紀念館」揭牌；民國一〇〇年（西元二〇一一年）一月二十二日，馬英九總統親臨主持紀念館匾額揭起儀式，也開啟了大家得以一窺將軍幽居歲月的生活。

此屋原為日據時期的官方眷舍，約建於日本昭和年間；臺灣光復後，它屬於「省立農學院」（今日「國立中興大學」前身）的校產。中興大學一直未放棄對校產的索討；最後，於民國六十三年（西元一九七四年）國防部以太平鄉三汴段一〇〇、一〇四〇〇三等兩筆軍用地交換，才解決了產權的問題（此二筆土地，「興大」便用來興建外籍客座教授與歸國學人宿舍）。

臺中市孫立人紀念館

「孫立人將軍紀念館」為占地二千八百坪的木屋宅院，主建築為U字形，入屋是高架的木質地板，內部有玄關、書房、客間、起居間、臥室等空間規劃；起居間有前後廊，側面及後方有庭園。而附屬建築，有庭院內西側水泥房及東北側倉庫，為家族住居與儲物空間；西北側之樓房，則為當年駐守警衛使用。

紀念館的展示，有孫立人的生平事蹟、照片、資料、生活家具器物，以及孫立人的半身銅像等。孫立人早年出身清華，習土木工程，後赴美畢業於普渡大學、維吉尼亞軍校；他是第一位畢業於維吉尼亞軍校的中國留學生（第一位畢業於西點軍校的中國留學生，是陸小曼的首任丈夫王賡）。

孫立人打過最著名的戰役事蹟，即抗戰期間與美國史迪威將軍，一起規劃的遠征緬甸擊敗日軍，解救英軍的故事；抗戰勝利

臺中市孫立人紀念館眷舍

後，不論在東北對抗共軍，以及民國三十八年（西元一九四九年）「金門戰役」，他的部隊表現皆十分輝煌。

民國四十年（西元一九五一年）五月，孫立人在陸軍總司令任內，晉升二級上將；但他仍然只掛兩顆星，堅持第三顆星要反攻大陸才掛上。民國四十三年（西元一九五四年）六月二十四日，孫立人卸陸軍總司令，轉任總統府參軍長。

民國四十四年（西元一九五五年）八月，孫立人因昔日部屬「郭廷亮匪諜案」，被拔去「總統府參軍長」官職，而後幽禁臺中。民國一〇三年（西元二〇一四年）四月，由「衛城」出版，譚雄飛與譚愛梅兄妹合著的《被遺忘的年代》一書，揭露他們父親譚展超將軍與前後兩任妻子的故事。譚展超為第一位畢業於義大利軍校的中國留學生，其元配貝安加為義大利女伯爵，第二任妻子即作者母親。書中也提及譚展超受「郭案」牽連的一段：譚由少將被降為中校，調合歡山，創設「高山寒地訓練中心」；後來，因表現優異，奉派赴美受訓卻亡故，政府是以追晉譚展超為少將。

譚愛梅（興大中文系校友，算是我的學姊；但我們日間部通訊錄中查不到她，她應該是畢業於夜間部）在書中提及：她父親被降階，被改派合歡山「寒訓中心」主任時，還到臺中，想探視幽禁中的老長官孫立人；透過圍牆，孫立人看到他，未發一語，並示意要他速速離開。

譚將軍與家叔命運相連；當時，年輕的家叔原將升任營長，前途大好，但也受「郭案」波及，經「冷凍改造」後，調「寒訓中心」教官，數年後抑鬱退伍。因「郭案」被捕入獄的孫立人親信與部屬，計三百多人；但受「郭案」波及的所謂「孫系」相關軍士官，人數之多，恐怕迄今尚無精確統計數字。

與張學良相同，孫立人亦有兩位夫人；由於元配張晶英無出，如夫人張美英（臺南麻豆人），為他生了四名子女。張美英也是不離不棄，一直陪伴孫立人。幽禁初期的孫立人，經濟陷入困境，一家七口僅靠他在庭院中種植的玫瑰花，送去市場賣來過活，時人稱之「將軍玫瑰」。後來，孫立人也在大坑山上的「梅園」種水果，再由張美英送到市場去賣，生活略微改善。

我讀大學期間，曾騎自行車經過「孫宅」，對於高牆紅門有深刻的印象；但是，完全不知住者為孫立人。民國七十七年（西元一九八八年）五月，李登輝總統解除對孫立人的幽禁；那已是我大學畢業後的事了！民國七十九年（西元一九九〇年）十一月十九日孫立人去世，享壽

八十九。如今舊地重遊，也令人感觸萬千！

民國一〇二年（西元二〇一三年）三月二十八日，英國老先生費茨派垂克與夫人來紀念館訪問，談及孫立人的緬甸「仁安羌大捷」，他即獲救的英軍之一員；言談之間，老先生充滿感激。老先生訪臺期間，還以手著《中國遠征軍在緬甸解救英軍——仁安羌之役》一書，以及當時擄獲日軍鋼盔，贈與國防部。老先生也表示，他將持續爭取英國政府肯定此一史實。

哲人已去，典型常在。來此緬懷孫立人將軍者，相信皆有無限的追思。

後記：據民國一〇八年（西元二〇一七年）九月二十一日，「中央社」報導：享壽九十九歲的英國老兵費茨派垂克，於二十日在英國里茲舉行葬禮，依其遺願，由現留英受訓的四名中華民國軍官，以中華民國國旗為其覆棺。

臺中最後一彎彩虹——南屯區彩虹眷村

知道「彩虹眷村」的存在，是搭高鐵看到《TLife》雜誌（第四十九期），其中賴鈺婷〈童畫眷村〉的專文，方知這個屬於「春安路五十六巷」的故事。

一年半之後，我在「八二三紀念日」的隔天，再度來到「臺中眷村文物館」；由於適值週一閉館日，我在館外拍了幾張照片之後，搭上二十三路公車至「教師新村」下車，再步行到「秋紅谷」轉二十七路公車往「彩虹眷村」。

空蕩蕩的公車上，一直開到一所國小時，才有一男三女上車，坐在我的旁邊；聽他們的口音，直覺就是大陸觀光客。攀談之後，知道他們來自北京：男生是張先生，帶著妹妹、妻子與女兒來臺自由行，也要去「彩虹眷村」；因此，我們就同行了！

我們在「嶺東科大」旁的「干城六村」站下車後，詢問了路人，依指示朝大榕樹方向走去；走了約十分鐘，方來到「彩虹眷村」。這兒原是民國五十一年（西元一九六二年），「婦聯會」所興建的「臺貿五村」、「干城六村」、「馬祖二村」等眷村群的所在地。

而如今，幾座黑瓦平房，在荒蕪的草原上，一看就知是眷村拆除後殘留的屋子；但屋牆全部被油漆彩繪包覆，繪畫風格近於洪通（民國六〇年代的素人畫家），色彩鮮豔充滿童趣。有些寫上名字是：鄧麗君、白冰冰、綜藝大哥大張菲等明星；有些是牛、羊、馬、狗、熊貓等動

臺中市彩虹眷村

物，熊貓則註明了「團團」、「圓圓」。

沿著牆面寫著「春安路五十六巷」的箭頭，走入巷內，廊下一對看似老夫妻的男女，以及一位年輕的女孩，擺著攤賣飲料、冰棒與紀念品。一聊之下，才驚覺老先生——黃永阜，就是自稱「彩虹爺爺」的「彩虹眷村」的繪畫創作者。話匣子一打開，老先生的故事流瀉而出：民國三十八年，廣東籍二十五歲的黃永阜由香港來臺，考入空軍官校飛行專修班第十九期，於虎尾空軍基地受訓，以第二名成績畢業。畢業後，開始翱翔藍空的報國生涯，曾經待過岡山、屏東的空軍基地；曾駕機至廣州、廈門、福州、上海，執行轟炸軍事設施的任務。後來，負傷轉服陸軍軍官役，以上尉退役。

一聽同行的友人來自北京，老先生說了：「探親開放後，我不敢回鄉探親；因為共產黨，高額懸賞拿我人頭。」問其故，老先生說：「當年轟炸軍事設施很成功，共產黨沒把我打下來，

彩虹村黃永阜老先生與作者合影（金台平攝）

就恨死我了！」

問：何以作畫？老先生笑說：「我有多方面的才藝，畫畫只是其中之一；我不但會開飛機，也會修飛機。」接著，他就秀了他的多語言天分，一連用閩南語、客家話、英語、日語問候。「我的終身俸，一個月平均約二至三萬元，用不完；畫畫打發、打發時間。前幾天，臺中市府還有人來關心，我走了沒有；他們擔心我走了！他們不希望我走。」是的，絡繹不絕的人潮，全是衝著老先生的彩繪而來的；這裡儼然就是一個觀光景點，高知名度連陸客都知道，不是嗎？

我聽見老先生一旁的女孩濃濃大陸口音喊著：「爺爺！」我才意會到天色已漸暗，他們將要收攤。詢問女孩的身分，又是一個驚奇——女孩是來自大陸的大專交換生，來這兒是實習課程的一部分。她做得挺愉快的！不過，女孩也透露：老先生沒有結婚。那麼，老婦是誰呢？我沒有多問。

最後，我問：「原來這裡的臺貿五村、干城六村、馬祖二村拆除後，改建到何處去了？」老先生說：「都遷建到臺中榮總附近去了！」告辭準備離去時，老先生叫住了我，不但主動合影，還要我等一下；他回房內，拿了他畫的「羊」、「貓」複製畫送我。

回程，我想著老先生說的故事，與賴鈺婷寫的有些不同；是老先生開了我的玩笑，還是賴鈺婷沒聽清楚？我不知道！老先生九十幾歲了，住在春安路五十六巷，每天見著人來人往，與老婦人一起做做生意，笑笑聊聊，日子也就打發過了！或許說故事，也是老先生的才藝之一吧！

後記：「彩虹眷村」事實上也是「自力眷村」的「另類眷村」；它並不屬於「臺貿五村」、「干城六村」、「馬祖二村」等，已經拆除的「列管眷村」。

臺中最後眷村——清水區信義新村、大雅區忠義村、潭子區華夏三村

清水區中貞路上的「空軍信義新村」，是原日據時期日本石油公司溶劑廠，所遺留的工廠與員工宿舍；民國三十八年（西元一九四九年）國府撤臺，空軍的「貴州發動機工廠」整廠遷來，眷屬進住後成為「信義新村」。

由於，眷舍為日式建築，是以保存日式風格，如黑瓦屋頂、木質地板、魚鱗板外牆、庭園雙拼等。後來，又陸續增建「三眷區」新的臺式連棟眷舍，使得整個眷村，呈現新舊眷舍互陳的情況。

村內亦見日據時期留下的老樹，挺拔蒼翠，綠蓋遮天；居民也在自家門前種樹，並將樹枝交錯剪修成拱門造型。全村綠化造景，相當成功。

民國八十六年（西元一九九七年），因臺中縣政府的「臺中港區藝術中心」興建施工，挖出許多陶片、貝殼、獸骨和人骨；經考古判定，認為屬於新石器時代至鐵器時代的平埔族遺址，定名為「中社遺址」。由於，「信義新村」亦包含在遺址的範圍之中；是以全村列入遺址，禁建禁拆，求保全遺址供考古挖掘。

民國九十四年（西元二〇〇五年），眷戶因「眷改」遷居新建的「果貿陽明新城」。在「信義新村」原址未拆之下，國防部《勝利之光》曾報導：有一位烏克蘭的畫家來此居住半

臺中市信義新村

年，聽說靈感不斷，還即興在外牆作畫，留下令人讚歎的畫作。

縣市合併後，臺中市政府規劃，將「信義新村」改為「眷村文物館」；但部分用作「國際藝術村」，以求結合「臺中港區藝術中心」，邀請藝術家進駐創作。

「信義新村」出身的名人，包括：曾被美國提名諾貝爾獎的華人物理學家朱經武、前陸軍副總司令馬輔義中將、國民黨籍前立法委員沈智慧、行政院前文化建設委員會眷村文化保存推動小組委員童長春等人。

至於大雅區的「忠義村」，是民國五十八年（西元一九六九年）七月設村，計有忠、孝、仁、愛、信、義、和、平等八棟眷舍；原屬日據時期「遠東地區第十三航空大隊駐在基地」的一部分建物，為「木構瓦房」形式。

由於距離「清泉崗基地」與「水湳機場」都不算太遠，因此，民國三十八年（西元一九四九

臺中市忠義村遺址

年）國民政府撤退來臺，即安排空軍眷戶入住。「忠義村」每棟長約五十公尺，約二十戶；一戶約四至五坪左右，共一百六十戶。「忠義村」初期稱為「公館新村」，村裡有內、外市場，而且每棟各設有一個防空洞。

民國三十九年（西元一九五〇年）八月，「忠義村」內的仁愛路六十九號，成立了「臺中空軍子弟小學公館分部」，以利眷戶子女就學；民國五十八年（西元一九六九年）改為「汝鎏國小」，以紀念空軍飛行員吳汝鎏烈士。學校因位於飛機航道下，一直有噪音太大的困擾；民國八十五年（西元一九九六年），「汝鎏國小」終於遷至鄰村的秀山村平和路二三八號。

先前皆以為「忠義村」的眷舍是原日據時期的馬廄建築，但根據「忠義村」居民黃錫喜先生經多方調查比對，指陳：「忠義村」事實上是「第十三航空大隊醫療所敷地」，而非馬廄。所謂「醫療所敷地」，就是日軍的醫療所建地。

黃錫喜進一步指出，據他考察結果，確證：忠字號、孝字號與信字號眷舍，原為「病房」；義字號眷舍，原為「手術房」；仁字號與愛字號眷舍，原為「宿舍」；和字號眷舍，原為「太平間」。

其實，「忠義村」鄰近「清泉崗」——黃先生的說法，與高雄岡山「二高村」的情況雷同。「空軍官校」，原為日據時期之「海軍第二航空隊飛行場」；其旁的「野戰病院」的「產房」，即後來「二高村」眷舍一部分（另一部分為「第二航空隊隊部」的營房）。因此，我認為黃先生的說法有一定的可信度，當非「搏君一笑」而已！

「忠義村」旁的基地，前後曾有過陸軍裝甲兵、海軍陸戰隊的部隊駐防，是以曾有陸軍裝甲兵、海軍陸戰隊的眷屬，向「忠義村」的眷戶租屋居此過。而「忠義村」的聯外道路，即取名「月祥路」，用以紀念「裝甲兵之父」徐廷瑤將軍（徐廷瑤將軍，字月祥）。

在「眷改」之下，「忠義村」住戶遷往清水「和平新城」。大雅「忠義村」原址，也經國防部與臺中市政府同意，原村保留；因而，有希望成為臺中市的「眷村博物館」或「眷村文化園區」。

而潭子區的「華夏三村」，雖也是未被拆除的「國軍老舊眷村」，但其性質與前面兩眷村完全不同。這是由於「華夏三村」，乃民國六十三年（西元一九七四年），政府為解決陸軍第十軍團直屬部隊，「有眷無舍」官兵的安置問題，而針對考績佳者分配名額，提供「華夏貸款」補助自建的眷村。

「華夏三村」共計有四十四戶。由於屬於「補助自建眷村」，產權屬於眷戶本身所有；因

臺中市華夏三村（朱明輝攝）

此，它也就不在國防部要改建的「國軍老舊眷村」之列。「華夏三村」也因此而得以保存下來。

另外，臺中還有以往研發「經國號戰機」（IDF）的「航發中心」；「航發中心」的前身，為民國三十五年（西元一九四六年）成立於南京的「空軍航空工業局」。民國六十九年（西元一九八〇年），「航發中心」在沙鹿設立「介壽三廠」（今「沙鹿廠區航電製造廠」），其旁有「航發中心」美籍顧問（即「美軍顧問」）的眷舍（此地鄰近「清泉崗基地」）。

「航發中心」後併入國防部的「中山科學研究院」，又再改制為「漢翔公司」。曾為「黑貓中隊」成員的華錫鈞，在民國七十一年（西元一九八二年）至七十二年（西元一九八三年）間，曾任「航發中心」主任；民國七十三年（西元一九八二年）至八十二年（西元一九九三年）間，則擔任「中山研究院」副院長兼「航發中心」主

臺中市漢翔航太研習園區

前美軍顧問眷舍

任，是「經國號戰機」（IDF），重要的推手。

有關「經國號戰機」（IDF），民國一〇五年（西元二〇一六年）七月二十二日，《自由時報》有一則報導：空軍於「漢翔公司」沙鹿廠區的伍克振將軍銅像前，舉行紀念伍將軍逝世二十五週年紀念活動。伍克振上校原是「經國號」戰機的試飛員；試飛殉職後追晉少將，妻兒由國防部安排赴美定居。

而「航發中心」改制「漢翔公司」後，美籍顧問的宿舍區也改為「招待所」，對外開放收費，提供機關團體申請會議研習之用。「招待所」即今日的「漢翔航太研習園區」，園區內有會議中心、教室、視聽中心、游泳池、籃球場、網球場、住宿區；住宿區即原美籍顧問的宿舍，計分「獨棟二層樓房」（有三間臥室）與「雙拼二層樓房」（一層一戶）兩種，價位不一。民國九〇年代，我曾因緣際會來此，參加會議並住過一夜。

而園區內除了建築物占用地之外，戶外空間也很大，園區樹木頗多，綠意盎然。大門有警衛管制，安全隱私無虞。這裡大概是全臺唯一外人可以入住，體會美軍眷舍生活的地方。

第柒站

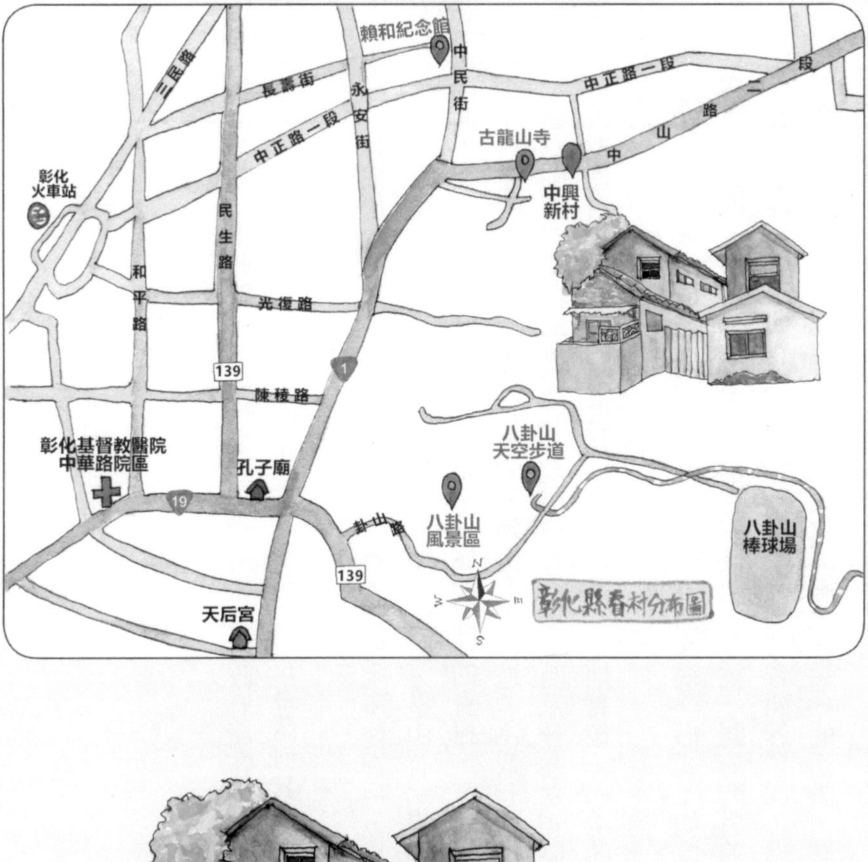

彰化縣眷村分布圖
賴和紀念館
中民街
長壽街
永安街
三民路
中正路一段
中正路二段
中山路
古龍山寺
中興新村
彰化火車站
民生路
和平路
光復路
139
1
陳稜路
彰化基督教醫院中華路院區
孔子廟
19
卦山路
八卦山風景區
八卦山天空步道
八卦山棒球場
天后宮
N
E
S
W

北雁南棲——彰化市中興新村

彰化市八卦山下的「中興新村」，後來因南投的臺灣省政府所在地「中興新村」的成立，而更名「中興莊」；事實上，名為「中興新村」的眷村，在臺灣何其多啊！彰化的「中興新村」的更名，其實也無必要。

「中興新村」詳細地址，在中山路二段八一二巷內；村內所住眷戶，是民國三十九年（西元一九五〇年）撤退來臺的山東青島保安旅官兵眷屬。當時，是由有「嶗山之獅」之稱的部隊長高芳先將軍出面，與彰化縣政府協商，再請工兵協助興建的眷村。

「中興新村」初建時，乃屬於茅草竹寮的簡陋房舍；但是，「八七水災」沖毀了「中興新村」；之後，重建為閩南式的紅瓦土塊厝；至民國五十年（西元一九六一年）初，改建為竹篾塗抹稻草紅土，再覆蓋白灰於外層的牆壁瓦屋。「九二一」地震後，「中興新村」又再改建成屋瓦鐵皮房的形式。

由於一開始就是各戶依山搭建，因此，每戶的屋舍都非統一形式；如此一來，反而形成了「中興新村」獨特的風格。不過，家家戶戶都有前後門，並統一為前門對前門、後門對後門的形式；若由山下往山上看，「中興新村」雖是平房、有樓房雜陳的情況，但卻深具層次感。

大學時代，我因參加「教育學院」（今「彰化師範大學」）的活動，該校商業教育系的同

彰化市中興新村

學曾帶著我們，從學校後面爬上八卦山，再由另一頭回來；這是我首次見到「中興新村」的印象。如今憶起，已是三十餘年的往事了！

因應「眷改」，「中興新村」眷戶，已經全數遷居新建的「太極新城」；「中興新村」原址獲得保留。彰化縣政府計畫活化這八卦山左側兩公頃面積的建物，其中也包含「中興新村」周邊，早已裁撤但房舍還算保持完整的「陸軍醫院」與幼稚園。

彰化縣政府規劃，將此一區域開發為「開放式眷村博物館」，一部分用作眷村文物展覽館所，一部分眷舍為眷村美食館（分為燒餅油條、山東餃子、牛肉麵等），一部分作為藝術家村（外牆彩繪），一部分作為民宿。

彰化縣政府還企圖結合八卦山風景線，從山頂碉堡景觀咖啡館，往下建置木棧道，再結合村落的信仰中心「古龍山寺」（主祀玄天上帝），以求與「中興新村」的眷村文化園區，連成一線；民國一〇五年（西元二〇一六年）七月十日，彰化縣政府就為新建

的「八卦山天空步道」，舉辦了剪綵啟用的儀式，大舉促銷八卦山的優質旅遊。

「中興新村」是目前彰化縣唯一存留的國軍老舊眷村。彰化縣政府的「國軍老舊眷村活化」計畫，充滿了經濟考量；但若成功，不啻為可取的推廣方案。

而我的建議是：再加上一點「史識」！清光緒二十一年（西元一八九五年），日軍登臺後，由北而南，先後在基隆獅球嶺、彰化八卦山、嘉南等三地，遭義軍抵抗最激烈，日軍亦損失最多；而日軍統帥「北白川宮能久親王」，亦死於嘉南。

彰化縣政府若將「臺灣民主國」的八卦山之役列入，並納日據時期之彰化醫生作家賴和相關此役的作品〈低氣壓的山頂（八卦山）〉，一起規劃，我相信未來到八卦山不僅能看到「中興新村」，也還會是一趟懷古、尋舊、祈福、美食、休憩，以及充滿藝術饗宴的旅程哦！

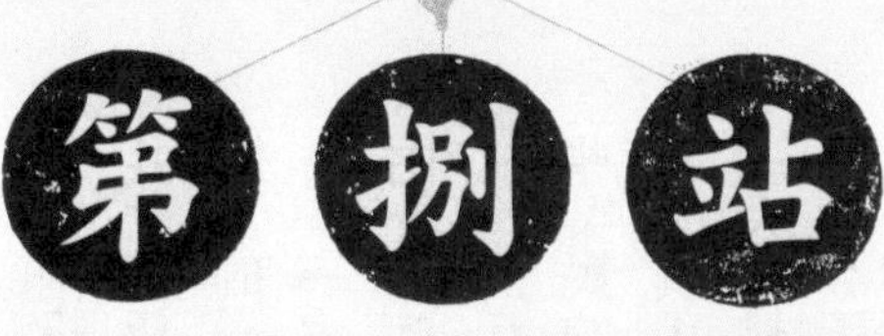

第捌站

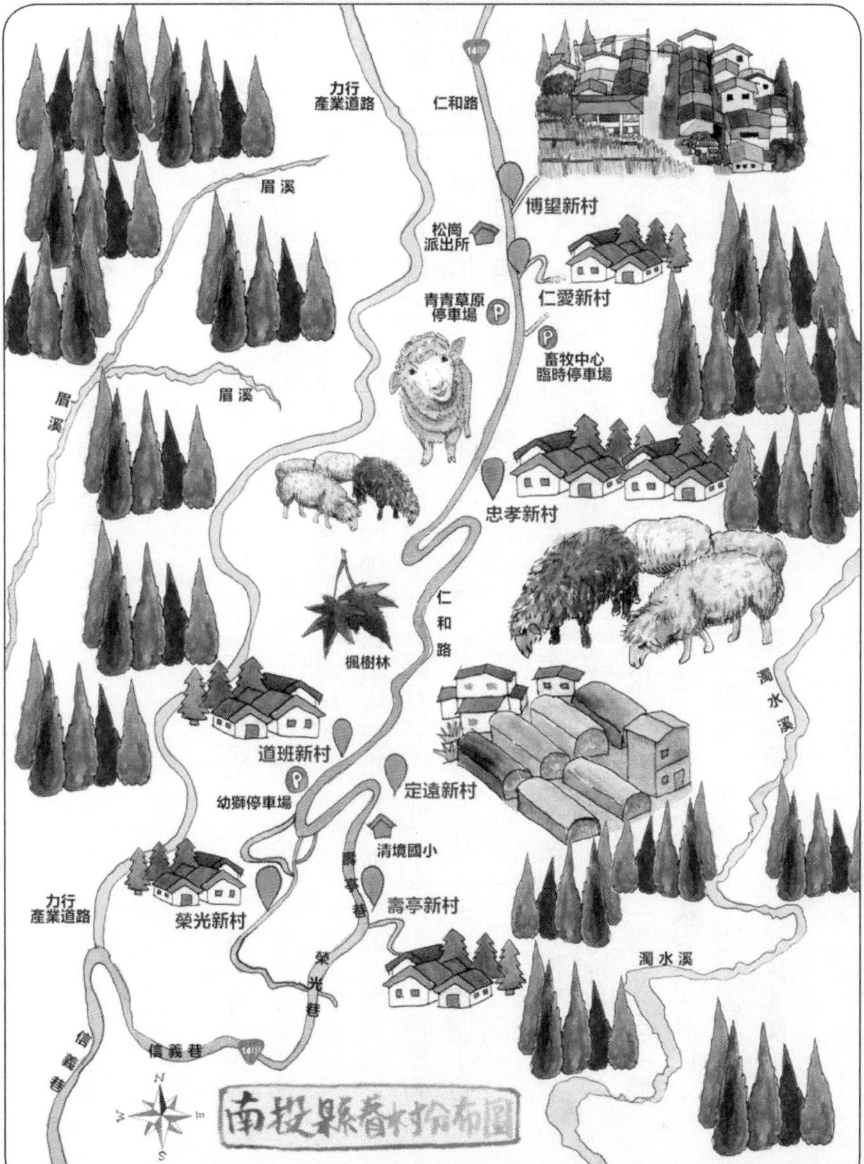

14甲
力行
產業道路
仁和路
眉溪
博望新村
松崗
派出所
仁愛新村
青青草原
停車場
畜牧中心
臨時停車場
眉溪
眉溪
忠孝新村
仁和路
楓樹林
濁水溪
道班新村
幼獅停車場
定遠新村
清境國小
壽亭巷
壽亭新村
力行
產業道路
榮光新村
榮光巷
濁水溪
信義巷
信義巷
14甲
N
E
S
W
南投縣眷村分布圖

他鄉作故鄉——仁愛鄉大清境社區

南投縣仁愛鄉的「大清境社區」，包括博望、仁愛、忠孝、道班、榮光、定遠、壽亭等，共七個新村。整個「大清境社區」的七個眷村，加起來約二百多戶左右；但是，它並非屬於國防部的眷村，而是屬於「行政院退除役官兵輔導委員會」的眷村。

「大清境社區」是為了安置自泰緬邊區撤回的部分「孤軍」與軍眷，而設立的屯墾眷村。由於他們大都為雲南人，習慣生活於高山縱谷地區，是以政府做了如此的安排。在「博望新村」的活動中心裡，設有「松崗文史資料館」，館中陳列展示了許多老照片；老照片說明了這些榮民的過往，以及他們來此開墾的點點滴滴。

其中，「博望新村」、「壽亭新村」、「定遠新村」等三村，關係密切。「博望」位於「大同村」，海拔三千零五十公尺，民國五十年（西元一九六一年）興建，是全臺海拔最高的眷村；計三十一戶（三十戶軍官，一戶士官），最高階為中校，以尉官居多。「壽亭」與「博望」興建於同年，但略低於「博望」，在海拔一千六百公尺處，為全臺次高海拔眷村，計四十八戶；民國六十一年（西元一九七二年）至民國六十二年（西元一九七三年）間，因眷口日多，由「退輔會」另於二公里外「清靜農場本部」，興建「定遠新村」，部分村民志願抽籤入住。

南投縣大清境社區（曹齊平攝）

以村民的族群區分，「博望」男主人，除一戶廣西、一戶西康以外，全是雲南籍；「壽亭」男主人，則全為雲南籍。「博望」女眷部分，除一戶為原住民以外，其餘全為雲南籍；分別有：擺夷（傣族）、阿卡（哈尼）、佧瓦（佧族）、裸黑（拉祜族）、栗栗族、瑤族、苗族、蒲曼（布朗族）等西南少數民族；「壽亭」女眷除少數漢人之外，多為雲南的擺夷（傣族）、佧瓦（佧族）等少數民族。

「博望」與「壽亭」初建時，皆為木構瓦房，每戶十一點五坪。「博望」後因白蟻蛀食嚴重，於民國六十四年（西元一九七五年）至六十五年（西元一九七六年），改建為磚造鐵皮屋；「壽亭」分村後，每戶增至二十二至三十坪，於民國七十四年（西元一九八五年），全村翻修。

我是民國八〇年代，參與「退輔會」所辦「榮民子女教師團體」的活動，來到「清境農場」參訪，並有幸拜訪「松崗文史資料館」。不過，因為各眷村分散，村與村之間的距離不算近，所以我們並未被安排去拜訪所有的眷村。

根據彭大年所編《眷戀——後備眷村》一書的訪談記載：以往眷村中的男主人，都是由國防部辦理「假退伍」，保持部隊編制的形式居此；所以，每季仍有一次軍事訓練與演習，以備「反攻大陸」時，立即「回役」，開赴戰場。而授地，基本以一家兩口授一甲地；再依眷口（大口七分地、中口三點五分、小口一點七五分）方式，增計授地。

在「定遠新村」中，我聽他們都說四川話，就跟他們聊了一下；但是，村民告訴我，他們講的可是「雲南話」哦！其實，四川話、雲南話，都屬於「西南官話」系統的方言，差別不大。

那天，我們還參觀了「清境農場」，看了他們種的高山蔬果，以及放牧的牛羊。而他們飼養的黑色肉牛，是由歐洲阿爾卑斯山引進的品種，聽說肉質鮮美。而晚餐，我們就吃到了他們生產的高冷高麗菜，以及炒牛肉；據說他們一天只殺一頭牛，無論旅客增加了多少，絕不變更。

在「大清境社區」最出色的子弟，是出身「壽亭新村」的張應中。他一路由清境國小、仁愛國中，到就讀陸軍士校；役畢通過高考成為公務員，再透過在職進修，取得國立大學法律碩士、交大管理學博士，最後在國防部擔任專門委員。張應中從清苦的環境中，爬出了一片天，可謂榮民子女的楷模。

以實際體驗來看，「大清境社區」為臺灣高海拔的眷村，因而造訪此地，往往令人有置身「世外桃源」之感！它長年均溫在攝氏十餘度，涼爽而舒適；我們到時為暑假中最炎熱的時段，但在「博望新村」還要加穿長袖外衣。

整體而言，「孤軍」來臺之後，辦理「假退役」者，分別被安置在南投與屏東（以「三地門」為主，但土地依「戰士授田條例」，轉為自有；住屋亦屬自建，產權私有）墾荒；繼續服役者，多分布在桃園市與新北市（尤其是中和區）的「國軍老舊眷村」；是以這些地方，「孤軍」後裔多。不過，以「大清境社區」而言，如今也面臨年輕人多往城市發展，而社區內老年人口比例居高不下的情況；這也是一大隱憂啊！

第玖站

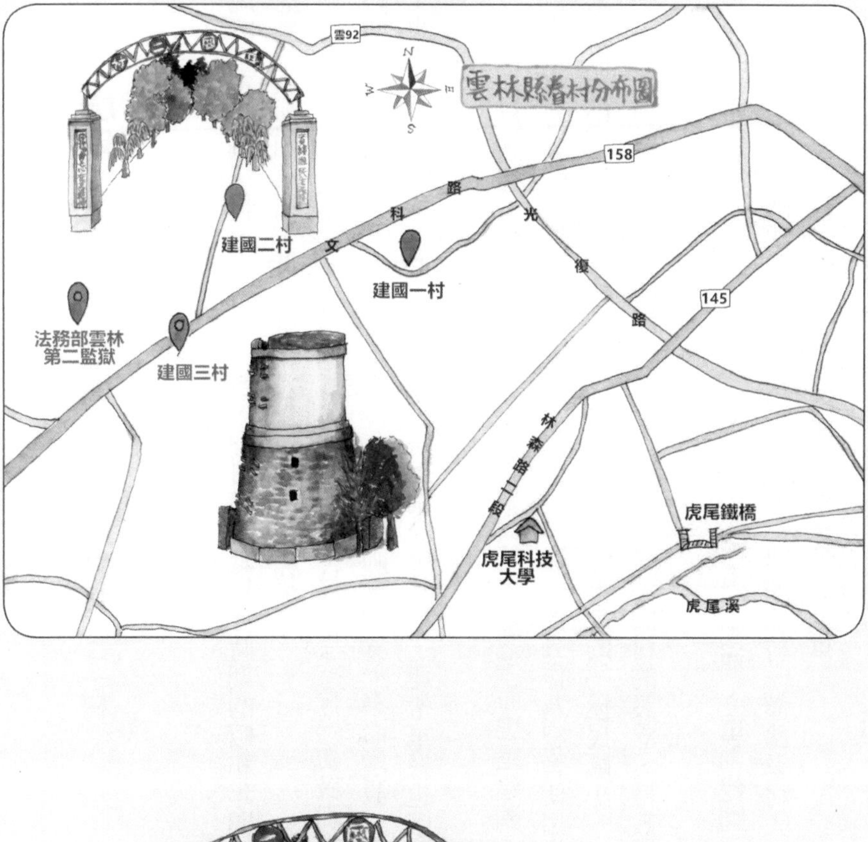

雲林縣眷村分布圖
雲92
158
文科路
光復路
145
建國二村
建國一村
法務部雲林第二監獄
建國三村
林森路二段
虎尾科技大學
虎尾鐵橋
虎尾溪

飛虎棲虎尾——虎尾鎮建國一村、二村

虎尾的空軍建國一村、二村、三村、四村，原為日據時期的昭和年間，日本所建「海軍航空隊」虎尾基地與四個宿舍群；臺灣光復後，由空軍接收。

民國三十九年（西元一九五〇年）八月，空軍官校正式將「初級訓練大隊」遷至虎尾訓練；民國四十年（西元一九五一年）六月，「初級訓練大隊」奉命增設「教授組」。兩次的變革，移駐了大批官校的軍士官來到虎尾基地，連帶軍眷也跟著遷來；這促成了建國一村、二村、三村、四村，真正成形的原因。

官校的「初級訓練大隊」在此設立「初級訓練中心」，而虎尾建國一村、二村，則成為主要安置教職員眷屬的眷村。原先，「建國三村」除一部分作為眷舍使用之外，主要為臨時校舍；後來，臨時校舍移設「虎尾空軍子弟小學」（即後來的「拯民國小」）。「建國四村」主要是地勤人員的眷舍。因為，建國一村、二村、三村、四村的設立，戶政單位，就將四個眷村組成「建國里」。

民國七十五年（西元一九八六年），「韋恩颱風」來襲，重創建國三村、四村，村民被安置到「北港國宅」和廉使里的「建國新城」。「建國三村」僅餘眷村大門與「拯民國小」；「建國四村」原址後被政府徵收，改建法務部雲林第二監獄。

雲林縣建國二村

雲林縣建國一村

在「眷改」之下，建國一村、二村眷戶，皆已遷往新建新社區；而「建國一村」、「建國二村」舊址，經雲林縣政府文化局勘查，認定：足以見證日據時期至國府空軍發展歷史，為臺灣少見之散置型眷村，建築並為庫房、兵舍結合增間形式，實屬特殊；其建置雖為日據時期軍用機場之附屬設施，但光復後延續眷村功能，型態保持完整，具再利用活化之潛力等理由，公告登錄為「本縣聚落」。

如今，進入一村的拱型大門，還可見到戰備蓄水池、高射砲防衛瞭望塔等，兩座特殊建物。「高射砲防衛瞭望塔」上，彈痕累累；據說分別為——日據末期受美國軍機的機槍掃射，以及「二二八事件」武裝群眾攻擊虎尾機場，所留下的彈孔。走到二村的拱型大門旁，可以發現還保留有原先衛兵的哨站遺蹟；再往前行，則可看到已廢棄的基地與基地入口處的巨型路標。

而建國一村、二村的圍牆上，現在還看得到「實踐國民生活規範，發揚毋忘在莒精神」、「親

雲林縣建國三村拯民國小

雲林縣建國三村

愛精誠」、「遵循總裁遺訓」等標語。村內防空洞頗多是一大特色，但多為圓拱形與迷彩掩體造型的樣式；也可見到禮堂、籃球場、涼亭等設施。另外，還有一座半身銅像，但其下的碑文已模糊不清；而其「F01110501-A21」的編號，尚屬清晰。不過，建國一村、二村的整體情況也是草比人高；看似荒廢許久，而無人整理看顧的情況，令人擔心。雲林縣屬於較為窮困的縣分，若無中央政府挹注經費，恐怕「聚落」的傾頹速度更快，終致難以修復的地步！也許「全國眷村文化保存聯盟」或民間團體，可協助雲林縣政府、國防部，一起來保護這兩座眷村，並促使它早日開放，與大家見面！

後記：民國一〇八年（西元二〇一九年）七月十一日，出身虎尾「建國眷村群」的好友——霍鵬程博士，出版了《翱翔天際——虎尾的天空》，細數了虎尾基地從日據時期到眷村改建的變遷，其中對虎尾「建國眷村群」敘述，尤其詳盡而完整。

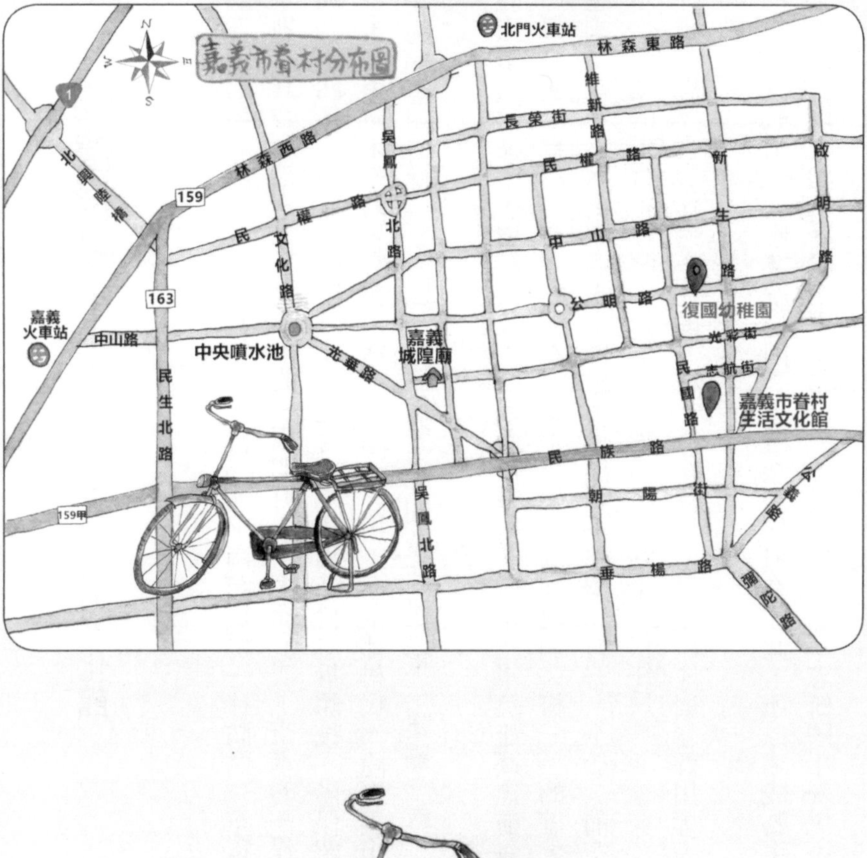

嘉義市眷村分布圖
N
E
S
W
北門火車站
林森東路
維新路
長榮街
吳鳳北路
林森西路
民權路
北港路
1
159
163
159甲
民權路
新生路
啟明路
中山路
文化路
公明路
復國幼稚園
光彩街
嘉義火車站
中山路
中央噴水池
光華路
嘉義城隍廟
民國路
志航街
嘉義市眷村生活文化館
民生北路
民族路
朝陽街
公義路
吳鳳北路
垂楊路
彌陀路

只聞樓梯響——嘉義市眷村生活文化館

民國三十七年（西元一九四八年），自「北平南苑機場」移防的「空軍第四大隊」進駐嘉義水上基地；其眷屬被安置在嘉義市的「東門町」，因而形成了空軍的「建國二村」。

民國九十四年（西元二〇〇五年）九月，「建國二村」拆除後，僅保留一部分「志航街」北側的眷舍，留做未來的「眷村生活文化館」之用；而全部村民，隨嘉義市十八個眷村住戶，遷居新建的「經國新城」。而「經國新城」，即蓋在原空軍「建國一村、五村、六村」的原址上。

嘉義市議員陳文齡，曾經提及：「嘉義市眷村，曾是空軍英雄高志航眷屬的居住地」；並也指出：舞臺劇《寶島一村》的腳本，就是嘉義市的「建國二村」。的確，高志航烈士遺眷就住在「建國二村」；而電視名人王偉忠，也出身「建國二村」。至於，前空軍總司令陳肇敏，年輕任水上基地的飛行中尉時，也是「建國二村」的第一代住戶。

以往王偉忠，也製作過「建國二村」的紀錄片；而後，才與賴聲川等人合作，推出《寶島一村》的劇作。

我推測「志航街」，應該就是因高志航烈士的遺眷住此，所以才成為這個空軍眷村的街道名稱吧？不過，以往的「嘉義空軍子弟小學」後來也改名「志航國小」，不也顯示了當年嘉義

嘉義市建國復興眷村（虞鈞翔攝）

空軍基地人員，對於高志航烈士的追思嗎？

依據民國一〇二年（西元二〇一三年）九月，嘉義市政府《擬定嘉義市都市計畫（建國二村、復興新村地區）細部計畫說明書》來看，這片由中正路、民國路與啟明路，所夾成的三角形地（其中還包含縱向的新生路，橫向的光彩街、志航街、延平街、民進路、朝陽街等），即改建的範圍；而擬做「眷村生活文化館」的位置，乃指志航街北側，保存良好的眷舍建築群。

以嘉義市政府《擬定嘉義市都市計畫（建國二村、復興新村地區）細部計畫說明書》加以審視：「建國二村」保留幾棟加強磚造建築，包含高志航遺眷所居的「將軍府」（編號：社一），以及尚屬新穎的「復國幼稚園」（編號：社二）為主。

然而，以烤漆鐵板圍籬圍起的志航街北側的建築物，根據民國一〇〇年（西元二〇一一年）五月二十日《聯合報》的報導，僅餘「建國二

嘉義市建國復興眷村（虞鈞翔攝）

村」四棟呈斷垣殘壁的屋舍；其保存現況，令人憂心！至於，陸軍「復興新村」的保留部分，我沒有找到，料想應該只剩民國路、中正路口的「復國幼稚園」了吧！

這片嘉義市政府的「都更」土地，經招標三次皆流標；只在民國九十九年（西元二〇一〇年）作為「臺灣燈會」、民國一〇〇年（西元二〇一一年）作為「明華園歌仔戲團」演出《白蛇傳》等活動場地的使用而已！目前，一部分空地，暫闢為停車場，供汽車停用。

民國一〇五年（西元二〇一四年）十二月三十日，《聯合報》也報導了以下訊息：投入嘉義市「眷村文化保存」不遺餘力的「嘉義大學」退休教官陳小鯨，率先與文化局副局長林青萍合作，將原「復國幼稚園」園長，位於「建國二村」內，逾一甲子卻尚屬完好的三十坪宿舍，改為「故事屋」，並將於民國一〇五年（西元二〇一六年）啟用。

陳小鯨的做法，是「眷村生活文化館」的成立遙遙無期之下，另闢蹊徑，尋求突破的「點子」。期待此一做法，可以傳承嘉義的眷村文化，聊補嘉義市「空白」的不足。這有些像「自力救濟」，但也是市民「挽起袖子」，盡一分心的好典範啊！

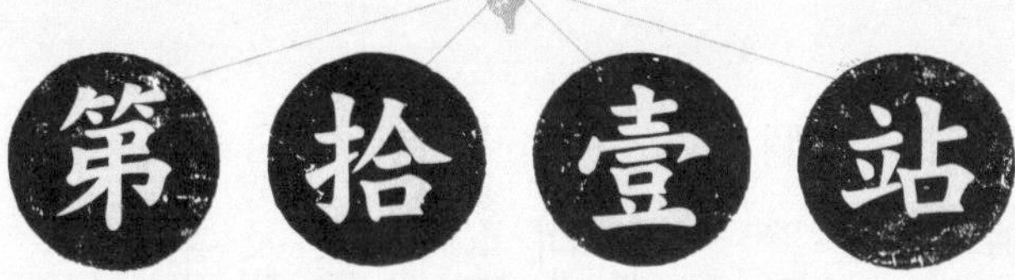

臺南市眷村分布圖

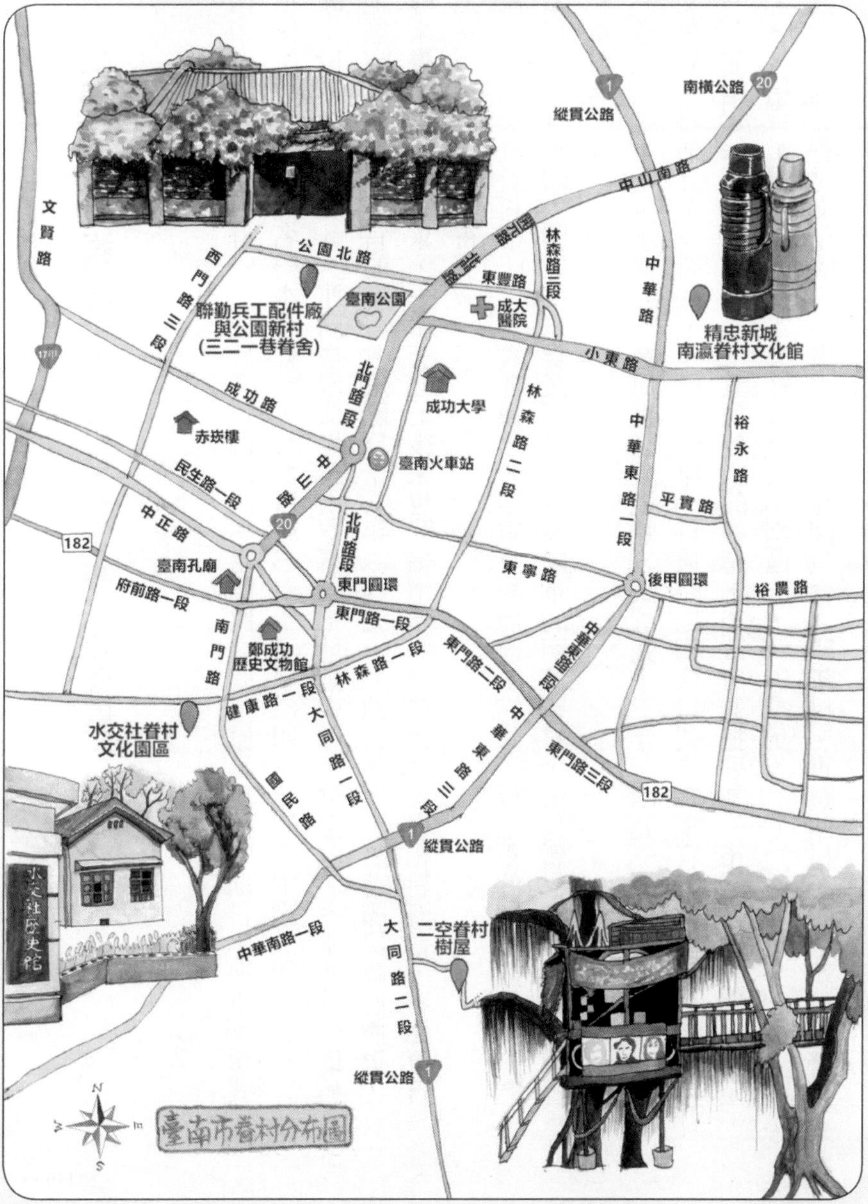

聯勤兵工配件廠
與公園新村
(三二一巷眷舍)

臺南公園

成大醫院

精忠新城
南瀛眷村文化館

成功大學

赤崁樓

臺南火車站

臺南孔廟

鄭成功
歷史文物館

水交社眷村
文化園區

二空眷村
樹屋

縱貫公路
南橫公路
中山南路
文賢路
西門路三段
公園北路
北門路二段
林森路三段
東豐路
中華路
小東路
成功路
北門路一段
林森路二段
中華東路一段
裕永路
民生路一段
中山路
平實路
中正路
東寧路
東門圓環
後甲圓環
裕農路
府前路一段
東門路一段
中華東路二段
南門路
林森路一段
東門路二段
健康路一段
大同路一段
中華東路三段
東門路三段
國民路
中華南路一段
大同路二段
182
1
20
17甲
N
E
S
W

古墓上的眷村——水交社眷村文化園區

臺南市「水交社眷村群」，位於今日西門路與南門路之間，原為日據時期日本海軍平房式官舍及招待所；之所以取名「水交社」，乃源自於「君子之交淡如水」的古中國名句。

臺灣光復後，「水交社」連同臺南機場，由空軍三十地勤中隊一併接收，「水交社」即轉為臺南地區空軍地勤軍士官的眷舍。民國三十八年（西元一九四九年），隨著國民政府撤退，更多軍隊來臺。為因應需求，「水交社」後來也陸續增建過一些眷舍；但相對而言，不比原日據時期遺留下來的眷舍來得寬敞。

所謂的「水交社眷村群」，其實非僅止於空軍眷村而已！它除了以空軍的「志開新村」為主外，還包含了空軍的大鵬五村、實踐四村，以及陸軍的明德新村、國民新村；此外，還有一個「警察新村」。

在「眷改」之下，「水交社」眷戶也已經遷離。民國九十三年（西元一九六九年），臺南市政府文化局，將估計至少有八十年歷史的原「日據時期獨棟日式高級軍官官邸」，列為「市定古蹟」，並指定保留了三棟將級、五棟校級的眷舍。市政府並把列為「市定古蹟」與「指定保留眷舍」，結合了規劃中的「水交社眷村文化園區」，一併考量。

依據《水交社眷村文化園區計畫書》，其範圍包含志開新村、實踐四村、明德新村和警察

臺南市水交社志開新村

新村（極可能是目前全臺灣，唯一保留下來的警察眷村），預計將建成眷村故事館、遺址館、空軍文物展示館、美食館、生態館、招待館、星象觀測館等七館所。

其實，「水交社眷村群」中還有一所「志開國小」，目前也還存在；它原為「臺南空軍子弟小學」，後改名「志開國小」，以紀念空軍飛行員周志開烈士。近年來，我去過「水交社眷村文化園區」幾次，但十分失望！臺南市政府規劃的七個館舍，何時才能整建完工與世人見面？恐怕也是一個難有精確答案的習題。

不過，「志開國小」對面保留的眷舍雖未見整修，但外牆已經掛上了一幅幅塑膠帆布的海報，介紹了空軍特技表演「雷虎小組」的故事。而園區內，公園步道的建置基本上也已經完成。

「水交社眷村群」，可謂是原臺南市最

大眷村的聚集地。它距離「臺南機場」不算太遠，鄰近「家齊女中」與「臺南高商」等校，也有「臺南市立運動公園」在其旁，算得上是「文教區」。

然而，「水交社眷村群」更早以前，卻是明清時期的墓塚群；眷村拆後，「文化園區」施工，即發現大量的墓葬與陪葬品，在考古學上極具意義（此一情況，與永康區的「飛雁新村」雷同；「飛雁新村」原為日據時期的「通訊所」，拆除時亦發現地下有古蹟）。

我的父系表哥與父親年齡相近，原是空軍軍官，一家人住「大鵬五村」；小時候，我曾到他家幾次。後來，本省籍的表嫂遇靈異事件，志願速速與人交換眷舍，遷至仁德的「仁和村」（屬空軍二空眷村群）坪數較小的眷舍；讀大學時，我也去過幾回。

隨著「眷改」，不管「大鵬五村」抑或「仁和村」都已經消失，表哥與表嫂也去世多年！物換星移，什麼事是不會變動的呢？

住過「水交社眷村群」的名人，有前黑貓中隊第三任隊長王太佑。出身「水交社眷村群」的「眷二代」，則有長期投入臺南空軍眷村研究的蕭文先生、名主持人侯麗芳。

侯麗芳原住桃園空軍「建國八村」，後隨父親遷調，而舉家遷到臺南；起先住在安平港，最後落腳「水交社眷村群」。民國八〇年代，我曾接受她在「中廣」主持節目的採訪，介紹留學韓國時的所到特殊景點——全羅北道的「櫻花道」；未料播出後，竟有好多朋友都跟我說，聽到節目方知，我這麼會描述「櫻花道」的美！不過，順便可以提一下：臺南市和韓國的光州市，是彼此締結「姊妹市」的城市；所以，臺南市內是有一條「光州路」的哦！

來訪「水交社眷村文化園區」，可住宿其旁的「臺南市勞工育樂中心」，住房舒適，收費低廉；但往往必須半年前預約，才能訂得到房間哦！若是大家還不覺盡興；那麼，蕭文先生的《水交社記憶》（臺灣商務印書館出版）一書，可以找來一讀，以便再深入認識水交社的眷村群。

戀戀眷情——仁德區二空眷村樹屋、永康區精忠新城與南瀛眷村文化館

空軍「二空眷村群」位於臺南市東區、南區及仁德區（仁和村、仁愛村）的交界處，這兒原是日據時期，「臺南飛行場」的「飛行隊補給總庫」。民國三十八年（西元一九四九年）後，成為「空軍第二供應司令部」所在，周邊的眷村因應而生。

依戶籍登記統計，「二空眷村群」最多時有九百二十二戶；在全臺眷村戶數排名中，它占第六名。「二空眷村群」另有五百五十戶，乃隸屬民國四十九年（西元一九六〇年），由「婦聯會」向「全國青果貿易商會」募款，所興建的「貿易四村」。

「二空眷村群」有縱貫線鐵路經過，以往從高雄搭火車北上，看到兩旁的眷村出現，就知道快到「臺南車站」了！「二空眷村群」在民國九十五年（西元二〇〇六年）陸續拆除，改建為「仁和國宅」；約至民國一〇三年（西元二〇一四年）左右，才完全拆除。

「二空眷村群」出身的名人，「眷一代」有：張濟民將軍（前空軍幼校校長、空軍訓練司令部司令）；「眷二代」有：吳建群（前臺南縣議員、改隸直轄市後的臺南市議員）、「美食專家」梁幼祥、金智（空軍航空技術學院通識中心主任）。而如今搭火車經過，除了看見遠方林立的高樓國宅，這兒大部分都成了荒煙草地。

然而，不甘心老眷村消失的人士，在已拆眷舍僅留的大榕樹上搭建樹屋（仁德區仁愛里七

臺南市二空樹屋內（李茂龍攝）

十九號）；並且，蒐集了眷村拆除後捐出與丟棄的「寶貝」，置於其中以供懷念。未料，這座完成於民國九十六年（西元二〇〇七年）十二月十二日（西安事件紀念日）的樹屋，竟引發不少遊客的朝聖，成了臺南市的熱門景點之一。

樹屋內，有兩蔣時期的照片、軍中文物、皮箱、舊式音響（含收音機、電唱機、電視機）、櫥櫃、菜櫥、保險櫃、室內電話、軍用品、牌匾、家具等；其中，我認為最特殊的是：一個孫立人將軍相片的瓷盤，以及「貿易四村」的牌匾。後來，軍方認為「這些人玩夠了」，計畫予以拆除；但是，地方人士卻訴求保留。

民國九十九年（西元二〇一〇年）六月十五日，臺南市政府文化局，將「二空眷村群」中，「二空樹屋」、水塔、碉堡、貿易四村紀念碑與美援時期木造老庫房等，列為「暫定古

臺南市南瀛眷村文物館

蹟」，以期保留。民國九十九年（西元二〇一〇年）十月十日，「二空新聞文物館」正式成立於此。

樹屋架於兩棵老榕樹上，中間還有「空橋」連接；是全臺最特殊的眷村文物管所。它若令您聯想到「香港迪士尼」的「泰山樹屋」，那不妨比較一下，它是否更有真實親切的感覺？網路上，有人稱它為「二空眷村圓夢樹屋」；我想，也許就是為了一圓「留與他年說夢痕」的殘夢吧！

至於，永康區的「精忠新城」，乃為原「精忠二村」拆除後的基地，所改建成的新式高樓層國宅。其實，這地方原名「三分子」；民國五十四年（西元一九六五年），在「婦聯會」的募款捐助下，於此興建了陸軍的「精忠二村」（五百戶）、「精忠三村」（一千兩百戶）兩眷村。

隨著「眷改」的施行，原臺南縣的十三

個眷村眷戶，全部遷居新落成的「精忠新城」；住戶不捨原先自己住了幾十年的老眷村拆除消失，便捐出文物，構思在「文康室」內，集中陳列這十三個老眷村的「寶」。「南瀛眷村文化館」就因如此之「心情」，於民國九十九年（西元二〇一〇年）二月正式成立。

「南瀛眷村文化館」最初創設時，其經費乃由臺南縣政府向「行政院文建會」申請的資金而來；而後，則靠「行政院勞委會」的「社會型多元就業開發方案」經費支持。因此，「南瀛眷村文化館」，除了展示眷村文物之外，還有鄉土教學推廣、口述歷史製作、文化導覽與解說、眷村文化行銷等服務項目，以符經費核銷。

「南瀛眷村文化館」著重於中高齡就業的營造，工作人員以在地人，且為民國五十五年次以上者優先。館內的陳設與布置，皆來自這群人的巧思與投入。首先，模仿居家格局，區分出客廳、飯廳，以求符合情境；尤其，一桌麻將的「四方城」，不免令人發出會心的微笑。

而「南瀛眷村文化館」大門的春聯也很有意思，上聯是「復國建國光復神州」、下聯是「中興復華勝利成功」，橫批是「復興中華精忠報國」——其典故完全來自老眷村的村名！

館內的珍藏有黃埔早期校友的「中正劍」、臺灣首批赴美受訓噴射機飛行員完訓錦旗、各式手搖警報器、軍用品、國民黨黨徽的圍牆窗花磚、眷屬所捐旗袍、老兵當年來臺的家當行頭、戰士授田證、爆米花機具等，琳瑯滿目。

館中還有一面由屏風組成的「一段不能遺忘的歷史」展示牆，顯現了眷村歷史變遷、早期兩岸分治文宣品對照、父兄著軍服的照片、思親與離愁之苦等，諸多不能被抹滅的故事。有一位從少年兵升到將軍的住戶，他的故事照片也在其中；而一雙捨不得穿而保存了六十年的草鞋，是老兵年少離家時，母親親手所製，卻成了無言又最感人的心酸文物，直道出那一代人烽火與思家之無奈惆悵！

至於館內角落空間，可見軍服、大衣、桌櫃、書桌、電話、木箱、電風扇等物品，也各據空間陳列出來；看似凌亂，卻也亂中有序。每一件文物，背後也都有著一段感人的故事，等待參觀者去發覺。

由於，臺南市永康區成功里「精忠新城」的「南瀛眷村文化館」，是目前全臺灣「老眷村」改建「新城」後，唯一設有眷村文化館的地方；因此，也吸引遠自東北吉林省的師生前來參觀。身在臺灣的我們，說實在也該去走一走啊！

鬧市幽巷綠意鬧——北區的「聯勤兵工配件廠」與「公園新村」

鄰近「中山公園」，位於公園北路的「聯勤兵工配件廠」與「公園新村」的一大片地方，原先是清康熙二十五年（西元一六八六年）設立的「鎮守臺澎總兵官署」的原址；日據時期，它成為日軍砲兵部隊與工兵的營地，以及「步兵第二連隊官舍群」。

光復後，這些日據時期遺留下來的建築，為國軍所接收；國共內戰吃緊之際，國軍將「聯勤第三汽車製造廠」與江西南昌等軍事設備的五〇四廠等合併，遷來此處，成為後來的「聯勤兵工配件廠」。原日軍「步兵第二連隊官舍群」，成為軍官眷舍；不過，其中八棟眷舍，於民國三十五年（西元一九四六年）為「省立工學院」（即今之「成功大學」），商借作為教師宿舍（即今之公園北路三二一巷眷舍）。

民國三十八年（西元一九四九年）後，這一大片眷舍成為國軍眷村；因在公園邊，故名「公園新村」（含成大的教師宿舍）。曾經住在這個眷村裡的人，除了「聯勤兵工配件廠」的廠長、副廠長、成大校長（羅雲平、夏漢民、翁政義）、成大建築系教授郭柏川（亦是知名畫家）、「臺南一中」校長李昇（李校長之子乃名導演李安與李崗兄弟，年幼時即隨父母住此），以及多位中央民代。

整個「公園新村」的全盛時期，還包括位於公園南路的原日軍「偕行社」（外觀為歐式三

臺南市公園新村（李燕芳攝）

棟兩層樓建築，取名自《詩經》中〈秦風・無衣〉：「豈曰無衣？與子同裳。王于興師，脩我甲兵，與子偕行。」類似今之「國軍英雄館」），所改成的眷舍住戶。而「偕行社」的眷戶，直至民國九十六年（西元二〇〇七年）才搬離。

民國八十一年（西元一九九二年）十月十六日，「兵工配件廠」與戰甲車發展中心、武器基地勤務處（臺北）、戰車基地勤務處（臺中），一同整併為「陸軍兵工整備發展中心」，遷往南投集集；至此，「聯勤兵工配件廠」結束任務。

而「公園新村」也在國軍老舊眷村改建中，與臺南市其他老舊眷村規劃為改建對象。民國八十五年（西元一九九六年）原「大道新村」改建為「大道新

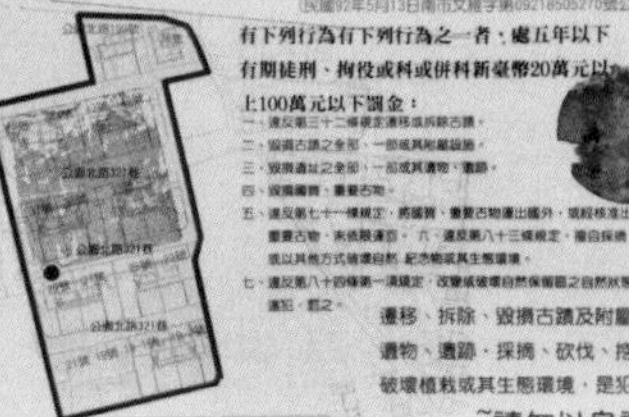

臺南市公園新村（李燕芳攝）

城」，民國九十三年（西元二〇〇四年）完工；首批遷入的有大道新村、旭日新村、敬軍新村、實踐新村、實踐三村、四知五村等六個眷村的居民，第二批遷入的則是精忠三村、公園新村、九六新村、展新新村等四個眷村的居民。

民國八十六年（西元一九九七年），軍方將「兵工配件廠」內房舍與閒置眷舍幾近夷平，「公園新村」僅存成大教師宿舍十棟（其中雙拼八棟為「日遺建築」，另兩棟獨棟宿舍為成大後來興建）。由於公園路、公園北路、公園南路所圍起的「聯勤兵工配件廠」與「公園新村」占地廣大（「聯勤兵工配件廠」占地十公頃，而「公園新村」拆遷時尚有七十四戶，占地一點八公頃），再加上其為「日遺建築」的原因，民國九十五年（西元二〇〇六年）臺南市政府指定「聯勤兵工配件廠」與「公園新村」為「市定古蹟」，得免全遭拆除。

臺南市透過都市更新方案，將「聯勤兵工配件廠」與「公園新村」規劃為「國際會展文化園區」，除了勘定具有保存價值的建築者得以保留，其餘皆被拆除。現今「聯勤兵工配件廠」空地，先行闢為暫定的停車場與國道客運轉運站區。

不過，令人遺憾的是，民國九十八年（西元二〇〇九年），「公園新村」中，大部分軍眷舍與原李昇校長的眷舍皆遭拆除；僅公園北路三二一巷中，一棟光復後所建的高級軍官眷舍獲保留。至於，公園北路三二一巷中，「成大」商借眷舍獲保留的部分，則以「藝術聚落」方式先行開放；而「郭柏川舊居」已成此處的「旅客打卡」地標。

我對「公園新村」的印象，停留在兒時。那時隨父親來臺南市，父親總喜歡來此，逛附近的「軍品店」；當時「越戰」方酣，這裡有許多美軍的裝備。父親曾在此買過S腰帶、水壺、鋼杯等用品。而我還記得，有些軍裝甚至還見得到彈孔；後來才聽說，這些都是「越戰」休假來臺的美軍，偷偷帶來賣的軍用品（也傳說有從犧牲同袍身上，取下的軍用品）。

此外，我還記得「軍品店」也賣高中服帽、書包，以及大學服帽。大家恐怕不知道，當時大學生除了有「大學服」外，尚有一如高中生所戴的「大盤帽」。大學生的「大盤帽」，與高中生的一樣，都是卡其色；其不同之處，在於大學生的「大盤帽」帽緣和帽帶是黑色，帽徽刻有「大學生」三字。

我讀大學時，「大盤帽」已廢除，但每次假期結束返校，我總為了省錢來臺南搭「中興號」，當時間不急的空檔，我還是會來此逛逛（當時「公園新村」與「聯勤兵工配件廠」都還在），回憶兒時情景。如今，物換星移，人事已非，再經此處難免教人感傷啊！

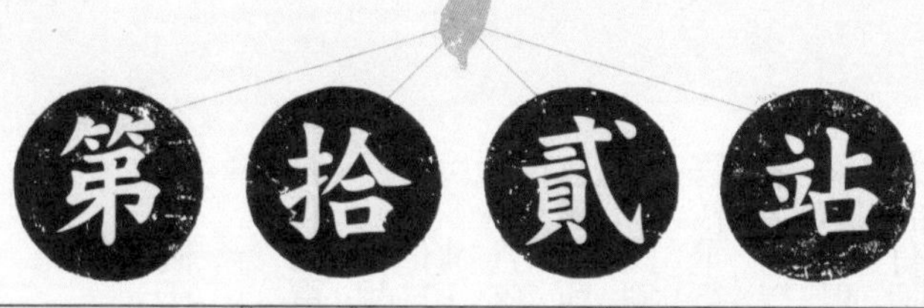

高雄市眷村分布圖

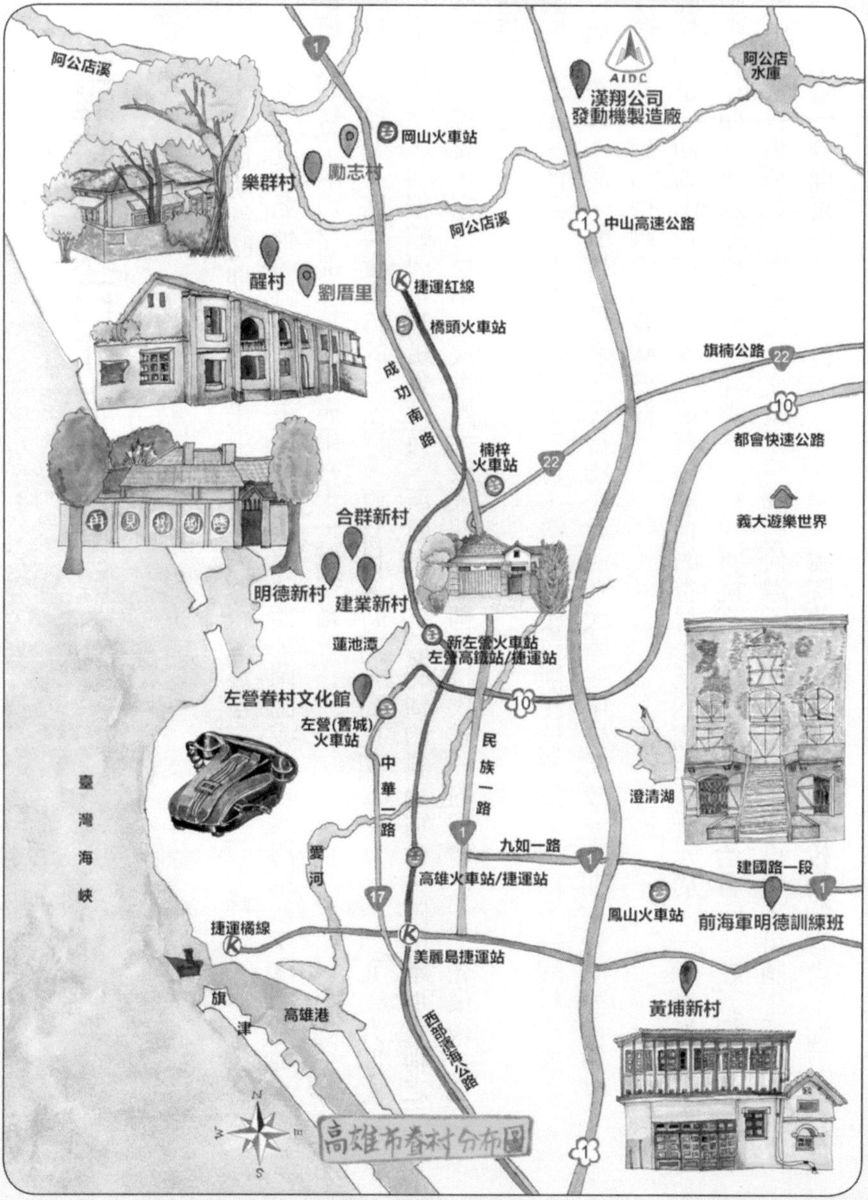

阿公店溪
阿公店水庫
漢翔公司發動機製造廠
AIDC
岡山火車站
樂群村
勵志村
阿公店溪
中山高速公路
醒村
劉厝里
捷運紅線
橋頭火車站
成功南路
旗楠公路
都會快速公路
楠梓火車站
義大遊樂世界
再見樹樹屋
合群新村
明德新村
建業新村
蓮池潭
新左營火車站
左營高鐵站/捷運站
左營眷村文化館
左營(舊城)火車站
民族一路
中華一路
澄清湖
臺灣海峽
九如一路
建國路一段
愛河
高雄火車站/捷運站
鳳山火車站
前海軍明德訓練班
捷運橘線
美麗島捷運站
黃埔新村
旗津
高雄港
西部濱海公路

夢醒時分家已非──岡山區醒村

岡山一地，溯自明鄭時期，即為軍事重鎮；由今日尚餘里名──「前峰」（原為「前鋒」）、「後協」等營名稱，皆可知其重要性。日據時期，岡山成為日本海軍航空隊的基地，設有海軍第十四航空隊司令部、飛行場與第六十一航空廠。

「醒村」位於介壽路與寶米路的交岔口，原為日據時期，約民國二十九年（西元一九四〇年／昭和十五年），為安頓海軍高級飛行員，所建五棟二層磚造的斜頂宿舍，岡山本地人稱之為「五落仔」。據說，它也是第二次世界大戰末期，「神風特攻隊」的宿舍之一；光復後，它為國軍所接收。

民國三十七年（西元一九四八年）十二月，空軍官校自浙江杭州遷來岡山，「醒村」成了官校飛行員的眷舍。而「醒村」一名，源自國民政府在大陸「中央航校」時期，眷屬宿舍的村名，可以體會其不忘「復國」的意味濃厚。

「醒村」是早期岡山眷村中，唯一擁有兩層樓的眷村；其四周有大排水溝，一如護城河；北面有兩座有護欄的小水泥橋，連接介壽路。村內有挑高一樓建築的「自治會」，在五棟樓的左方；其中，還有福利社、理髮部、交誼廳、郵局代辦所、羽球場、桌球桌等，可謂生活機能完備。「自治會」外面是籃球場；後方，有一獨棟獨院的樓房，曾是官校校長的官舍。而五棟

高雄市醒村

樓的後方，有「醒村幼稚園」。

在空軍官校逐漸提升與擴編下，「醒村」眷舍不敷使用，因而利用「自治會」後方空地，增建了「筧橋村」。後來，「筧橋村」也併入「醒村」。「醒村」村內也有很多防空洞，尤其特別的是，日據時期遺留下來的「長窯型防空洞」。

「醒村」早年在兩座水泥橋前面設有衛兵崗哨，晚上十一時三十分就禁止出入。當年，一般人是不能隨意進出「醒村」的；那時，村內「交誼廳」有舞會舉辦，除了特邀之外賓，就只有村內成員可參加。小時候，我去「醒村」的福利社幫母親買過紅糖；聽說那裡也賣「筧橋冰棒」，但我們被父母禁吃冰，所以沒嘗過。

關於「醒村」，令我印象深刻之處，即其以屋瓦迴廊連接之建築風格（它的樣式一如原「岡山空軍醫院」內連接行政單位、各科病房到開刀房的長廊）——這也是我唯一僅見之眷村風格，雨天走起來很美！

「醒村」隔著介壽路對面是「陽明公園」；公園內矗立一座有飛鷹雕像的「精神堡壘」，它原在介壽路與寶米路交岔之十字路口上，後來遷入公園。公園旁是原「日軍糧秣供應處」，後改為「空軍司令部附設岡山子弟小學」（臺大前校長李嗣涔即其校友——李校長原住岡山空軍「復興村」，該村後更名為「新生乙村」）；「九年國教」實施，更名「兆湘國小」，以紀念空軍飛行員王兆湘烈士。

住過「醒村」的名人，可知者有前空軍總司令林文禮、前黑貓中隊第三任隊長王太佑等；至於出身「醒村」的第二代名人，則有杜文正、張晨光、李又玲。杜文正是名室內設計師，也是名演員江霞的夫婿；張晨光是目前仍活耀於螢光幕的中生代演員，曾獲得「金鐘獎最佳男演員獎」；李又玲是「醒村」所在的仁愛里里長，她打破了男性里長慣例，並獲得連任，很不簡單。

而「醒村」眷戶，已於民國九十五年（西元二〇〇六年）遷至「勵志新城」（原「勵志村」基地改建）；民國九十六年（西元二〇〇七年），岡山眷村全面拆除。「醒村」僅五棟樓與三間平房，因被列為「歷史建築」，而得以倖存。

目前，「醒村」一如嘉義市「建國二村」的情形，被烤漆圍籬圍住；何時整修開放，不得而知！除了民國一〇四年（西元二〇一五年），市府文化局曾協助電視劇《一把青》劇組，於此搭景進行拍攝外，迄今未見市府單位有何具體動作。「醒村」如今貌似廢墟，樓房屋頂塌陷，牆面殘破，能挺立多久，實令人憂心！

後記：民國九十七年（西元二〇〇八年）十月二十三日，網路上出現一則新聞：「醒村」旁的「欣欣市場」，因市場辦公室配合眷村拆除，使原「劉厝」聚落的大古井出土，地方人咸認為有保存必要。這片鄰近「醒村」之地，乃日據時期為日軍所徵收後建造「官舍」使用；這致使原「劉厝」聚落北邊居民，南遷或移居他鄉。

地方耆老表示，日本投降時，不少日軍將武士刀與槍械投入古井內；後來，國軍接收的日式官舍不敷使用，又再其旁興建眷村，以及市場。在用地不足的情況下，才填平古井以興建市場辦公室。

如今的「劉厝里」位於「醒村」的東南方，為岡山閩南族群劉姓的大聚落；「劉厝里」，乃明鄭部將劉國軒之子劉登科與族人部屬，屯墾定居之地。

「劉厝里」，源於鄭成功的參軍陳永華，在臺建立起的「屯田制度」，所形成的「軍耕聚落」之一；由此可知，「劉厝里」亦屬臺灣最早的「明代眷村」之一。只可惜今日里內，約百年的「土塊紅瓦房」恐已難見；若欲見明鄭時期的原建築，那無疑是「痴人說夢」了！而里人的信仰中心——「寶公宮」，於民國八十九年（西元二〇〇〇年）重建，如今富麗而堂皇，也全無古意了！

目前醒村的整修，已在進行中；但「岡山眷村文化協會」認為，其施工並未依「修舊如舊」原則進行，十分遺憾！

吳宮花草烏衣巷——岡山區樂群村

「樂群村」位於岡山區阿公店溪的「筧橋」東北方，村東原是「勵志村」，村南是「河堤公園」。日據時期的「樂群村」、「勵志村」原屬於岡山市街南方，被稱為「街尾崙」的區域；「太平洋戰爭」爆發後，日軍徵收了這片地區，建為海軍航空單位的高級官舍。「樂群村」、「勵志村」的這片日式官舍，約建於民國三十年（西元一九四一年／昭和十六年）。「樂群村」據說是日本「海軍第二十一航空戰隊」之「第三四一航空隊」高階軍官宿舍（有兩個說法：一說編號為A一至A十六宿舍；另一說編號為B一至B十六宿舍）。

光復後，國民政府接收這片日式官舍，轉為安置空軍高級軍職人員與飛行員眷屬的眷舍。國民政府遷臺後，「樂群村」與「勵志村」逐漸區分開來：「樂群村」成為「空軍訓練司令部」司令與副司令、「空軍三校」（空軍官校、空軍通校、空軍機校）校長、空戰英雄等人的眷舍，並附設有接待要員的「招待所」；而「勵志村」，則純為「空軍官校」高階飛行教官與高級軍官的眷村。

基於這樣的區分，「樂群村」就成了岡山空軍將領雲集的「將軍村」；村內的「樂群幼稚園」，也就成了岡山最為「貴族」的幼稚園（今為「文化室」與籃球場，原先的一座涼亭尚存）。對於岡山空軍的「眷村人」而言，以往的「樂群村」、「勵志村」和「醒村」，就是岡

高雄市樂群村

山的「貴族村」。

以我的經驗來說，「樂群村」更是「貴不可攀」，它比起「勵志村」、「醒村」更難親近！兒時的記憶，「樂群村」雖無大門，但有拒馬對外隔離，有衛兵駐守；它沒有「醒村」的福利社供我們入內購物，也不如「勵志村」還可以自由進出。

「樂群村」為木造日式瓦房，占地面積大；有獨棟獨戶、雙拼等兩種格式（「勵志村」則全為雙拼）。而「樂群村」與「勵志村」相同的特色是：每戶都有很大的庭院，圍牆皆為硓𥑮石砌成。「樂群村」一如「醒村」，村內也有不少防空洞；而四之二號的庭院中，原先還有一座日據時期遺留的「消防池」，只是後來聽說被完全填平了！

依據臺東農工專校副教授顧超光的研究，指出：「樂群村」的門牌號碼，代表著居住者的身分；如：特一號為地區司令（岡山最高指揮官）的官舍，一號為官校校長的官舍，二號是校長級軍官的官舍，三號為副司令的官舍、四之一號為通校校長的官舍，四之二號為「空軍訓練司令部」司令的官舍，二十二號為機校的官舍。換言之，「樂群村」也就是岡山最早的空軍「職務眷舍」眷村。

若說「樂群村」是空軍官場中的「烏衣巷」，實不為過；在臺灣晉升「空軍總司令」者，幾乎都曾是「樂群村」的住戶。而第一次政黨輪替，出任民進政府首任行政院長的唐飛，即是「樂群村」的原住戶之一。

唐飛於擔任空軍官校校長時，遷進「樂群村」；從「樂群村」遷出，他再由空軍總司令、參謀總長、國防部長升官到行政院長。只不過，唐飛也是中華民國行憲後，任期最短的行政院長。

「樂群村」住戶中，另一位特殊人物，知道的人恐怕就不多了：她是清末民初文學家兼藏書家繆荃蓀的孫女——繆靜貞女士。目前，江蘇江陰還有「繆荃蓀紀念館」。繆女士與夫婿劉先生，相識於抗戰時期的四川；劉先生為空軍軍官，隨國民政府遷臺初期，他們曾居住過「樂群村」。不過，他們居住的時間不長，便因劉先生調職臺北而離開；劉家的么兒讀過村內的幼稚園，這是他僅有的記憶。繆女士已經九十高齡，民國一〇四年（西元二〇一五年）春節，我見到她；她尚耳聰目明，不需要別人攙扶，還能打麻將。

民國九十一年（西元二〇〇二年）三月十九日，內政部通過岡山「勵志村」全村改建案；六月三十日，「勵志村」全村眷戶陳情，請求全村保留。不過，「勵志村」住戶的訴求並未被政府接受。然而，同年八月一日，行政院臺防字第〇九一〇〇三八九一四號函，僅核定岡山

「樂群村」不拆遷，全村保留。

「樂群村」被當時的高雄縣政府登記為「縣定古蹟」；「醒村」被列為「歷史建築」，部分保留；「勵志村」則全村拆除改建。以往岡山的「貴族三村」，可真謂「命運大不同」！

我一直遺憾於「醒村」的不能全村保留，以及「勵志村」的全村改建。如今，「樂群村」東北側「招待所」外，僅留下「勵志村」的大門，門柱上面書明為：「民國六十五年（西元一九七六年）十月十日建立」。

而獲保留的「樂群村」，只見村內的「招待所」旁，為「忠孝社區發展協會」，以及「忠孝照顧關懷據點」的共同辦公室，似乎還在運作；從網路上得知，它是「樂群村」唯一合法使用的空間，而且還曾辦過擺桌宴享的活動。如今，少數的住戶仍是「庭院深深」；對照於公告欄上的催遷公告，亦成強烈諷刺！

今日的「勵志新城」分甲、乙兩區，共四十九棟十二至十四層不等的高樓，矗立於「樂群村」東側；整個岡山的眷村住戶（共計：二十一個空軍眷村與一個陸軍眷村，二千六百九十二戶），全遷居於此還未填滿。兩相對照，「樂群村」在極少數拒絕遷離的住戶外，大部分的眷舍都被圍籬圍起，屋舍房頂塌陷，草比人高，殘破一如「醒村」。

這好像「平民暴發戶」與「落魄貴族」的對比。然而，踏入「樂群村」，綠樹成蔭，蟲鳴唧唧，鳥聲啾啾，更加顯得一片幽靜的美——可謂「疆服亂髮不掩國色天香」！只是若不積極維護，恐怕很快就成為「古邱」。民國九十九年（西元二〇一〇年）十二月二十五日，高雄縣市合併，迄今多年了；但「獲文化部補助辦理調查研究與修復再利用計畫」、「國防部提出活化再利用先期評估案」等，同樣好像只做了「半套」。不免教人著急，「樂群村」和「醒村」的修護開放，似乎仍是遙遙無期！

後記：民國一〇七年（西元二〇一八年）年底，「樂群村」已經完全清空；高雄市政府文化局已經接手；民國一〇八年（西元二〇一九年）六月「岡山眷村文化協會」爭取到三號眷舍的「活化利用權」。

眷村上的「介壽二廠」——岡山區漢翔公司發動機製造廠

「漢翔公司」的前身，是抗戰勝利後，於民國三十五年（西元一九四六年）九月，成立於南京的「空軍航空工業局」。民國三十八年（西元一九四九年），該局隨「空軍總部」遷臺；民國五十八年（西元一九六九年）三月，改制為「空軍航空工業發展中心」（遷址至臺中市西屯區漢翔路五號的今址），並增設「介壽一廠」（飛機製造廠）。

民國六十一年（西元一九七二年），「空軍航空工業發展中心」再增設「介壽二廠」（發動機製造廠）於高雄岡山。這座「發動機製造廠」，位於岡山區大莊里；隨著設廠需要與擴充，原在此的空軍「崗德村」，就逐步廢村，最後眷戶遷往岡山協和里的「曉風新村」。

其實，「崗德村」並非岡山第一個「配合國家需要」廢村的眷村。同是空軍眷村的「自立村」，原為復興里「二高眷村群」的其中之一；民國五十七年（西元一九六八年），因空軍官校的「擴建機場跑道及維修廠」需要，全村住戶遷往忠孝里的「勵志村」。「自立村」讓地廢村後，「二高眷村群」僅餘的三村——新建村、仁愛村和二高村，就合併為「二高新村」。

據說，「崗德村」原是日據時期的原日軍的馬廄建築；民國三十八年（西元一九四九年），大量軍事人員遷臺，這裡成為安置進駐岡山空軍後勤人員的眷舍。聽原「崗德村」居民說：全村分上、下兩村，上村為軍官眷舍，下村為士官眷舍。

高雄市漢翔公司廠址

沿著大莊路進水庫路，再左轉進入「崗德村」：上村位於東南邊的高地上，約二十戶左右，房舍呈「非」字形排列（右為一至十號，左為十一至二十號），有前後院；下村位於靠西邊的山坡下，約百餘戶，各戶規模遠差於上村。

「崗德村」內，還有一所由廟宇改建的「空軍司令部附設岡山子弟小學崗德分校」，但僅設一年級至三年級的分班，四年級就得至校本部就學。當然，它也隨著「崗德村」的廢村而消失（而「空軍司令部附設岡山子弟小學」的另一所分校——「大寮分校」，則位於「捷運南岡山站」東邊，即今日的「和平國小」）。

「介壽二廠」之所以設在岡山，想當然耳，就是因為「空軍官校」的原因了！而後，民國六十九年（西元一九八〇年），「介壽三廠」（航電製造廠）設於臺中沙鹿，想也知道是配合「清泉崗基地」。民國七十二年（西元一九八三年）一月，「空軍航空工業發展中心」併入「中山科學研究院」；民國八十五年（西元一九九六年），「航發中心」脫離「中科院」，改制為「漢翔公司」。

民國一〇四年（西元二〇一五年）春節，同學開車接我上大崗山，參加「國小同學團拜聚餐」。意外的是，由於同學開錯路，赫然開到「漢翔公司發動機製造廠」的大門前面，真叫我驚喜不迭。平時我們不可能來，來了也進不去；不只因為它是岡山最先進的工廠，同時也因它是最門禁森嚴、不開放參觀的工廠。再說，這裡也無「漢翔航太研習園區」，提供教育訓練與住宿的服務啊！

不過，它仍令我聯想到就讀國中時，兩位原住「崗德村」的同學。如今，天涯飄零，我將近四十年不見他們，不知道他們是否一切安好？

南臺灣第一名——左營區左營眷村文化館

左營區的「左營眷村文化館」，位於「海光三村」原址的「左二公園」園區內；地址是：龜山巷一五七之二號。公園外圍就是清代「鳳山縣城」城牆的龜山段遺蹟，並連接著「蓮池潭風景區」。

「左營眷村文化館」是原「海光三村」的「診療室」。「海光三村」是由「婦聯會」募款，於民國五十四年（西元一九六五年）建成的「海軍眷村」；後來，「海光三村」眷戶配合「眷改」，全村拆除。「診療室」因建物、土地所有權皆屬市府，經地方人士爭取保留。

民國九十六年（西元二〇〇三年）十二月二十日，原「海光三村」的「診療室」，獲市府同意設立「左營眷村文化館」。該館為高雄市第一個眷村文化館所，也是南臺灣的第一座；目前，由「高雄市國軍眷村文化發展協會」經營。

先前，左營老眷村拆除時，尚有「自助新村」的抗爭戶，在巷弄牆面作畫；因而，形成與臺中「彩虹眷村」相互輝映的「彩繪眷村」。當時，它可是比「左營眷村文化館」更具吸引力的景點；只可惜，民國一〇三年（西元二〇一四年）也被拆除，走入歷史了！

「左營眷村文化館」為地上兩層、地下一層的建築，其旁尚有一長形平房建築，為社區推廣教育研習的教室建築。館內展示空間主要在一樓；二樓為會議室與研討室，地下室為「高雄

高雄市眷村故事館中的軍服

市國軍眷村文化發展協會」的辦公室。

館內的展示文物，是全臺眷村文物館所中，唯一純以海軍為主的館所，是以深具特色。想當然耳，左營本就是全臺灣最大海軍基地，自然也是一片海軍眷村的天下；但是，左營在海軍界的舉足輕重，您大概就不知道了！

荷據時期，它被稱為「萬丹港」；明鄭時期，設「宣毅左衝陣左營」屯墾於此（即後稱「左營」的地名由來）；日據時期，它成為日本海軍的「南進基地」之一，與日本的佐世堡、橫須賀、吳港，並稱「日本四大軍港」。光復後，民國三十六年（西元一九四七年），全國劃出四個海軍軍區，分別是上海（第一軍區）、山東青島（第二軍區）、臺灣左營（第三軍區）、海南榆林（第四軍區）。

基於這樣的歷史背景，「左營眷村文化

館」的存在確有必要！館內一張「左營眷村分布圖」，讓大家理解整個左營老眷村的位置；印有「海軍軍官學校」的三角旗、各年代的眷補證與通行證、舵輪、照片等，都能嗅到獨特的海軍風味。

其次，原眷村卸下的門牌、木門、木窗，讓人睹物思情；舊式皮箱、腳踏車、家具、收音機、電唱機、電視，則令人覺得時光倒流。

值得一提的是，一個孫立人相片的瓷盤、一桌麻將的「四方城」，雖也同於其他眷村文物館所，卻仍有其獨特之處：孫立人相片的瓷盤，顯示海軍收藏者對孫立人的崇敬與同情；麻將桌上鋪了張軍毯，其意在「消音」，相信大家皆知吧！

至於，國軍在臺興建的第一座眷村，根據「高雄市國軍眷村文化發展協會」的資料顯示，乃是民國三十六年（西元一九四七年），由「高雄要塞」，於半屏山興建的「半屏山新村」。

民國一〇二年（西元二〇一三年）八月二十三日，友人陪我參訪了「左營眷村文化館」，並受到「高雄市國軍眷村文化發展協會」總幹事周先生的歡迎。周先生出身左營海軍眷村，後來讀「政戰學校」，畢業服務於空軍，在岡山服務很長的時間；上校退役的他，以志工精神全心投入「左營眷村文化館」的工作。他的熱心與奉獻真令人敬佩！對於我所提出關於「納入傑出眷二代的介紹」之建議，周先生頗贊同，表示願在理事會中報告，希望能獲得採納施行。

當日也遇到來自韓國的「孝子團」（子女出錢，孝敬父母出國的觀光團），我以韓語問候；師尼（尼姑）與老太太們很高興，送了我們韓國的糖果，「要我好好回味韓國的味道」。

參觀中途，也遇到香港自由行來的「文字工作者」；正好周先生去接一通重要電話，我就義務加入解說行列，她們也十分高興。交換名片後，她們熱情邀約，若我再次前往香港時，可前往交流。以上兩段插曲，也屬意外的收穫！

周先生也說，未來「明德新村」的「眷村文化園區」如果完成啟用，那麼，「左營眷村文化館」很可能遷至園區，這裡也許就會拆除。目前，「海光三村」的原址劃為公園，「診療所」拆了，想必也成為公園綠地。「明德新村」占地面積很大，任何一戶坪數也不小，相信會是更理想的館所棲身處；只是，「樓梯響已久」，還待市府「下樓來」呀！

後記：民國一〇七年（西元二〇一八年）七月二十八日，高雄市左營眷村文化館，遷往明德新村（二、四、十、十一號）的「臺灣眷村文化園區」，正式開幕。

最後的貴族——左營區明德新村

民國一〇一年（西元二〇一二年）十二月十二日，《民視新聞》報導：左營區二十二個國軍老舊眷村中，明德、建業、合群等三村，將獲得保留。而民國一〇三年（西元二〇一四年）二月，國防部核定左營「明德新村」全村保留，作為眷村文化保留區。

而另一則新聞，則是：民國一〇三年（西元二〇一四年）三月十五日，拆除左營自助新村，挖出鳳山縣舊城西門地基與城牆段落；高雄市文化局表示將持續開挖，未來試圖復舊，重現舊城風貌。

話說民國一〇五年（西元二〇一六年）五月二十日，臺灣三次政黨輪替，第二度執政的民進政府，其首任行政院長林全，和唐飛一樣，同是出身眷村，其差異之處在於：林全為左營海軍「自治新村」的第二代（原住自治新村六十六號，林父後以海軍中校退役）。

然而，一〇五年（西元二〇一六年）五月二十八日，《自由時報》報導：「昨左營自治新村強制眷戶遷出，經聲援暫緩執行。」這對林全而言，又「情何以堪」？雖然，先前「自治新村」未在保留之列，但今日已是出了一位「行政院長」的眷村，該不該重新考量一番呢？這又是個頭痛的問題了！

綜合比較來看，在臺灣，老眷村的拆與不拆，似乎都成兩難的抉擇！出過行政院長的眷

高雄市明德新村

村，一個保留，一個將不再存續。考古探勘發現，確定位於古蹟上的眷村，「自助新村」並非個案（基隆建實新村、臺中清水信義新村、臺南水交社等，也都發現了古蹟），然而彼此命運也類似。

在高雄市左營區的大片海軍眷村中，「明德新村」能獲保留，當然有其價值與特殊之處！「明德新村」曾被譽為「全臺最豪華的眷村」，其房舍設計連日本人都驚豔。它的獲得保留，自然值得喝采！

「明德新村」南臨「海軍大運動場」（今「高雄市左營綜合活動中心」），西為「四海一家」（現代化飯店），東為「中山堂」（左營最高級電影院）；它占地一萬九千多坪，是國民政府遷臺後，全臺最大的「海軍將官眷村」。

「明德新村」源於日據時期，日軍仿英國海軍的「北海營區」，所規劃數十棟

「棋盤式」日式海軍官舍，分為大佐、中佐級兩種；其建成時間在「太平洋戰爭」爆發後的昭和年間，當與岡山的「樂群村」、「勵志村」大約同時。

當時的住戶，今日得知有中曾根康弘（後任日本首相）及小田村泰彥（後為日本自衛隊少將）兩人。他們當年因服役於海軍後勤部門，被奉派至左營軍港任職，而得以入住；但第二次世界大戰末期，這片官舍就被美軍轟炸得很厲害，大部分都遭殃而殘破不堪。

日據時期，臺籍日文作家龍瑛宗（本名：劉榮宗）曾於其作品中提及：「皇民化」運動時，他與中曾根康弘同在左營日本海軍單位，兩人曾有「一面之雅」。由文中還可以知道，中曾根康弘當時的官階是海軍中尉。

光復後，我海軍接收，將大佐級官舍定為將級眷舍、中佐級官舍定為上校以上眷舍。民國三十七年（西元一九四八年）五月二十九日，李良驥將軍一家人入住「明德新村」三十四號，成為目前所知的「明德第一家」。

民國三十八年（西元一九四九年），為配合海軍大舉遷來之眷舍需要；海軍第一軍區，派「服務大隊」鍾大隊長，率士官兵緊急前來搶修。修復的眷舍皆定為甲種眷舍，專供海軍高級將領眷屬入住。由於「服務大隊」在維修上，仍以恢復日式官舍原貌為標準，是以建築得以復原舊觀，未有改變。這也就是舊建築保持良好，連日本專家都佩服的地方！

民國三十八年（西元一九四九年）四月十五日，海軍總司令桂永清一家人及他的駕駛官尹姓准尉遷入，分別入住一號與二號；八月三十一日，黎玉璽將軍（係黎昌意之父、黎明柔的祖父）一家，遷入十一號。這是目前大概可以查到，民國三十八年（西元一九四九年）修護後，首批入住的家庭。

解決高級將官問題後，大量基層軍官眷屬安置也須考量；民國三十八年（西元一九四九年），「海軍總部」擇「明德新村」北方，原「日軍官舍」遭美軍炸毀之廢墟，興建了每戶七坪大眷舍的「自治新村」，配給海軍尉級軍官作為眷舍。

民國四十一年（西元一九五二年）四月，「海軍總部」奉命遷往臺北大直，「明德新村」一號則改為「海軍總司令左營官舍」；後來，再改作「明德賓館」，成為海軍接待最高階軍官，以及外賓的賓館。而二十四號，原有宋鍔將軍（宋楚瑜的叔祖）、崔之道將軍居住過；後來，也接著改為「明德賓館二號」，專供海軍中、少將南來出差時，休憩之賓館使用。

若說岡山「樂群村」是空軍的「烏衣巷」，那麼「明德新村」也就是海軍的「名人巷」。例如：六號先後住過夏新、陳慶堃、梁天价等將軍（而陳、梁兩位獲頒「青天白日勳章」，是以有「英雄之家」稱譽）；十四號曾出過最年輕的海軍總司令馬紀壯，其民國四十一年（西元一九五二年）四月升任時，還未滿四十歲；十五號為馮啟聰將軍（海軍總司令）住過；二十號為劉廣凱將軍（海軍總司令）住過；二十九號曾住過趙錦龍將軍（係趙寧、趙靖、趙欣、趙怡、趙健等「一門碩學」之父）、羅張將軍（首位由海軍陸戰隊將官，「軍職外調」警政署長，後再回任軍職，以陸軍二級上將榮退）；三十三號是宋長志將軍（曾任海軍官校校長、海軍總司令、國防部長）；四十五號則「一戶兩將軍」，由常香圻將軍與常志驊將軍，父子同為「海軍將軍」的兩代人共居。

除此之外，「明德新村」內，擔任過「海軍官校」校長的住戶，更是不少，包括曹仲周將軍（八號）、王恩華將軍（三十號）、郭發鰲將軍（三十一號）、高如峰將軍（三十八號）、白樹綿將軍（五十二號）等，都曾幹過校長。

因為「明德新村」是「將軍村」，所以它也曾有過一段很長的門禁管制時期；當時，衛兵於崗哨檢查出入通行證，是理所當然的措施。在「明德新村」中，還有某些房舍並未用作眷舍，而是安排了特殊用途，包括二十七號、三十五號、四十號、四十六號等。

「明德新村」二十七號，為「中華婦女反共抗俄聯合會海軍分會」的會址；然而，「中華婦女反共抗俄聯合會海軍分會」下的「左營支會」，也曾在此戶後院另建教室，興辦「海軍幼稚園」。可惜的是：民國九十八年（西元二〇〇九年）二月的春節期間，軍方已經將它拆除了！

「明德新村」三十五號，為「海軍第一育幼院」，其設立乃為安置民國三十八年（西元一九四九年）隨海軍撤退來臺的失親兒童；幾年後，民國四〇年代，則遷往左營大路二號（接近南門的東北側），改名為「海軍育幼院」。此處撥海軍某情報單位使用（由於原房舍不敷使用，乃改建為三層樓房）；到了民國九十六年（西元一九八〇年）八月，則由原設於「自治新村」的「高雄市警察局左營分局四海派出所」，遷來此處辦公。

至於「海軍育幼院」，後因國防部結束三軍的育幼院機構，該院轉型為「中華婦女反共抗俄聯合會海軍分會附設海強幼稚園」；再後，國防部與「婦聯會」也結束經營幼稚園，園址回歸海軍，改為「海強營區」。

「明德新村」四十號，為民國三十九年（西元一九五〇年）十一月，「國防部軍中播音總隊」的「第四播音隊」遷來此處，配屬海軍工作；後來，改制為「軍中之聲左營軍中廣播電臺」。民國七十七年（西元一九八八年），「軍中廣播電臺」更名為「漢聲廣播電臺」；因此，「軍中之聲左營軍中廣播電臺」則成為「漢聲廣播電臺高雄臺」。

影視紅星歸亞蕾的父親，曾任「軍中之聲左營軍中廣播電臺」的副臺長；歸副臺長受過「白色恐怖」迫害，後取「歷劫歸來」之意，改名「歸來」。

「明德新村」四十六號，是「軍中之聲左營軍中廣播電臺」的餐廳。而民國四十三年（西元一九五四年），服役海軍的詩人洛夫（本名：莫洛夫）、張默和瘂弦（本名：王慶麟）三人，就在此餐廳創辦了《創世紀》詩刊。然而，此間屋舍後來廢置；民國九十九年（西元二〇一〇年）十一月，海軍陸戰隊指揮部拆除了此屋。如今，欲來此處緬懷《創世紀》之誕生地者，見她蹤跡杳然，恐怕不免悵然若失了！

目前「明德新村」中，保存日據時期官舍原貌情況最好的是二十五號（該住戶為輪機少將高世達眷屬，自民國四〇年代初期入住後就未搬遷，是「明德新村」中住得最久的一戶，亦愛屋惜屋者），也許未來會是開放參觀的重點屋舍。

其他，「明德新村」五十三號之後，五十四號、五十五號、五十六號三戶，則非日據時期的官舍。它們乃光復後，海軍整體遷至左營，「在該村的東側、海平路之西與凱旋路之北的小公園北邊新建的」；「另在海平路的西側，明德賓館的東南角落，還有一排『違建戶』，它們的門排都是明德新村一之多少號」。這也顯示「明德新村」有古有今、有繁華也有破落戶的特別風貌！

另外，根據國防部訪談海軍官校榮譽教授吳守成的訪問稿，可知：左營的海軍眷村中，還有為了「美軍顧問團」而建的「海友新村」，且分「內海友」與「外海友」。「內海友」在「明德新村」對面，係西式獨棟花園洋房；「美國在臺協會臺北辦事處」前處長楊甦棣，兒時即住過此村。中美斷交後，顧問退出，除少部分配給海軍高級將領外，多荒廢拆除。「外海友」在左營大路東側，僅八戶，現已改為「中山科學研究院招待所」。當年住「海友新村」的美籍顧問夫人，皆在「海軍官校」教英文；她們採「柏拉圖式戶外教學」，十分活潑新穎，聽說很受到官校學生的歡迎。

以「明德新村」充滿「傳奇」的故事特性來看，其得以保留，對豐富高雄左營軍港的歷史內涵而言，相信自有其不可忽視的意義。而「明德新村」之轉為「眷村文化園區」若實現，也必是全臺最大、最美的「眷村文化園區」；若再加上「左營眷村文化館」的遷入，其精采必定可期！不過，這一切還須高雄市政府的努力啊！

沒落貴族的風采——左營區建業新村、合群新村

所謂「建業新村」、「合群新村」，事實上與「明德新村」是相連且一體的眷村；三者同為日據時期，日本「海軍官舍」建築的一部分，也是當年「服務大隊」鍾大隊長修復的房舍。不過，其中的差別在於「明德新村」是全屬將級軍官眷舍，「建業新村」則為將、校級軍官混居的眷村，至於「合群新村」就是海軍校級軍官的眷舍。而當年，海軍軍官入住三村，也屬相同的時間點。

若面對「左營軍港」來看，「建業新村」的前方是「自治新村」，右邊是「合群新村」。而「建業新村」則是相連於「明德新村」的原日本「海軍官舍」建築後右方的眷村。直至民國七十二年（西元一九四九年），「婦聯會」於兩村之間的畸零空地，興建了一座擁有五十二戶的「職務官舍」——「慈暉六村」；從此，「建業新村」，才與「明德新村」隔開。

然而，只要一提到「左營最美的眷村」，大家潛意識裡，馬上聯想到的一定就是「明德新村」；其實，「建業新村」、「合群新村」與「明德新村」，可說是「無分軒輊」。三座眷村，同為日據時期一體的「海軍官舍」；所以，在規劃上屬「相同等級」，一樣有廣大的庭園、舒適的居室空間，以及成蔭的綠樹，社區也一樣乾淨而幽靜。

民國九十九年（西元二〇一〇年），「建業新村」、「明德新村」，同樣經高雄市政府

高雄市建業新村

文化局公告為「文化景觀」，成為高雄市政府同時向國防部爭取保留的「國軍老舊眷村」。然而，「合群新村」似乎未受到相同的「對待」。

不過，依據高雄市政府與國防部合作提出，於民國九十九年（西元二〇一〇年）七月至一〇一年（西元二〇一二年）十二月實施的《高雄市眷村文化保存計畫書》，事實上並未遺漏「合群新村」。

細看這分計畫書（其實只有「左營眷村文化創意園區」的部分）可知：主要針對的就是原日據時期日本「海軍設施」建築，進行保存的計畫；其中，除「明德新村」、「建業新村」及「合群新村」（即原日本「海軍官舍」建築）外，也含括了「四海一家」（即原日軍「水交社」）、「國軍高雄左營醫院」（即原日軍「海軍病院」）、「左營海軍第一軍區司令部」（即原日軍

高雄市合群新村

「高雄警備府」），以及原日軍遺留下來的「戰備水池」等地建築。

其計畫書中值得讚許的是，提出出身「左營眷村」眾多傑出的「眷二代」，說明是建構園區充分的理由之一；其次，主張保留「《創世紀》詩刊創刊處」、「臺灣豫劇團」等兩處遺址（建物雖已遭拆除，但遺址尚未有新建物占用），皆具非凡的意義。

雖說「明德新村」與「建業新村」、「合群新村」同屬左營區最美、最值得保留的眷村，但「高雄市政府文化局」對於如何「活化」三村，還是有不同的構想及規劃。以民國一〇四年（西元二〇一五年）三月二十四日，《聯合報》披露的「高雄市眷村保留及活化策略」顯示：

對於「明德新村」，文化局向國防部申請了「代管部分眷舍」，一方面「整修日本前首相中曾根康弘故居」，一方面「規劃成立進階木工班」；「建業新村」的部分，文化局則預計開辦「以住代護——人才基地計畫」；而「合群新村」的部分，則並未見到任何構思。

依此來看，顯然受潛意識的「刻板印象」影響者，並非只有廣大的「普羅大眾」而已！

至於，何謂「以住代護——人才基地計畫」？即是由文化局，就「已經核定保留的國軍老舊眷村」先行開放，其中預定「以住代護」的眷舍兩個月，供「欲提出申請者」參觀；然後，再請「欲提出計畫者」依規定提出細部計畫，經文化局聘請委員開會審核；如獲通過即同意「計畫提出者」進駐，進行「眷村活化」活動，為期三年。

簡單地說，這就是提供「文創產業」的藝術工作者，到「以住代護」眷村來，從事創作；一方面有人住就不會成為治安死角，一方面則希望帶動成為「市集」與觀光景點。截至目前為止，文化局僅在鳳山區的「黃埔新村」首先開辦。其成效如何？尚待時間證明。

不過，整體而言，「建業新村」的條件，要比「黃埔新村」優秀得多！若是文化局能就「左營眷村文化創意園區」的全面規劃思考，而非僅著眼於現在就要「秀出成果」，我想，這對於「建業新村」、「合群新村」或「明德新村」來說，才是最好的安排吧！

後記：根據民國一〇八年（西元二〇一九年）四月三日「中央社」的報導：建業新村第一批有七戶取得民宿登記證，成為全國第一座成為「眷村民宿」的國軍老舊眷村，市文化局特為業者舉行掛牌記者會。

長日將盡留餘話——鳳山區黃埔新村

「黃埔新村」原名「誠正新村」，位於鳳山區中山東路（鄰近「陸軍官校」），原為日據時期日軍之日式「陸軍官舍」；其建成時間，一說在「太平洋戰爭」爆發後的昭和年間，一說在民國十七年（西元一九二八年／日本昭和三年）。

臺灣光復後，國軍接收了這片日式「陸軍官舍」；民國三十六年（西元一九四七年）十一月，它成為陸軍的「誠正新村」。民國三十九年（西元一九五〇年），「陸軍官校」復校於原日軍「步兵第四十七聯隊四十八輜重兵連隊隊部」，「誠正新村」才更名為「黃埔新村」。

依據「中央研究院近代史研究所」研究員朱泓源的《現代眷村與眷屬學校的先例：一九五〇年代鳳山的黃埔新村與誠正國小》研究報告顯示，臺灣光復後，國民政府在臺的第一個國軍眷村，即為鳳山的「誠正新村」（後來的「黃埔新村」）。

朱泓源的報告中，引用了兩項資料：一是「民國三十七年開辦了陸軍總司令部附設誠正學校，在誠正新村南方」；一是《鳳山第一戶政事務所戶籍檔冊》中，「誠正新村居民學歷抽樣調查表」，其記載時間為「民國三十六年至三十八年上半」（調查表中顯示：大專畢業占百分之三十二點六，高中與初中畢業占百分之十三點一，無學歷者占百分之六點三。朱泓源認為，「誠正新村」可能是民國三十八年全臺教育水準最高的社區）。

高雄市黃埔新村

有關「誠正新村」成立的故事，必須慢慢道來：

抗戰勝利，旋即陷入國共內戰，孫立人將軍在東北止住共軍攻勢；但蔣公將他換下，委以「陸軍訓練司令部司令」要職，責成訓練「新軍」。孫立人在勘查各地後，認為臺灣鳳山原日軍「步兵第四十七聯隊四十八輜重兵連隊隊部」，最為理想。

民國三十六年（西元一九四七年）十月，「初設南京香林寺的陸軍訓練司令部人員，由參謀長唐守治將軍率領，自南京赴上海搭船輪船來臺，在基隆登陸後，轉抵鳳山陸軍官校現址營區。十一月三日，陸軍訓練司令部正式遷鳳山」。

接著，孫立人調集「新一軍」中數百名，在「稅警總團」及「緬甸作戰」時期，即追隨他的幹部，於原日軍「步兵第四十七聯隊四十八輜重兵連隊隊部」訓練「新軍」。十一月九日，司令孫立人來鳳山，即以這片原日本「陸軍官舍」，規劃為「陸訓部」的眷村——「誠正新村」。次年，遷「誠正學校」來此，解決幹部子女教育問題。

關於「誠正學校」，原乃孫立人夫人張晶英女士，在民國二十八年（西元一九三九年）創立於貴州都勻的「陸軍新編第卅八師官兵子弟學校」，用以收容因戰火流離的孤兒及軍眷中的適齡兒童就讀，後改名「誠正小學」；民國三十七年（西元一九四八年），遷來鳳山，復校於「誠正新村」南方。民國四十七年（西元一九五八年）二月，「誠正學校」初中部歸屬「高雄縣立鳳山中學」；小學部改隸高雄縣政府，定名為「高雄縣鳳山鎮誠正國民學校」。

民國三十八年（西元一九四九年）國民政府遷臺，九月一日，孫立人接任陸軍總司令兼臺灣防衛司令。孫立人訓練的「新軍」，投入十月底的金門「古寧頭戰役」，締造了輝煌的成果。

民國三十九年（西元一九五〇年），「陸軍官校」復校於「陸訓部」的「新軍訓練基地」（原日軍「步兵第四十七聯隊四十八輜重兵連隊隊部」），並將「誠正新村」改名為「黃埔新村」。

既然，「黃埔新村」的前身，乃屬於孫立人旗下的「誠正新村」；那麼，住戶中是否有人受「郭廷亮匪諜案」波及？「時光網」上，民國一〇五年（西元二〇一六年）六月十七日，出現一篇未署名文章：〈臺灣民間談孫立人案：孫立人兵諫蔣介石反攻大陸〉，談得很深入。

該文作者是「黃埔新村」眷戶，是臺師大歷史系校友，後留學美國哈佛大學的學人；他的父親為「黃埔十五期」畢業，追隨孫立人的部屬。文章中提及：「黃埔新村」的住戶都是「黃埔」嫡系，卻沒出過幾個將官；因為皆屬新一軍與三十八師的軍官，受「郭案」牽連，全遭打為「叛將」部屬，故村中充滿了「沒搞頭」的叔叔伯伯們。

作者說，村中住有孫菊人老師（孫立人的妹妹）與夫婿，夫妻倆都不與鄰人交往，甚至很少出門，據說怕被跟蹤調查。他家隔壁第二家的祝伯伯，先前為孫立人的文職幕僚，是村中唯一能寫出好祭文的能手，「郭案」爆發坐了幾年牢，出獄後在家賣醬菜。

作者也說，當年「匪諜滲透」厲害，聽說孫立人欲藉由閱兵，兵諫蔣介石反攻大陸；但對岸已經得到情報，大舉調動軍隊，使得孫立人被拔官軟禁。作者甚至舉出父執輩在東北作戰的經驗：共軍打一打，不打撤退了，透過喊話告知「改天某地見」；果真，幾天後部隊調往該地，再進行戰役。他說：大陸丟了有很多原因，孫立人的部隊從未打敗仗，也是事實；但孫立人身邊，確實應該也有潛藏的「匪諜」。

民國九十九年（西元二〇一〇年）十二月二十五日，高雄縣併入直轄市的高雄市；民國一〇二年（西元二〇一三年）六月，高雄市政府文化局審議，以「黃埔新村」之「規模宏大，空間紋理保存完整，建築型態與風貌具多樣性，區內植栽生態豐富，為臺灣少數完整保存的日治時期軍事宿舍群」理由，登錄為「文化景觀」；因此，「黃埔新村」這座「國軍在臺的第一個眷村」，得以免拆而保存下來。至於，由「黃埔新村」擴充出來的「黃埔一村」至「黃埔七村」，則就走入了歷史。

民國一〇三年（西元二〇一四年）初，「黃埔新村」眷戶陸續遷出；十月，高雄市政府文化局推出「以住代護——人才基地計畫」，獲千人參觀。民國一〇四年（西元二〇一五年）三月二十五日，「計畫審核委員會」自一〇六件申請案中，評選出五組，包括服裝設計師、手工書創作者、木工師傅、動畫設計師和舞蹈家等。

這第一梯次獲選的五組人馬，就此進駐了「黃埔新村西六巷」，依約展開為期三年的合作。文化局認為，這是將眷村從「安置『戰爭新移民』的空間意涵，轉化為吸引當代『新人才移民』的基地」。

說實話，「黃埔眷村群」的住戶中，印象裡完全沒有我認識者；後來，透過好友介紹，我認識了任教於「陸軍官校」的顧老師（顧超光老師的姊姊）。她與她的父親（黃埔二十八期的臺籍生），兩人先後都任教於「陸軍官校」，可謂兩代人都為「黃埔」作育英才！

此次甄選，「黃埔新村」的「原住戶」也有提案者，但皆未中選，十分可惜；據我所知，顧老師也是落選者之一。

根據民國一〇四年（西元二〇一五年）三月二十六日，《聯合報》的報導：「計畫審核委員鄧伯宸是黃埔新村原住戶，出生、居住長達六十五年，他表示，有位羅伯伯遷出後，每天央求兒子陪同回來，常摸著門前大樹流淚，『這裡充滿了無法割捨的回憶』。審核過程中，鄧伯宸仔細看過每位申請者提出的計畫，『滿感動的』。鄧伯宸說，九成申請者對於老眷村充滿無限願景，相信入住後，一定可以讓舊眷戶的生命記憶延續下去。」

民國一〇四年（西元二〇一五年）十月十九日，《中時電子報》有一則報導：藝術家侯淑姿小姐，辦了「長日將盡」的個展；展出她在「黃埔新村」的文史調查影像紀錄（侯淑姿是認同「黃埔新村」建於民國十七年者）。

侯淑姿的個展，以孫立人的部屬劉文美之妻，九十四歲的「劉奶奶」（本名：陳景深，原湖南的富家千金）為中心，來看「黃埔新村」的故事；其中，劉奶奶說：受孫立人案牽連，村中有三十多人被捕入獄，沒入獄者也長期受到政工監控。誠如侯淑姿所說：「透過這些影像，我們得以回首這一甲子的歷史記憶。」的確，歷史的殘酷，有時教人淒然感傷得「無言以對」。

當然，我不知道「來此一遊」的遊客，駐足時想到什麼；對於這裡逝去的過往，有多少感懷？但時至今日，「以住代護——人才基地計畫」的第二梯次入選申請者，也已進駐了「黃埔新村東五巷」，一切就看它實施成效如何了！

後記：民國一〇八年（西元二〇一九年）農曆新年期間，我應邀出席了「黃埔眷村協會」於臺北辦的春酒會，方知：我的大學老師胡楚生博士，也出身「黃埔眷村群」；顧家姊弟，其實原住「黃埔七村」。而該會已通過「以住代護」方案，取得「黃埔新村」一戶，欲建構為「黃埔新村文物館」；他們亦邀請我屆時給予協助（提供他們所稱的所謂「學者」意見）。

依曹元禮兄告知：他所見資料，係「孫案」後，被牽連軍官受軍法之審判文件，顯示：當時住址仍為「誠正新村」；是以「誠正新村」更名「黃埔新村」，當在「孫案」之後，特此附記補充。

眷村群中的古蹟——鳳山區「前海軍明德訓練班」

依據《自由時報》民國一〇四年（西元二〇一五年）二月五日的報導：鳳山十眷村改造，總面積四十二公頃，春節後開拆；其中，國定古蹟「原日本海軍鳳山無線電信所」，以及「眷村文化保存區」，計十四公頃，因受限於「文資法」，須予以扣除，僅剩下二十八公頃可供開發。

所謂國定古蹟「原日本海軍鳳山無線電信所」，以及「眷村文化保存區」，指的就是「前海軍明德訓練班」與「黃埔新村」。「前海軍明德訓練班」即位於鳳山區勝利路十巷內，對面為「中正國小」，其周邊被「鳳山新村」、「海光四村」與「工協新村」等眷村包圍的區域，其外圍也就是鳳山剩下的眷村了！

由於「海光四村」乃建於原「日本海軍通訊隊基地」上，係屬「國定古蹟」的範圍內，因此，「海光四村」是必須「拆村還地」，以維護古蹟的完整性。在昔日，鳳山屬於一片陸軍眷村的天下，僅「海光四村」是唯一的海軍眷村；這一如以往岡山的陸軍眷村——「光復新村」，獨立於一片空軍眷村的天下中。

「海光四村」為民國五十四年（西元一九六五年），「婦聯會」募資建成的眷村，住戶多為「海軍陸戰隊」的軍官及眷屬。由於海軍陸戰隊軍官的養成，一向就是「陸軍官校」代訓，因此，「海光四村」與陸軍的關係實際上也相當密切！

根據調查，公寓式的「海光四村」乃鳳山最大的眷村；其門牌還分三大區，門牌號碼由一號至九五〇號。不僅如此，村內另有「海光市場〇〇號」的部分；至於住戶，從少將到二兵都有，實在壯觀。

高雄市明德訓練班

民國一〇二年（西元二〇一三年）八月二十六日，在軍方讓步下，行政院政務委員楊秋興出面協調，「海光四村」拒遷的十五戶願意搬離；年底住戶全數遷出，遷往「工協新村」原址所改建的「鳳山新城國宅」。

而「鳳山新城國宅」就成為「工協新村」、「海光四村」、「成功新村」、「慈暉一村」、「慈暉二村」、「慈暉四村」、「慈暉五村」、「黃埔新村」、「黃埔四村」、「黃埔五村」等，十個鳳山區原「國軍老舊眷村」拆遷戶的安居新城。

「海軍明德訓練班」的前身，是「白色恐怖」時期，情報單位審訊與拘禁軍中政治犯的「鳳山招待所」；後劃歸海軍總政戰部第四組管轄，並於民國五十一年（西元一九六二年），轉為「海軍訓導中心」；民國六十五年（西元一九七六年）七月，再轉為「海軍明德訓練班」，用以管束軍中頑劣分子。

「海軍明德訓練班」的所在地，為光復後國軍接收的「原日本海軍鳳山無線電信所」；因此，無論是「鳳山招待所」或「海軍明德訓練班」時期，事實上「海軍通訊隊分遣隊」仍駐守於此，繼續其「無線電收發」的功能。直至民國九十年（西元二〇〇一年），國軍組織調整，「海軍明德訓練班」裁撤，轉由「海軍三軍聯合訓練基地恆春指揮部」使用。

「原日本海軍鳳山無線電信所」完工於民國六年（西元一九一七年／日本大正六年），與日本九州西部的「針尾無線電信所」、東京附近的「船橋無線電信所」，號稱「日本海軍三大無線電信所」；其通訊範圍得以遠達中國大陸與東南亞地區，戰略考量意味濃厚。

「原日本海軍鳳山無線電信所」，在民國九十三年（西元二〇〇四年）六月，經民間團體爭取，獲高雄縣政府登錄為「文化景觀」；民國九十五年（西元二〇〇六年）三月，由高雄縣政府委託「高雄縣眷村文化發展協會」進駐管理；民國九十六年（西元二〇〇七年）九月，公告為「高雄縣定古蹟」；民國九十九年（西元二〇一〇年）八月，經「行政院文化建設委員會」指定，公告為「國定古蹟」；民國一〇〇年（西元二〇一一年）二月，開放供民眾參觀。

「原日本海軍鳳山無線電信所」建築群，包含辦公廳舍及教室、浴廁小屋、水塔、庫房、大碉堡、小碉堡、海軍電臺、二棟軍官宿舍、丙號軍官宿舍、下士官宿舍、守衛宿舍、病院等，以及附屬設施；其中「大碉堡」為「海軍明德訓練班」時期，受管訓學生第一與第二中隊的寢室。

至於，「海軍明德訓練班」時期增建的建物，尚有警備室、會客室、明德樓宿舍、至善樓宿舍、廚房、管訓中心等，亦皆在保存範圍內。

來一趟國定古蹟「原日本海軍鳳山無線電信所」，將可見證日據時期、光復後「鳳山招待所」及「海軍明德訓練班」時期的歷史；可惜的是，已不見「海光四村」、「鳳山新村」與「工協新村」等老眷村了！

第拾叁站

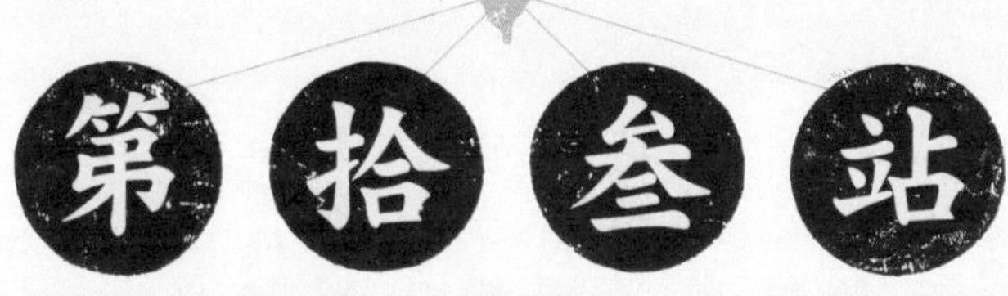

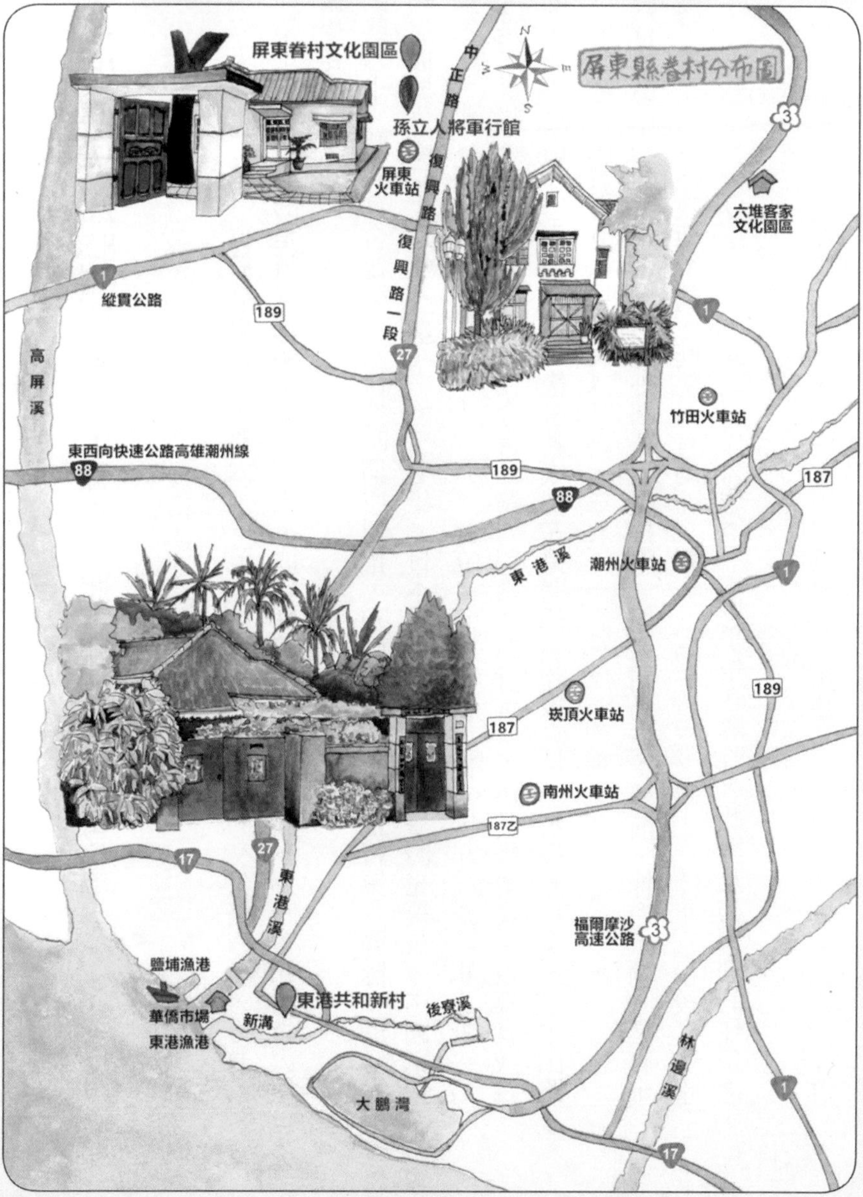

屏東縣眷村分布圖
屏東眷村文化園區
孫立人將軍行館
屏東火車站
中正路
復興路
復興路一段
縱貫公路
189
27
1
3
六堆客家文化園區
高屏溪
竹田火車站
東西向快速公路高雄潮州線
88
189
187
東港溪
潮州火車站
崁頂火車站
187
南州火車站
187乙
17
27
東港溪
福爾摩沙高速公路
鹽埔漁港
華僑市場
東港漁港
東港共和新村
新溝
後寮溪
大鵬灣
林邊溪
17
1

浪淘英雄將軍屋——孫立人將軍行館、將軍之屋

「孫立人將軍行館」位於屏東市中山路六十一號（中山路與成功路的交岔路口），分為前後兩棟建築：前方略小的是日式建築；後方較大，成包圍前方的新式建築，為「美和科技大學人文藝術學苑」。

中山路六十一號的官舍建築，為日據時期所遺留，乃原日軍陸軍「飛行第八聯隊」的隊長官舍，約建成於民國二十六年（西元一九三七年／日本昭和十二年）。臺灣光復後，由國軍接收；民國三十六年（西元一九四七年）十一月，孫立人將軍來臺，此宅因早先遭美軍轟炸，毀損嚴重（是以孫將軍來臺初期，就暫住今青島路一〇六號的眷舍）；待其修復後，這裡就成為他的官邸（而青島街一〇六號眷舍，後來就成為在臺歷任「陸軍官校」校長的官舍）。中山路六十一號的官宅，由於孫立人與家屬入住過，遂有了「將軍屋」的稱號。

至於青島街一〇六號眷舍，其屋外圍牆已經拆除，但大門仍在；屋前一株白玉蘭，長有十八公尺高，據說是日據時期所栽。庭院內有兩面立牌，一為「將軍之屋——陸軍官校校長的軍旅生活」，一為「將軍之屋——復舊的日式建築」，似乎是在解說著此屋及其曾經的住戶之故事。

有人說，當年孫立人在鳳山練「新軍」，每天乘坐將官配車，來往於屏東與鳳山之間；亦

屏東縣孫立人故居

有一說，其實孫立人不常住在這兒，主要是家屬住，他偶爾才回家小住（他主要住在鳳山軍營裡的寢室）。後說若屬實，那麼民國三十九年（西元一九五〇年），孫立人晉升陸軍總司令後，其眷屬仍住在此處，未隨他遷家北上，也就十分吻合了！

根據屏東縣政府文化局的說法，孫立人將軍是民國四十二年（西元一九五三年），才漸次搬離屏東的官邸，遷居臺北。若此說法無誤，孫立人將軍全家人，入住臺北原日據時期「臺灣軍司令官邸」的時間，應該在民國四十二年（西元一九五三年）間。換言之，孫立人的家屬，至少在屏東此屋居住了將近六年的時間。

民國四十三年（西元一九五四年），孫立人由陸軍總司令調任總統府參軍長；民國四十四年（西元一九五五年）五月二十五日，郭廷亮被捕；五月二十八日，孫立人遭軟禁（八月被革職）；十月，孫立人與家屬遷臺中市寓所，開始被長期幽禁的歲月。

綜合所有資料來比對，孫立人全家人的眷舍，臺中向上路寓所居住歲月最長，屏東官邸的居住時間次之，住在臺北原日據時期「臺灣軍司令官邸」的時間最短，大約一年餘而已！

而依據「美和科大」前校長林顯輝的說法：直至孫立人被革職前，屏東的這棟建築一直都是孫立人的「專屬官舍」。林先生的說法若屬實，那麼孫立人家屬北遷後，這座屋子雖空了下來，也未曾有其他將官入住。

直至「郭案」爆發後，屏東原孫立人官邸才改為「空軍招待所」；作為空軍接待長官，南來視導或出差之休憩使用。民國八十六年（西元一九九七年），國防部將其移交屏東縣政府；這座建築的所有權，方轉移至地方政府。

屏東縣政府接管後，將其改為「縣立族群音樂館」作為公共使用空間，它因而承辦過屏東地區一部分音樂會。在這段期間，我曾在屏東友人的陪同下參觀過一次（我看到過它裡面陳列了不少樂器）；友人告訴我，音樂會演出的時間大都是在傍晚或晚上。

民國一〇二年（西元二〇一三年）十月，「美和科技大學」透過「財政部促進民間參與公共建設法」，取得與屏東縣政府合作的ＯＴ（Operation營運、Transfer移轉）案，經營這棟建築，並改稱「人文藝術學苑」。開幕當日，「美和科大」還邀請了孫將軍眷屬代表，以及屏東的藝文界人士，一同出席。「美和科大」期許，將它作為「推廣教育」，以及結合「產、官、學界」共同營造，成為優質人文藝術空間的場地。

如今，這棟和洋折衷的二層建築，主體修復與保持的情況相當理想，庭院與防空洞也維護頗佳。屋子前方，還有一座與「新竹眷村博物館」相同的「飛機副油箱水塔」；這不知是「孫立人官邸」時期或「空軍招待所」時期，所增加的「附屬物」了！

屋子後方，新建占地下與地面的扇形建築，比起主體建築要大許多；仔細審視後發現，此建築原來屬於辦公、展演、會議與教室的空間。這應該屬於「美和科大」在「推廣教育」與「推廣藝文」方面的主要場域吧！

青島街一〇六號的「將軍之屋」，大概同建成於民國二十六年（西元一九三七年／日本昭和十二年），這裡展示著孫立人將軍的照片，強調孫將軍也曾住過此屋。然而，它若主要屬於在臺歷任「陸軍官校」校長的官舍，按理說，應作為「陸軍官校」歷任校長為主的文物展示空間，再輔以孫立人將軍照片，方才合宜。

我是民國一〇四年（西元二〇一五年）春天，再度前來造訪；聽說屋內設有「眷村文化館」，但當日正巧遇上「休館」，無法參觀！因而除了從室外觀看之外，無法入內參觀。後來，我託屏東友人日後代我參訪，以補遺憾。令我大感驚喜的是，友人竟細心為我抄下館內的分區介紹。

以下簡單介紹：一樓分A、B、C、D區，二樓為E區。A區：「屏東飛行時代介紹」與「國府時期竹籬笆風情記憶」（主要是大型海報輸出的牆面照片與文字介紹）；B區：「記憶的相簿」（以書房的空間為主）；C區：「脣齒相依情意濃」（可見「勝利新村」中知名人物的照片與簡介，展示櫃中多昔日衣物）；D區：「文化薪傳」（介紹孫立人將軍的看板、軍服展示）；E區：（昔日眷村人使用的物品，還有腳踏縫紉機、行李箱、空軍大盤帽、軍階標示，以及相框中多張裝幀著眷村人故事的照片）。

回想當天，我在屋外徘徊，想著兩座孫將軍居住過的官舍，「睹屋思人」之情油然而生。想孫立人將軍一生，雖無南宋的岳飛般悲壯，但亦屬民國之「悲劇英雄」！

我記得自己對孫立人最先的印象，是小學四年級：那年暑假某天，父親帶我們到臺北市立動物園，去看大象林旺；當時，父親告訴我們：「林旺是孫立人將軍從緬甸帶回的戰利品，後來送給動物園收養。」後來慢慢長大，對於他的故事也知道得愈來愈多，也愈來愈佩服斯人風骨。我僅祈願後人記取教訓，勿再讓歷史重演，也不要「長教英雄淚滿襟」！

國境之南海角屋——屏東眷村文化園區

從臺鐵屏東車站出站，順著中山路走，漸漸道路兩邊所見，全是眷村的建築；一直延伸至中山路與勝利路交岔路口為止。這一大片的眷村，有「勝利新村」、「崇仁新村」，以及周邊看似「日式官舍」的房舍。其中，「勝利新村」的大門還在，但也僅見兩根粗短方柱，佇立路上。

除了「孫立人將軍行館」、「將軍之屋」，以及其周邊少數將領級官舍外，這些眷村的誕生，據云乃民國三十八年（西元一九四九年），「空軍第六聯隊」之進駐屏東機場而來（電視名人王偉忠的父親，曾經服務於屏東機場）。然而，這些眷村的屋宅，全都是日據時期的建築，而非光復後國軍所建。

談到這些日式房舍的背景，又要提及民國九年（西元一九二〇年／日本大正九年）的日據時期，日人在臺第一座機場——「屏東飛行場」建造完成後，又於民國十七年（西元一九二八年／日本昭和三年）成立「陸軍飛行第八聯隊」，進駐飛行場基地；為了飛行員的官舍需求，因此陸續建造了這一棟棟的「日式官舍」。

這些「日式官舍群」有雙拼、獨棟之分，但都是黑瓦、檜木、雨淋板的構造建築，各戶也都擁有很大庭園，整體環境美麗而清幽。父親的同學鮑伯伯就住在這片眷村內，兒時我曾隨父

屏東縣勝利新村

親來過；至於，鮑伯伯住哪一村幾號，我已經想不起來。

民國六〇年代初，大陸年輕的女子網球選手胡娜，在美「投奔自由」後，來臺訪問；鮑伯伯看了電視報導，悠悠回憶起來，說：以往在四川，租屋住過胡娜父母家裡，對於稚齡的她還有印象。鮑伯伯退役後，在屏東市區街上修理鐘錶；我們家裡買的鐘與全家人的手錶，都委由鮑伯伯幫忙。兒時印象中，鮑伯伯住的眷村，大馬路上有一排成蔭的綠樹，能擋住大片陽光。

隨著「眷改」實施，住戶陸續遷出；屏東縣政府與國防部合作，將這片「日式官舍群」，納為「歷史建築」，並研擬規劃為「眷村文化園區」。目前，已經保留了「勝利新村」及「崇仁眷村」中，共七十一棟「日式官舍群」，並落實整劃為「眷村文化園區」。

屏東縣政府的理想是：「初步規劃未來眷村文化園區內容有勝利路南、北美食文化、藝術家駐村、電影協拍場景提供、long-stay生活體驗或特色咖啡街等。將透過整合『眷舍』、『街道』及『老樹』的傳統地景空間整體規劃，建構市中心完整的眷村文化園區。」

民國一〇四年（西元二〇一五年）春天，我前來時，站在中山路上，望向「臺鐵屏東車站」，僅見中山路與成功路交岔路口上，「美和科大人文藝術學苑」對面的眷舍，顯得殘破而未見整修。唯見青島街九十七號整修完成，據說是屏東縣政府耗資兩百多萬元，打造而成的「軍歌館」。

至於中山路另一邊的勝利路、青島街一帶，則見屋舍已經整修新穎，咖啡屋、花店、藝品店、早餐店、特色小吃店等商店皆已進駐，整體頗有歐、日風味。

不知道是否剛好碰到「休館日」之故，還是我來錯了時間，很可惜地並未見到有人來此拍片，也絲毫沒有「遊客湧入」的喧鬧感覺。

此外，整個「日式官舍群」較靠外圍的康定路、重慶路一帶，其眷舍亦如在中山路與成功路交岔路口所見，未整修的房舍殘破不堪，近似廢墟；看來七十一棟中，整修完成並委外經營的房舍，大約僅止一半左右吧！

似乎屏東縣政府還要再加把勁，才能將整個「日式官舍群」的「眷村文化園區」，依規劃打造完成。不過，我相信屏東縣政府的初步規劃已經成功達標；但願接下來，也能夠一步步實現許諾，最後大功告成。

如果，在商業與文化之間，屏東縣政府能夠取得平衡；那麼，再多一點眷村文化的底蘊，我確信這裡將會更美！

後記：民國一〇八年（西元二〇一九年）十月，出身屏東市崇蘭里的「眷二代」馬西屏兄，出版了《穿雲：崇蘭里的故事》，道出了其眷村與空軍動人的故事。

未終了的一首歌——東港鎮共和新村

東港的「大鵬灣」（古稱「金茄定港」，日據時期改稱「大潭」），是南臺灣最大的囊狀潟湖；灣內水域約三點五公里，五百三十一公頃，深二至六公尺左右。

原成立於抗戰時期四川的「空軍幼校」，於民國三十八年（西元一九四九年）與「空軍參謀學校」，一起遷來此處；以日軍遺留下來的基地，繼續弦歌。

不過，民國六十五年（西元一九七六年），合併招收三軍四校（陸官、海官、空官、政戰）預備生的「中正預校」設立於鳳山後，原來的「空軍幼校」、「陸軍預備班」就結束招生，兩年後便走入歷史。

而「大鵬灣」的這片基地，乃日據時期日本海軍於民國二十七年（西元一九三八年／日本昭和十三年），開發設立專門訓練「水上飛機」的「航空隊」基地之一。為配合「海軍航空隊」進駐，大量軍士官宿舍的需求，日人從「大鵬灣」抽沙填平，創造了面積十二萬平方公尺的「海埔新生地」，用以建造「日式官舍」。

這片「日式官舍」，光復後在「幼校」與「參校」進駐「大鵬灣」時，成為空軍相關單位的眷村——「共和新村」。由於日人的構思與計算精準，所以，連數年前，南部最嚴重的「八八水災」，這兒也成為東港唯一未淹水的地區。

屏東縣共和新村

「共和新村」位於「大鵬灣」旁，距離東港的鬧區不到五分鐘。「共和新村」環境優美，有「東港後花園」之稱；東港居民的信仰中心「東隆宮」，也在其旁。

「共和新村」維持「日式官舍」，皆獨棟獨院、寬敞舒適（少則三十坪，多則上百坪），平均屋齡超過六十年；其中，六十二棟為檜木、杉木建材，而五十四棟保留完整。村內也有很多防空洞尚存；而村後的後寮溪，還有「紅樹林」的可貴生態。

「共和新村」共二百三十戶，居民約五百多人；諸如國寶級書法家陳庚生，以及第二代的舞臺劇演員金士傑、陶藝家劉良佑、設計大師林磐聳，都是長居、成長於此的名人。蔣經國先生生前也多次造訪該村。

其次，「共和新村」也曾是「黑蝙蝠中隊」、「黑貓中隊」等部分軍眷最早的住家所在。隔幾條街的「以栗國小」，是原「東港空

屏東縣共和新村

軍子弟小學」（日據時期是「日軍軍官俱樂部」）；後更名為「以栗國小」，即為了紀念周以栗烈士——「黑蝙蝠中隊」犧牲的飛行員。而「黑貓中隊」成員張立義的妻子張家淇女士，即是該村住戶；張立義剛結婚時，假日常常搭長程火車，返家探望妻子與岳父母。

張家淇的父親為「空軍參謀學校」教官；由於張家淇是當地小學教師，因此婚後仍住娘家。民國五十四年（西元一九六五年）一月十日，張立義在大陸包頭附近，被共軍擊落受俘；我空軍以為張立義已經犧牲，才將張家淇與三名子女，遷至臺北市松山的「婦聯五村」定居，並安排她進入「華航」會計室工作（薪資較高，得以撫養子女）。

隨著「眷改」施行，「共和新村」成為拆遷對象；眷戶與地方人士深感可惜，於是發起保留的運動。藝術家葉亭君因此為「共和新村」的眷戶外牆，以「貓」為主題，進行彩繪；如今，已成為南臺灣僅有的老眷村彩繪創作，其中還有大家熟悉的日本動畫《龍貓》裡的「龍貓公車」。

根據民國一〇五年（西元二〇一六年）五月二十八日，《自由時報》報導：東港共和眷村二十多位眷戶，齊聚眷改大樓外，舉布條、倒舉國旗抗議，百歲老兵金英（即金仕傑之父）也出席，反對眷改，認為違法也違反程序正義。

民國一〇五年（西元二〇一六年）六月五日，《世界新聞網》也報導：「共和新村」的眷改案，一拖十三年；目前尚有三十餘戶抗爭戶居住，而點交還給國防部的空屋，竟有二樓被占為鴿舍養鴿，情況堪憂。

其實，以往我也見過報紙報導，金仕傑的父親出面抗議「共和新村」的眷改。看到上述的新聞報導，事實上我十分難過，心想：難道國防部不能保留「共和新村」嗎？當臺灣國軍老眷村一座接一座拆光，改建成新式公寓，再釋出部分土地供給財團開發，就是進步的做法嗎？「共和新村」有故事、有名人，應當有「活化」的條件；而且，配合「大鵬灣風景區」的觀光，留著「共和新村」實有加分作用啊！

後記：民國一〇七年（西元二〇一八年）七月，「共和新村」四十一棟日據時期將官眷舍，獲得「歷史建築」審查通過，全數保存。

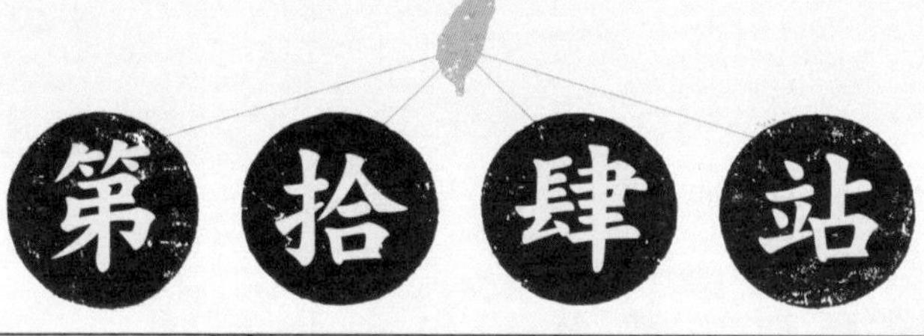

宜蘭縣眷村分布圖

陽明醫院新民院區
北橫公路
舊城西路
西安街
新民路
昇平街
崇聖街
舊城東路
和睦路
西後街
中山路三段
武營街
康樂路
聯勤二〇四廠與化龍一村
宜蘭酒廠
西後街
中山路三段
南館市場
光復路
光復路
宜蘭火車站
南興街
宜興路一段
北橫公路
舊城南路
新月廣場

蘭雨淒風話滄桑——宜蘭市「聯勤二〇四廠」與「化龍一村」

秋雨清晨，我乘火車來宜蘭，拜訪宜蘭縣唯一被保留下部分眷舍的眷村——「化龍一村」；「宜蘭眷協」的鍾顧問與宮理事長，特地為我介紹導覽「化龍一村」。

「化龍一村」是由武營街、西後街、舊城南路，所圍起約二點六七公頃面積的土地。「化龍一村」的周邊，正好也是宜蘭市的精華區。

「化龍一村」原是清代武營的所在地；日據時期，先後被改為練兵場、憲兵分屯中隊、野戰醫院——「衛戍醫院」及物資儲藏所。

臺灣光復，國軍接收此一醫院。國共內戰吃緊之際的民國三十六年（西元一九四七年），位於天津的「聯勤七十二兵工廠」陸續遷來；後整編為「聯勤二〇四廠」，專門生產軍用電池。廠方將原日軍醫官與護士宿舍，轉為廠長、副廠長、總工程師等高級軍官的「職務眷舍」。而後，因軍用電池需求激增，國民政府運用美援，於礁溪擴建新廠房。

「聯勤二〇四廠」原址改為廠方的「物料儲藏倉庫」，擴廠後人員增加，眷舍不敷使用；民國五十三年（西元一九六四年）左右廠方自行出資，新建眷舍：於原廠東南隅建二棟六戶（甲種眷舍）、原日舍後方建一棟四戶（丙種眷舍）、原日舍間空地建二棟九戶（丁種眷舍）。這十九戶新建眷舍，於民國五十四年（西元一九六五年）完成配舍，民國五十五年（西

宜蘭市化龍一村（鍾耀寧攝）

元一九六六年）入住；至此，約五十六戶左右的「化龍一村」，於焉成形。

如今所見之「化龍一村」遺址，簡言之，乃位於原「聯勤二〇四廠」兩側的「職務眷舍」眷村。民國一〇四年（西元二〇一五年）三月二日，「化龍一村」中的原日本眷舍，以及原「聯勤二〇四廠」中的辦公室（日據時期遺留房舍）建築，被指定為「歷史建築」，其餘房舍與廠房全部遷除。

在鍾顧問與宮理事長的引領下，我看到的原「聯勤二〇四廠」，已經改建為停車場；保留下來的建物，僅廠內的兩棟日式房舍，以及靠武營街與西後街的「化龍一村」部分房舍。此一部分，以原少將廠長眷舍（複厝式木造竹篾泥土築牆建築）、副廠長眷舍（連棟式雙坡、四坡屋頂木造竹篾泥土築牆）、政戰主任眷舍（複厝式雙拼木造竹篾泥土築牆建築）為主；其中，副廠長眷舍（原武營街八十三號），還增建了二層磚造樓房，二樓陽臺欄杆以花格磚砌成，為全村唯一的二層建築。

整修中的化龍一村（鍾耀寧攝）

其次，「化龍一村」保留下來的眷舍，尚有民國五十三年（西元一九六四年）新建的眷舍；但見地面，仍可辨別拆除的眷舍更多。面對舊城南路，「化龍一村」對面，即是原「宜蘭監獄」舊址改建而成的「新月廣場」；其美輪美奐的景象，與「化龍一村」的殘破，形成了強烈對比。

宮理事長（陸軍備役上校，林毅夫的高中同學）雖非「化龍一村」眷戶，卻是「克紹箕裘」的「聯勤二〇四廠」成員；父子兩代奉獻於此廠，情感尤深！宮理事長告訴我：「你可以想像嗎？二〇四廠生產的軍用電池，多達一百四十八至一百五十二種！」說著說著就來到「歷史建築」前，他指著廠長眷舍說：「這上面的樑全是檜木，而下面的柱子也是，但多數已被盜走。我擔心不知哪天房子就會塌了！」其語重心長，也令人感傷。

從「宜蘭縣政府」的官網上，見到：縣府「業向內政部營建署爭取一〇三年都市更新關聯

整修中的化龍一村（鍾耀寧攝）

性工程補助計二〇〇〇萬元，辦理化龍一村土地美化及既有眷舍整修作業，同時引進『道之驛』規劃，期配合宜蘭河維管束、舊城再生計畫改善化龍一村環境」的新聞報導時，我內心感到無比沉痛——何以「化龍一村」保留的「歷史建築」，仍在風中顫抖呢？

後記：民國一〇八年（西元二〇一九年）五月九日，宜蘭市「化龍一村眷舍群」，舉行修復工程開工典禮，預計民國一〇九年（西元二〇二〇年）底修復完成。「宜蘭眷協」宮理事長曾請我參加會議，並接受我的建議，向縣府爭取全臺首座「眷村圖書館」，設立於修復後的「化龍一村」中。

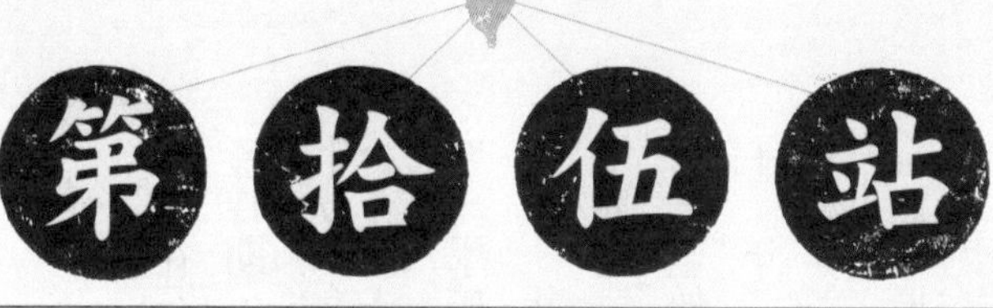

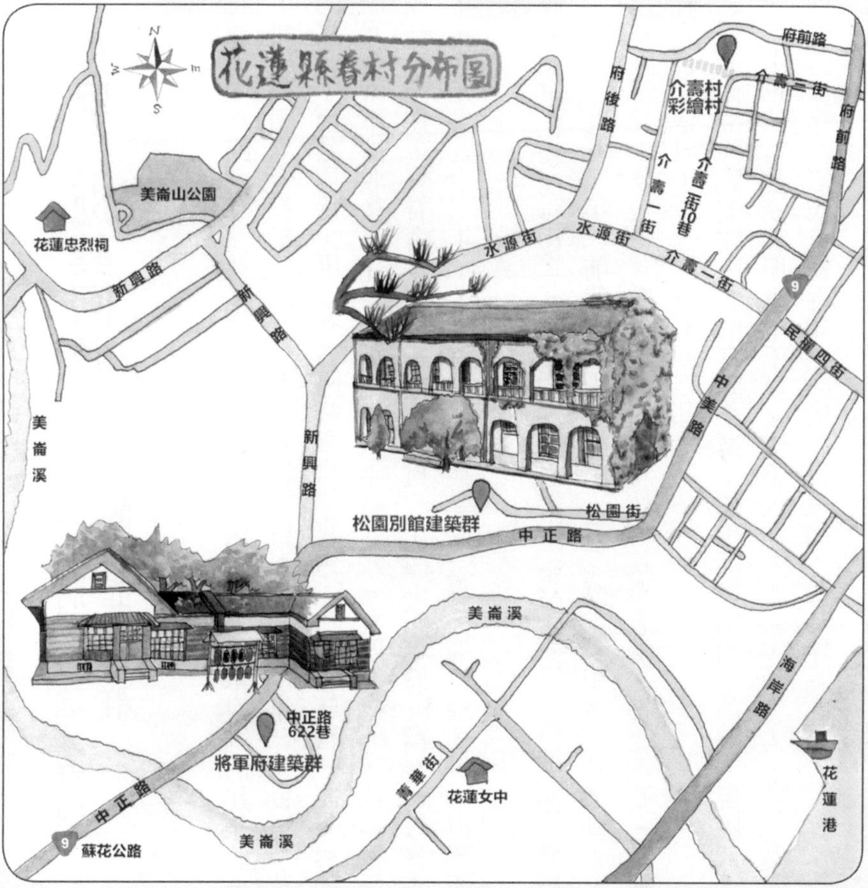

第拾伍站

花蓮縣眷村分布圖
府前路
介壽村
彩繪村
介壽二街
府後路
府前路
美崙山公園
花蓮忠烈祠
介壽一街
介壽一街10巷
水源街
水源街
介壽一街
9
新興路
新興路
民權四街
中美路
美崙溪
新興路
松園別館建築群
松園街
中正路
美崙溪
海岸路
中正路622巷
將軍府建築群
菁華街
花蓮女中
花蓮港
中正路
9
蘇花公路
美崙溪

1949

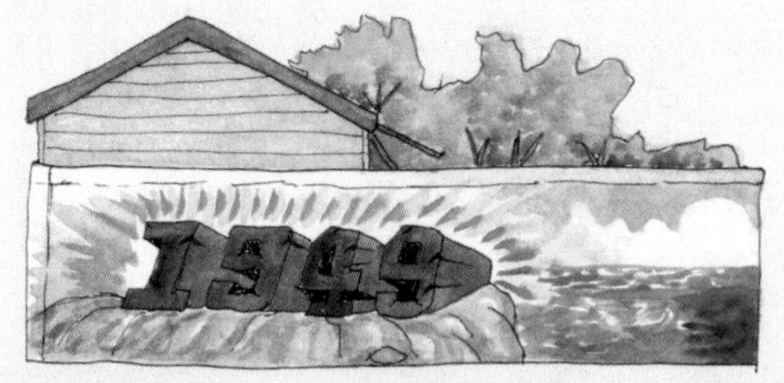

神風已逝莫回頭——花蓮市將軍府建築群與松園別館建築群

在花蓮市中正路六二二巷，靠美崙溪畔，有座號稱「將軍府」的建築。「將軍府」原是日據時期，建於民國二十五年（西元一九三六年／日本昭和十一年），日軍「花蓮區指揮官」中村大佐的官舍；而其周邊，則還有各階級軍官的官舍，合起來統稱「將軍府建築群」。

臺灣光復國軍接收後，先於民國三十八年（西元一九四九年），撥給遷來花蓮的「陸軍化學兵學校」，充作軍官眷舍，改稱「復興新村」；而「將軍府」撥該校教務主任為眷舍。民國五十一年（西元一九六二年），「陸軍化學兵學校」遷桃園更寮腳，「復興新村」部分眷戶有了異動。

至於「陸軍化學兵學校」教務主任何時遷出「將軍府」，目前並無資料。不過，民國四十一年（西元一九五二年）前陸軍五十四師第一五〇團，整編為「花蓮團管區司令部」；原從大陸南京「陸軍兵工學校」，撤退來臺的少將教務長單志誠，被委派為「花蓮團管區司令」。「將軍府」後來是成了單志誠將軍的官邸。

單志誠退休後移居美國，並把官邸交還「國防部後備司令部」；民國八十二年（西元一九九三年），由軍法官劉漢英與妻子王佩雯申請入住。後來，地方人士咸認為，此屋深具歷史價值，應列古蹟保存；劉氏伉儷得知，亦無怨言遷出，傳為佳話。

「復興新村」後來改稱「民生社區」，但隨著「眷改」施行，住戶也已遷出。這些以檜木建成的「日式官舍」，雖有「獨棟」與「雙拼」之別，基本上都還保持維護得不錯。

有基於此，花蓮縣政府遂將整個「將軍府建築群」送交審議，公告為「縣定古蹟」及「歷史建築」，予以列管保存。至於從日據時期起就被稱為「將軍府」的獨棟房子，事實上，是到了單志誠將軍入住後，才真正使其「名副其實」。

「復興新村」的「日式官舍」，不論「獨棟」或「雙拼」，整體室內面積堪稱寬敞，環境亦屬清幽；只不過比起臺灣其他地方，保留下來的「國軍老舊眷村」原「日式官舍」的規模要小些。

另外，「將軍府建築群」後方山坡上，尚有一座「松園別館」（民權里松園街六十五號），約建於「太平洋戰爭」期間。「松園別館」原為日據時期的「日本海軍兵部」的辦公廳舍，其後還有「士兵宿舍」與「軍官俱樂部」。

臺灣光復後，「松園別館」與其旁設於民國三十三年（西元一九四四年／日本昭和十九年）的「放送局」，同為國軍接收。後來，「放送局」成為今日的「中廣花蓮臺」；「松園別館」民國三十六年（西元一九四七年），歸屬陸軍總部，後充作「美軍顧問

花蓮市松園別館（林侑弘攝）

花蓮市松園別館（林侑弘攝）

團」的軍官休閒度假中心。

美國與我斷交前，「松園別館」於民國六十六年（西元一九七七年），產權改歸國有財產局，並交由「行政院退除役官兵輔導委員會」管理迄今。

「松園別館」的主館，為二層和洋折衷式建築；二樓的建築風格，採圓拱廊柱造型，十分美麗（與高雄岡山「醒村」樓房，是目前全臺僅存，近似同型的建築）。其附屬建物，尚存「彈藥庫」和「地下防空洞」；「彈藥庫」設有厚重防爆門，是頗值得參觀的景點。

「松園別館」建物周邊，當年日軍為達「遮掩」及「防風」之目的，栽種了百餘株的琉球松；但不知何種因素，如今僅餘三十二株。花蓮縣政

府，已將每株松樹都編號管理。相信這是個好方法，能夠讓「松林低語」繼續呢喃。

陪我前來的花蓮友人告訴我，他聽當地耆老說：第二次世界大戰末期，「神風特攻隊」的出勤隊員，前一晚都會被安排到「軍官俱樂部」，進行人生最後的享樂；第二天出發前一刻，再喝下天皇所賜的「御前酒」，然後駕機出海尋找美軍艦艇，進行「壯烈自殺」的攻擊。

他說這個故事，也讓我聯想到高雄岡山的「醒村」。聽說「醒村」曾是「神風特攻隊」隊員宿舍；那麼，同樣的故事也在「醒村」上演嗎？侵略者的殘暴，竟也讓他的子民，為滿足其野心，做了可悲的犧牲！我僅能祈願：人間永不見戰爭啊！

花蓮彩繪村——花蓮市介壽村

空軍「介壽村」位於花蓮市美崙山腳下的中美路上，原屬於「空軍防校」的眷村；它與同樣位於美崙山周邊，另一個屬於「花蓮基地」的空軍「凌雲四村」，是不同的眷村。

「介壽村」全村五十二棟建築，原為日據時期所建；臺灣光復後，產權屬花蓮鎮公所。民國三十八年（西元一九四九年）由「空軍防校」租借，作為軍官眷舍，名為「介壽新村」；村中，除了幾戶為飛行員外，其他全是防校的軍官。「介壽新村」一排有十四戶，人數最多時，擁有八十二戶的居民。

以往「空軍六校」——幼校、官校、通校、機校、防校、參校，除了「空軍幼校」、「空軍參校」（以上兩者在屏東東港）、「空軍防校」（在花蓮）之外，「空軍官校」、「空軍通校」與「空軍機校」等三校，都在高雄岡山。

「空軍六校」中，只有「空軍參謀學校」屬於空軍高階軍官晉升，必經「軍中學資」的學校；其餘五校，都屬空軍幹部「養成教育」的學校。

「空軍防校」原於北伐後，創校於浙江杭州的筧橋；民國二十五年（西元一九三六年），遷校南京；民國二十六年（西元一九三七年），抗戰軍興，遷校貴州貴陽；民國三十七年（西元一九四八年）遷臺；民國四十年（西元一九五一年），復校於花蓮南埔的原日軍「木更津飛

花蓮市介壽村（林侑弘攝）

行場」。

不過，「空軍防校」卻一直僅設有「常士班」（招收國中畢業生，在學兩年半，授與高職畢業文憑，服常備士官志願役）、「專修班」（招收高中職畢業生，僅在學一年，畢業後授予少尉軍階，服役五年），而無大專學歷資格的軍校（它擁有專科文憑的「專科班」畢業生，其畢業證書上，校名不是「空軍通校」就是「空軍機校」，而非「空軍防校」）。

其次，在國軍體制中，「傘兵」與「防砲」部隊，是屬於特殊的單位；它們歷經了數次在空軍與陸軍之間，轉換的命運。而「防砲」屬於看管雷達、機場周遭的保護，以及高射砲部隊；所以，向來有「空軍陸戰隊」之稱。

民國七十三年（西元一九八四年）七月一日，「空軍防校」併入「陸軍砲兵訓練指揮部暨飛彈砲兵學校」；「空軍防校」成為繼「空軍幼校」後，正式走入歷史的「空軍幹部養成教育」學校。「空軍防校」校址，後為空軍補給單位進駐。

花蓮市介壽村（林侑弘攝）

「空軍防校」側門旁，以前還有一座學校的眷村——「勝利西村」；該村「眷二代」的戴先生，後來也就讀防校專科班（但拿的是「機校」專科文憑），曾在「空軍防校部落格」中，寫了一篇〈防校西村真實的靈異故事〉。

戴先生在文中提及：第二家的陳媽媽難產，母子雙亡，陳伯伯後來帶著兩個較大的孩子遷走。聶叔叔與聶媽媽（黃姓，阿美族人）搬來，聶媽媽先是晚上在廚房見到嬌小穿陰丹士林布旗袍的婦人，聶叔叔後於晚上洗澡時亦見。大家都說是陳媽媽回來了！是以找來阿美族巫師作法，卻還是再見過一回。

文中又說：作者父親往生前常說，聽到日本人在講話。作者也說第二次世界大戰末期，這兒被美軍強烈轟炸；校內露天音樂臺的地方，還被二千磅炸彈炸出三層樓深的大坑，坑內還留有一顆二千磅的未爆彈。

不過，「介壽村」雖也屬「空軍防校」的眷

村，卻沒聽過靈異傳說；但「介壽村」的房舍，倒是每遇颱風，就出現「屋外下大雨屋內下小雨」的情況。

民國八十五年（西元一九九六年）起，「眷改」實施，屬於「民勤社區」的「介壽村」居民，後來都遷到由「民意社區」基地，改建的新式公寓大樓；如今，「介壽村」未搬遷的居民，僅剩三十餘戶近百人而已！

民國一〇三年（西元二〇一四年），花蓮縣政府辦理「一〇三年度花連線社區規劃失住地輔導計畫」，社區規劃師李麗珠進駐「介壽村」。在李麗珠協助下，民國一〇四年（西元二〇一五年）由花蓮市公所輔導、民勤社區提出「空間營造競賽提案」的「空軍的家——介壽村樂園」，獲內政部營建署補助三十萬元經費，得以「進行眷村故事圍牆彩繪、樹木修剪、入口環境綠美化和入口意象設置」。

民國一〇四年（西元二〇一五年）三月二十一日，《更生日報》報導：在花蓮美術協會理事長彭榮美、常務理事田于妹、藝術家林國堂等人的指導下，由縣市議員臉書號召來的十餘位民眾，於二十日上午，人手一把彩筆和油漆罐，從介壽二街開始，為已經畫好三〇、四〇年代眷村生活主題的底圖，彩繪上漆。一幅幅美麗動人的故事牆，就慢慢地浮現了出來。

由於圍牆彩繪一事躍上新聞，使得大家關注到這座臺灣東部的眷村。然而，大家或許不知道，「介壽村」其實應該算是花蓮地區目前保存最完整的「國軍老舊眷村」。圍牆彩繪對於「介壽村」來說，僅是「活化」的開端；針對未來，「介壽村」計畫將逐步舉辦紀錄片播放（介紹民國三〇、四〇年代的眷村生活）、老照片展示（讓人認識以往眷村的人、事）、眷村美食（眷村媽媽們提供拿手道地的眷村菜或點心）等活動，讓大家回味「介壽村」的往日時光。

「介壽村」是「空軍防校」消失後，唯一留存與之相關的眷村；我期盼「校」、「村」的歷史共同呈現，讓它成為最特別的「眷村文化園區」。

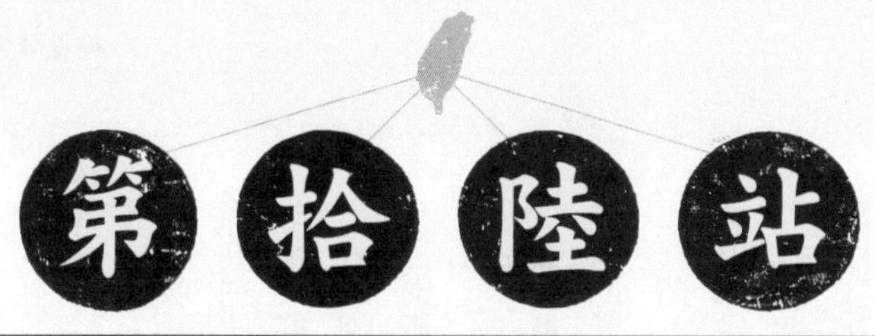
第拾陸站

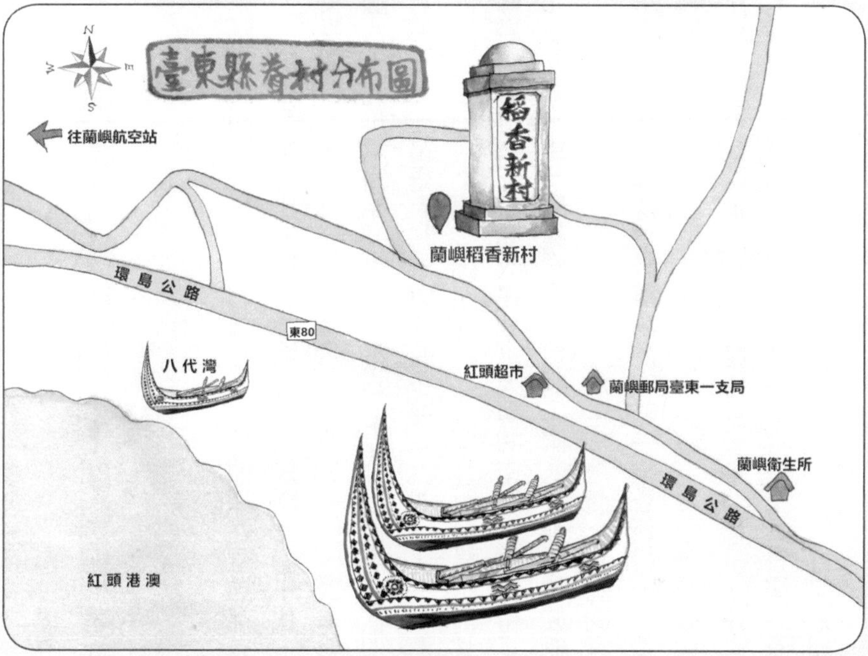

臺東縣眷村分布圖
N
E
S
W
往蘭嶼航空站
稻香新村
蘭嶼稻香新村
環島公路
東80
八代灣
紅頭超市
蘭嶼郵局臺東一支局
蘭嶼衛生所
環島公路
紅頭港澳

稻香新村

早見曙光極東村——蘭嶼鄉稻香新村

臺東縣亦屬國軍眷村較少的縣分，但早期卻連離島都有眷村存在（綠島有官邸，蘭嶼有稻香新村），這也算是它比較特別的地方。至民國七〇年代，臺東縣的國軍老舊眷村，尚有岩灣新村、富臺新村、東英新村、貿易六村、新生新村、警東新村、稻香新村等，七座眷村。

民國八十九年（西元二〇〇〇年），我到臺東縣參加會議時，僅見「警東新村」改建為「警東新城」、「富臺新村」改建為「慈仁九村」，「岩灣新村」也正要要改建而已。民國九十九年（西元二〇一〇年）國防部的「國軍老舊眷村保存計畫審議期程規劃表」上，還列有「臺東縣岩灣新村」；而其改建公寓大樓的南側，也保留了部分原「日式官舍」與民國四十五年（西元一九五六年）所建眷舍，但到了兩三年前仍遭強制拆除，十分可惜！

等到民國一〇五年（西元二〇一六年）暑假，我詢問臺東專校的顧超光老師時，整個臺東縣的國軍老舊眷村，僅餘位於離島蘭嶼的「稻香新村」。這一切，真令人不勝唏噓！

蘭嶼鄉「稻香新村」位於紅頭村的山坡上（中華郵政郵局的西北側）。「稻香新村」是民國四〇年代，「行政院退除役官兵輔導委員會」撥款，由島上的管訓隊員所建；但由蘭嶼指揮部向「退輔會」申請，「借用」為駐地軍官與士官眷屬的眷舍。

蘭嶼在民國三十八年（西元一九四九年）後，首先是國防部集中「有案榮民」，成立「管

臺東縣蘭嶼鄉稻香新村（顧超光攝）

訓隊」來此墾荒；民國四十六年（西元一九五七年）八月一日，方由「退輔會」徵用「東清村」民地，設立專門管訓「有案榮民」的「萬壽新村」。

民國四十七年（西元一九五八年）五月一日，「萬壽新村」正式移交「警總」接管，改稱「勵德班」；「勵德班」除又收容「犯案軍人」外，也兼收臺灣重刑犯（流氓），進行管訓「農場勞作教育」。農場場長由「蘭嶼指揮部」指揮官兼任；將有案榮民稱為「場員」，重刑犯稱為「隊員」（人數約有一千人）。「勵德班」與「明德班」齊名，但「明德班」主要管訓的對象是軍中政治犯與思想犯。

「稻香新村」的住戶雖是駐軍眷屬，事實上，住戶男主人的工作，主要就是看管所謂「農場」的「管訓隊員」，並帶領他們「建設蘭嶼」（包含修築環島公路、蓋房子、畜牧、耕作等）。這些受管者，都是由臺灣各地，集中至臺東初鹿鄉的「東城山莊」，交二一〇師某旅部的憲兵看守；然後，人數到達一定標準，再搭船押至蘭嶼，轉交「蘭指部」進行管訓。

「稻香新村」建築型態，為十戶單層連棟式，平頂鋼筋混凝土建築的眷舍。每戶約七至八坪，無衛浴與廚房（後於屋後搭建廚房兼做浴室）；窗戶都加上防颱板，以遮避強風。唯有指揮官的眷舍坪數較大，格局是一房二廳一衛。在全臺所有國軍老舊眷村的建築上，它屬比較特殊的建築。

民國七十八年（西元一九八九年），「蘭嶼指揮部」結束業務，保留編制；民國八十年（西元一九九一年）八月一日，「蘭嶼指揮部」正式裁撤。隨著，「蘭嶼指揮部」的任務結束，「稻香新村」的住戶也陸續遷離（其中退役者，亦因住屋空間太小而搬離）；「稻香新村」遂移交蘭嶼鄉公所管理。

目前，「稻香新村」有部分房舍遭拆除；其殘留眷舍，乃臺東縣僅存的「國軍老舊眷村」房舍。其村前的水泥門柱仍在，白底紅字：正面是「稻香新村」，背面是「敦親睦鄰」。

蘭嶼鄉稻香新村（顧超光攝）

根據彭大年所編《眷戀——後備眷村》一書的訪談，記載：民國七十九年（西元一九九〇年）遷離「稻香新村」的住戶張女士，原為「孤軍」的少尉軍官，來臺後退役，隨亦為軍官的丈夫來到蘭嶼；她說：初來時無水無電，她照顧子女兼開雜貨店，向其旁的「蘭嶼別館」買電（當時全蘭嶼僅「蘭嶼別館」有發電機，自給自足），後來買了一臺電視，就成為全蘭嶼唯一的電視。

另一位受訪的原住戶張先生則提到：「稻香新村」無從軍或讀軍校的第二代（反倒是蘭嶼原住民子弟，還有人選擇這個行業）；這是「稻香新村」，與其他眷村完全不同的地方。

我在網路上，看到有人拍攝上傳的「稻香新村」照片，其中有兩張較為特別：一張是顯現了「稻香新村」眷舍上方，出現了「蘭嶼傳統民居」；另一張是顯現「稻香新村」被拆的部分眷舍，文字說明指出：「拆了的眷宅是拔除歷史的讓路，即是一種小老百姓土地所有的宣示。」看了真是兩種截然不同的心情，也令人無言。

自「蘭嶼指揮部」裁撤後，島上的原軍事用地與建築，諸如指揮部、崗哨、營房、稻香新村、中正公園，以及航空站等遺蹟，鄉公所並未善加利用，而是任由其荒廢。蘭嶼為臺灣極東之地，也曾是「千禧年」迎接第一道曙光的熱門景點；這些歷史遺蹟的保存，自然也有其非凡的意義。

民國九十四年（西元二〇〇五年）九月二十九日，臺東縣政府公告，原日本「臺灣總督府氣象臺紅頭嶼測候所」為「歷史建築」；這座建築現屬「臺東蘭嶼氣象站」所有，與「稻香新村」同位於「紅頭村」內。然而，「稻香新村」似乎並未受到青睞；看來還要煩請顧超光老師多加把勁——為臺東縣留下最後一座國軍老舊眷村遺蹟了！

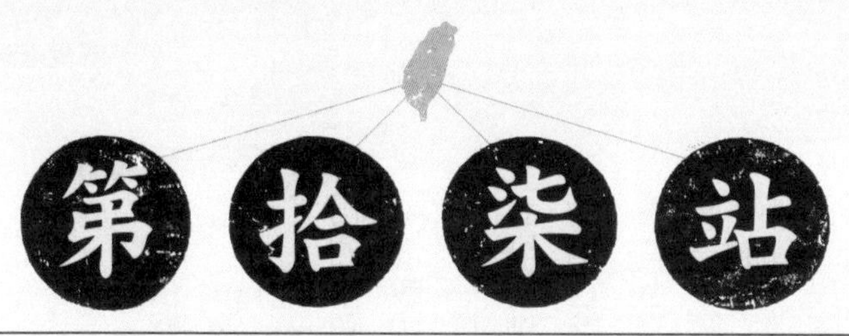

第拾柒站

澎湖縣眷村分布圖
N
E
S
W
澎湖跨海大橋
203
202
204
205
201
馬公市
眷村文化館
澎湖機場
湖西鄉隘門新村
澎湖天后宮
澎湖
醫院
介壽路
馬公市
眷村文化館
張雨生紀念館
篤行十村
潘安邦舊居
順承門
中山路
中正路
馬公港
馬公金龜頭砲臺
文化園區
(天南鎖鑰)

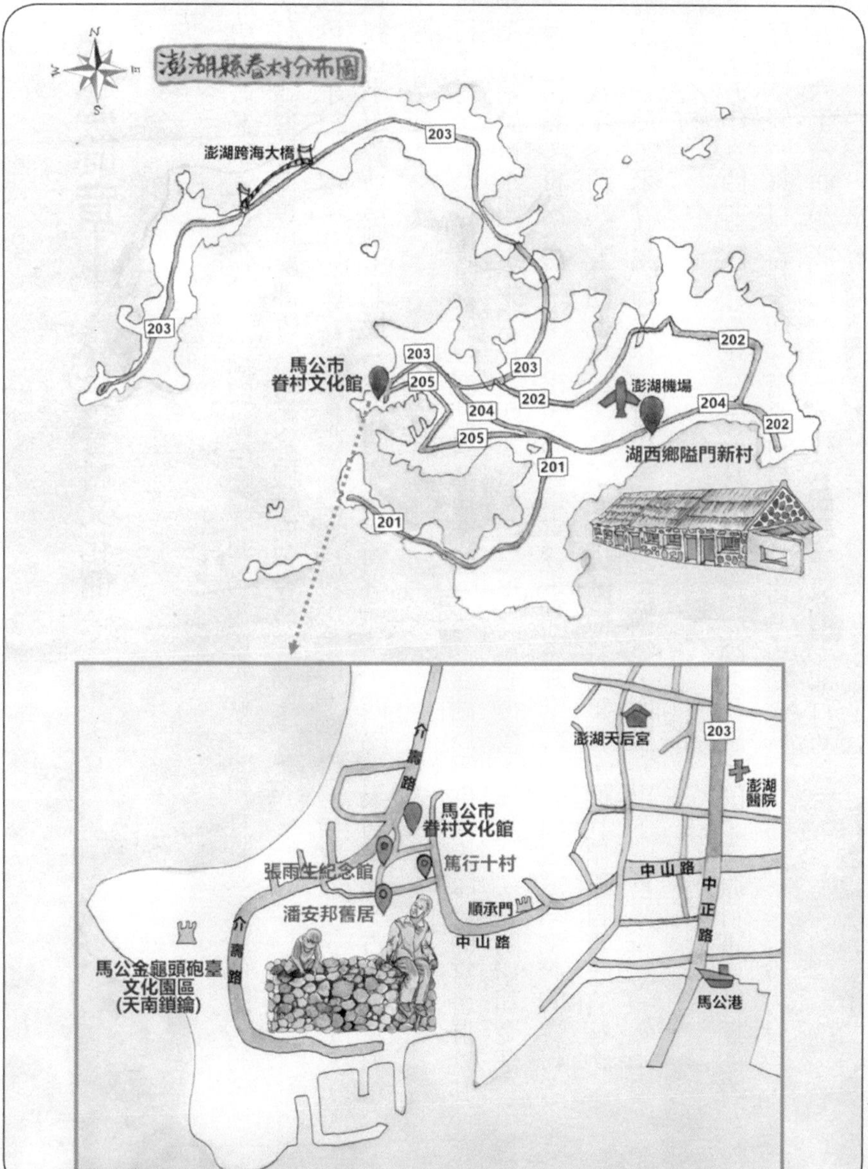

思念餘音——馬公市眷村文化館

依歷史記載，早溯自宋代，澎湖即歸中國版圖；元代設官；明朝有將領驅逐荷蘭人的事蹟，「沈有容諭退紅毛番韋麻郎等」的紀念碑，尚留存於澎湖。

而「篤行十村」與「莒光新村」，是澎湖被保留下來的「國軍老舊眷村」；其位於馬公市西南角觀音亭遊憩區南側，北接「澎湖防衛指揮司令部」，西臨「天南鎖鑰」古砲臺及海軍「海蛟中隊」基地。

「篤行十村」原為日據時期，「澎湖要塞司令部」與「澎湖島重砲兵大隊」的官舍群；其最早的建築，始於日本明治三十六年（西元一九〇三年）。光復後，改為「澎湖防衛司令部」的軍官眷舍，初名「將校眷村」；後來，高級軍官逐步調遷到臺灣，眷屬也遷到臺灣的眷村。

民國三十八年（西元一九四九年），為了安置大陸撤臺的軍眷，便利用原日軍軍官宿舍，將一戶隔成兩三戶，來分給眷戶居住。再後，經增建、擴建，而擴充出了「莒光新村」。兩眷村都屬於陸軍眷村。

民國九十五年（西元二〇〇六年）十一月，縣府以「因兼具融合國軍與原日軍兩時期的眷村文化」理由；將「篤行十村」與「莒光新村」，公告為「澎湖縣歷史建築」。兩眷村眷戶，也在民國九十六年（西元二〇〇七年），移入新建完成的「龍行新城」。

澎湖縣眷村文化園區的張雨生紀念館（林惠娟攝）

對於被列為「歷史建築」的兩眷村，國防部與澎湖縣政府擬定，將進一步規劃，改為「澎湖縣眷村文化園區」。而「篤行十村」首先於民國一〇一年（西元二〇一二年），以「眷村文化館」的形式對外開放。

澎湖縣政府乃先整修了「篤行十村」內的「潘安邦舊居」（新富里一巷五號），以及巷頭的「張雨生紀念館」；作為開放參觀的代表作，用以紀念這兩位成長於此的已故歌手。

潘安邦崛起於民國六〇年代末期的「校園民歌」，以〈外婆的澎湖灣〉一曲走紅。「潘安邦舊居」是採與當地藝術家合作，規劃為藝術創作展覽區，並於庭院設置潘安邦與外婆嬉戲的銅像——遊客如果走近銅像，還會聽到〈外婆的澎湖灣〉歌曲，連續不斷地播放。

張雨生在「校園民歌」末期出道，並以〈我的未來不是夢〉一歌，紅遍華人世界；而張雨生的高音，直至目前為止，在華語歌曲界中，仍未有任何男歌手得以超越。之所以設立「張雨生紀念館」，乃因他七歲前曾住此村之故；館內陳列了張家所捐贈張雨生相關物品為主，有手稿、樂譜、專輯、舞臺劇等文物。館中兩側牆面，一面為「張雨生大事年表」，一面則貼滿了剪報，對照了有關張雨生過世前後的消息。

民國一〇五年（西元二〇一六年）一月，我曾去看了臺北市政府的「鄧麗君文物展」；從介紹中得知：北市府有意設立一座「鄧麗君紀念館」。若此事成真，那將是繼「張雨生紀念館」後，第二座「眷村第二代」的演藝人員紀念館。鄧麗君因隨父親調遷，先後住過雲林、屏東、蘆洲的眷村；最後，遷住臺北市。然而，其北市的最早住屋是否仍為眷村？還有待查考。臺北市設「鄧麗君紀念館」，若不在她曾居住過的房子，那麼其意義自然降低了些。

在全臺灣的眷村文物館所，皆以「眷村第一代」為主題呈現；在這樣的氛圍中，「澎湖縣眷村文化館」反倒是首創以「眷村第二代」為主角，進行主題呈現的館所。而出身於「篤行十村」的名人，還有女演員胡錦與男演員趙舜；聽說，胡錦還曾是村內「篤行幼稚園」的畢業生。相信這是未來，「眷村文化館」還能增設展館的空間。

當然，以「兼具融合國軍與原日軍兩時期的眷村文化」為理由，而列為「歷史建築」的「篤行十村」和「莒光新村」，未來澎湖縣政府將如何呈現這個「眷村文化園區」呢？大家還是拭目以待吧！

後記：好友鍾博士日前告訴我，他二歲隨父母來臺，最初即住在「篤行十村」；後來，隨父親的職務轉換，他們在全臺的眷村中，遷來遷去。自認在臺灣是「有家沒有鄉」的他，於退休之後特地回澎湖，找當年最初居住的眷舍，並得知已成「歷史建築」的保留戶。他略微寬慰地告訴我：他是該眷舍光復後的首位住戶；而且，因命運巧合安排，妻子也出身「篤行十村」。言下之意，應當有「鄉」了！民國一〇八年（西元二〇一九年），在「臺北市信義運動中心」，得以認識胡錦女士的大哥——胡鋭教授；因他不棄嫌，而成為好友。另外，上網查詢得知：有了一個在「篤行十村」內，名為「貳拾貳隱巷文創旅宿」的臉書，顯示著這是一家眷村內的民宿；但不知成立於何時。

日落海西望天際——湖西鄉隘門新村

位於澎湖縣湖西鄉「馬公航空站」旁的「隘門新村」，是臺灣地區現存最西邊的國軍老舊眷村；同時，它也是澎湖縣最小的眷村。

湖西鄉為澎湖縣人口僅次於馬公市的第二大鄉鎮，「隘門新村」興建於民國五十三年（西元一九六四年），民國五十四年（西元一九六五年）完工，提供澎湖空軍基地「有眷無戶」者入住。興建時，規劃為四十戶，依軍階分為：甲A種、甲B種、乙種等三級；後來，因部分眷戶需求，申請將其中三戶改為兩戶，整體縮為三十一戶。其經費由「婦聯會」募款而來，建築材料為當地硓砧石、石灰與灰瓦，總計建成三排。住戶皆為空軍通航中隊及天氣中心（今「氣象中心」）人員眷屬；村內除有籃球場與公廁外，也有以硓砧石做出相隔巷道的公共設施。

「隘門新村」村名，乃因其位於島上「隘門村」南邊的小山丘（當地人稱為「門欄山」）上，因而得名。「隘門新村」最初配給住戶，有馬公基地指揮部、第七天氣中心、第十通航中隊、戰管二中心等單位；但「戰管二中心」人員，因交通不便因素，首先放棄入住。而首批入住「隘門新村」者，係民國五十六年（西元一九六七年）九月七日，遷入的張姓等數戶人家。

全村三排眷舍，由北而南排列；第一排為甲A種、甲B種眷舍，第二、三排為甲B種與乙種眷舍。依「隘門新村」現狀來看，第一排十戶、第二排十八戶、第三排十二戶，共計三十戶；其中，甲A種、甲B種都屬於坪數較大者，而乙種的坪數則較小一些。

民國九十六年（西元二〇〇七年），澎湖的「龍行新城」完工；「隘門新村」與位於澎湖的貿商十村、莒光新村、篤行十村、澎湖眷舍、澎湖二村、自勉新村、戰聲二村等八座國軍老舊眷村居民，紛紛遷入新城，結束了老舊眷村的生活。同年十一月二十一日，「隘門新村」與「篤行十村」被「行政院文建會」一起指定為「歷史建築」；「隘門新村」，現屬「空軍司令部」所列管，也是澎湖縣唯一被保留下來的空軍老舊眷村。

兒時印象，父親服役空軍的同事，只要是被調到澎湖，都算是「外放」了；除非是升官前往「歷練」之外，鮮少有人高興。這是因為在「尚義機場」建成前，空軍幾乎沒有「金馬獎」；最糟的就是去澎湖了！而為了子女就學與升學著想，通常調往澎湖者，也都不願帶著家眷前往，寧願休假時再返家。因此，我也常想「隘門新村」子弟們，如何生活在那個世界裡的呢？

遙想當年，看著藍海、望向天際的「隘門新村」子弟，現在是否仍然懷念那段歲月呢？我十分期待，他們能夠回來為「到此一遊」的遊客，說一說那些故事；我相信一定別有一番滋味在心頭啊！

附錄一　臺灣國軍老舊眷村重要記事簡表

民國紀元	大事紀
民國三十四年	十月二十五日，國民政府在臺北接受日軍投降，臺澎光復。
民國三十六年	陸軍副總司令兼陸軍訓練司令孫立人，於鳳山訓練新軍；並以接收自日軍官舍，改為「誠正新村」，以安置幹部眷屬。 「高雄要塞司令部」興建「半屏山新村」安置眷屬。
民國三十七年	五月二十九日，海軍軍官李良驥，成為首位攜眷入住原日軍官舍（今明德新村三十四號）的軍官。 「陸訓部誠正學校」遷鳳山，以解決新軍幹部子女就學問題。 十二月，空軍官校遷岡山；並以接收自日軍的野戰醫院、日軍官舍、糖業株式會社宿舍，作為安置軍士官眷屬的棲身之地，形成岡山空軍眷村的雛形。 十二月，位於山東青島的「四四兵工廠」，遷臺北三張犁的原日軍陸軍松山倉庫；並於倉庫中撥出部分，作為員工與眷屬的安置處所，一片片布幔隔開成了一戶戶的住居。
民國三十八年	年初，「四四兵工廠」廠長趙學顏將軍在廠區南面，建起眷舍，讓員工與眷屬，有了基本尊嚴的住居；這就是所謂「四四南村」最早的「丙字號」眷舍（每戶三點五坪）。 國民政府三軍主力撤遷臺灣，接收自日本的官舍，用以安置高級軍官眷屬；學校、寺廟等建築，成為暫時安置中下階級軍士官眷屬的「克難住居」。 各軍種單位，紛紛覓地搭建「克難眷村」，安置眷屬。 海軍三校（官校、子弟學校、士兵學校）遷左營。 「空軍訓練司令部附設岡山子弟小學」，設立於岡山。
民國三十九年	陸軍官校遷鳳山，「誠正新村」更名「黃埔新村」。 六月二十五日，「韓戰」爆發；美國海軍第七艦隊協防臺灣。 「婦聯會」開始募款，於全臺各地興建國軍眷村。

附錄一　臺灣國軍老舊眷村重要記事簡表

民國四十年

「海軍子弟學校」的初中部，立案為「私立海青初級中學」。

五月，美國「援華軍事顧問團」來臺，國防部於全臺覓地，供建造「美軍顧問團軍官眷舍」；其中，以陽明山占地面積最廣。

民國四十一年

四月，馬紀壯接任海軍總司令，奉令遷海軍總部至臺北大直現址；左營明德新村一號「總司令官邸」改為「海軍總司令明德賓館」。

民國四十二年

二月，「誠正學校」初中部歸屬高雄縣立鳳山中學；小學部歸高雄縣政府接辦，定名為「高雄縣立鳳山鎮誠正國民學校」。

民國四十三年

服役海軍的詩人洛夫（本名：莫洛夫）、張默和瘂弦（本名：王慶麟）三人，於左營「軍中之聲左營軍中廣播電臺」的餐廳（明德新村四十六號），創辦了《創世紀》詩刊。

民國五十年

二月一日，為配合「空軍第三十五中隊」成立，於龜山「建國一村」後方，陸續蓋起了十二棟木屋型獨棟庭院的眷舍，配給「三十五中隊」已婚的飛行員；此乃專為「黑貓中隊」設立的眷村（正式名稱應為「建國二村」）。

民國五十五年

八月一日，為配合國民教育歸屬地方，各軍種之附設子弟學校，一律撥歸地方，改為「國民學校」。

出身岡山空軍「成功村」的姚蘇蓉與「康樂村」的吳靜嫻，因參加「正聲廣播公司」歌唱比賽，先後獲得冠軍；成為「眷村子女」的第一人，並成功踏入歌壇。

白崇禧將軍之子白先勇發表小說《一把青》於《現代文學》第二十九期；成為臺灣最早典型的「從大陸眷村過渡到臺灣眷村」的「眷村小說」作品（後收錄於其出版的小說集《臺北人》一書中）。

民國五十七年

因空軍官校的「擴建機場跑道及維修廠」需要，「自立村」廢村；住戶遷往「勵志村」，成為岡山第一個因「國家需要」而消失的空軍眷村。

為配合「九年國教」實施，「海青中學」被徵為「代用國中」。

海軍左營全二層洋房式眷舍—「莒光新城」落成；不同於一般國軍眷村，土地產權歸住戶所有，每戶以新臺幣八萬元購得。

民國五十八年

八月一日，「九年國教」全面實施；國民學校改稱「國民小學」，公立初級中學改名「國民中學」。

民國五十九年

來自臺灣空軍的「眷村子女」吳靜嫻，成為「香港十大歌星」。

民國六十一年

左營「海青中學」奉准擴辦高中部。

民國六十二年	左營「海青中學」增設高職部。
民國六十三年	「海青中學」增設高職夜間部，並更名「私立海青高級工商職業學校」。
民國六十四年	「臺北市立粹剛國小」（原「臺北空小粹剛分校」）廢校，原址移交「臺北市立啟明學校」設校；成為第一所改隸後，廢校的「空軍空小」（後啟明學校遷天母，遺址改做「臺北市立圖書館啟明分館」使用）。
	「婦聯會」的募款，開始轉為興建國軍「職務官舍」。
民國六十七年	八月，臺北市青年路「航建新村」改建，成為全臺最早改建的國軍眷村。
民國六十九年	五月三十日，國防部以行政命令，發布「國軍老舊眷村重建試辦期間作業要點」。
	十二月，基隆市「建國新村」改建，成為全臺省轄市中，首先改建的國軍眷村。
民國七十一年	臺中市「新北新村」改建，成為臺中地區第一個改建的國軍眷村。
	出身高雄岡山眷村的男歌星高凌風，以《臨風高歌》節目（華視）獲第十八屆金鐘獎「最佳綜藝節目獎」。
民國七十二年	八月一日，「海青工商」由高雄市政府接辦；至此，「海軍子弟學校」正式走入歷史，成為中華民國史上，各軍種開辦子弟學校，最後響起「熄燈號」的學校。
民國七十四年	左營海軍「果貿新村」改建成「果貿新城」，成為高雄市第一批改建，且規模最大的新眷村國宅。
	夏天，導演李祐寧在岡山空軍「健鷹村」、「致遠村」，拍攝《竹籬笆外的春天》；開啟了國片首部以國軍眷村為題材的電影。
民國七十八年	出身臺北「四四南村」的男歌星凌峰，獲第二十屆「金鐘獎男歌唱演員獎」。
	十二月，第一屆立法委員增額選舉，桃園區朱鳳芝女士、臺中區沈智慧女士當選，成為「眷村子女」當選立委的第一人。
民國七十九年	出身嘉義大林「社團新村」的林青霞，以電影《滾滾紅塵》一片，獲得第二十七屆「金馬獎最佳女主角」。
民國八十一年	出身高雄岡山「醒村」的張晨光，以電視劇《京城四少》，獲得「金鐘獎最佳男演員獎」。
民國八十三年	十二月，出身高雄市明德新村的宋楚瑜，當選臺灣省長，成為「眷村子女」當選省長的第一人。

年份	記事
民國八十五年	二月五日，總統公布「國軍老舊眷村改建條例」，使國軍老舊眷村改建，進入法制化階段。 七月三十一日，國防部發布「國軍老舊眷村改建條例施行細則」。 「婦聯會」決定，結束興建國軍「職務官舍」。
民國八十六年	十二月十七日，國防部發布「獎勵民間參與國軍老舊眷村改建投資興建住宅社區辦法」。
民國八十七年	十月十二日，國防部發布修正「獎勵民間參與國軍老舊眷村改建投資興建住宅社區辦法」。
民國八十九年	十月，桃園縣政府開辦「第一屆眷村文化節」。
民國九十年	十月三十一日，總統公布修正「國軍老舊眷村改建條例」。 十二月，出身桃園八德眷村的朱立倫，當選桃園縣長，成為「眷村子女」當選縣長的第一人。
民國九十一年	二月二十七日，國防部發布修正「國軍老舊眷村改建條例施行細則」。 三月十九日，內政部通過岡山空軍勵志村全村改建。 六月三十日，勵志村眷戶陳情，希望全村保留。 八月一日，行政院臺防字第○九一○○三八九一四號函核定，岡山空軍「樂群村」不拆遷，全村保留；此乃全臺首座獲得保留的「將軍村」。 十二月二十八日，「新竹市眷村博物館」開館，成為全臺第一座眷村博物館。
民國九十二年	十二月，臺北市公告登錄「四四南村」為「歷史建築」，成為全臺第一個被列為「歷史建築」部分保留的國軍老舊眷村。 公視播出，導演梁修身首以眷村為題材的電視劇《再見，忠貞二村》；全劇在嘉義大林「社團新村」（林青霞、徐乃麟，都出身於該村）拍攝，並獲得第四十屆金鐘獎，多項提名（出身「桃園大溪僑愛新村」的女演員王琄，以傑出的演技，獲金鐘獎的「連續劇最佳女主角獎」殊榮）。
民國九十四年	六月，李嗣涔教授（出身岡山空軍「復興村」）經遴選出任國立臺灣大學第十任校長，成為「眷村子弟」首位出任臺大校長者。 十月，第五屆「桃園縣眷村文化節」，首辦「眷戀我的臺灣村全國研討會」。 十二月二十日，國防部史政編譯室出版，郭冠麟主編《從竹籬笆到高樓大廈的故事》一書。

民國九十五年

三月二十一日，國民黨籍立委朱鳳芝、民進黨籍立委李文忠，推動「國軍老舊眷村改建條例」修正案，國防部表支持。

五月十二日，高雄縣政府發給勵志新城甲區（地上十三層、地下兩層，十六幢，計二十九棟，（共計約一千三百四十四戶）使用執照（乙區二十棟，一千零八十戶，約同時），成為全臺最大規模的改建新眷村國宅。

嘉義大林社團新村出身的徐乃麟，以《小氣大財神》（中天電視），獲得第四十一屆「金鐘獎娛樂綜藝節目主持人獎」。

民國九十六年

三月二十八日，《自由時報》（南部版）報導：臺東市岩灣新村改建交屋，在抗議聲中完成；由於改建期間，傳出收賄、結構工程驗收未過及質疑房價過高，眷戶分兩派：有人歡喜趕往辦理，有人具狀抗議國防部逼迫交屋，所幸過程平和未釀衝突。

十月二十七日，行政院文建會主辦、桃園縣政府承辦的「全國眷村文化節」開幕，並辦理「全國眷村研討會」。

十一月二十一日，立法院三讀通過「國軍老舊眷村改建條例修正案」及文化保存修法（第一、四、十一、十四條等），將文化保存納入眷村改建條例。

桃園縣「建國新村」等九村拆除。

民國九十七年

九月十四日，岡山勵志村眷戶邱東河（曾任岡山鎮民代表）抗爭，狀告國防部前部長李傑，成為村中唯一的「釘子戶」。

十二月五日，賴聲川、王偉忠聯合編劇與導演，以嘉義市「建國二村」（王偉忠出身的眷村）為背景的舞臺劇《寶島一村》，在臺北市國家戲劇院首演，造成轟動；接著，巡迴臺南市、嘉義市、臺中市、新加坡、高雄市、桃園中壢，以及大陸（上海、廣州、東莞、深圳、杭州、北京）、澳門，還有美國（洛杉磯、舊金山、休士頓）、香港等地演出，吸引來自全球的華人觀眾的注目。

十二月，國防部史政編譯室出版，《眷戀》系列，計：陸軍眷村、海軍眷村、空軍眷村、聯勤眷村、後備眷村等，共五大冊，成為國軍老舊眷村人物訪談與村史的專書。

民國九十八年

七月三十日監察院（九八）院臺國字第○九八二二○○二○三號函糾正—「國防部及所屬機關於民國七十九年至八十三年間辦理高雄縣大寮鄉商協、果協、嘉新、宣武新村等四處眷村整村整建，未經縝密規劃及妥適執行，任令眷戶投入鉅資拆除重建並擴充建築規模等違失，爰依法糾正案」。

十月三日，電影《淚王子》上映，是首部描述「白色恐怖」下眷村題材的影片；全片以女演員焦姣成長的臺中空軍眷村為背景，拍出其父親被害的真實故事。

民國九十九年

四月二十二日，行政院文建會發布「國軍老舊眷村文化保存選擇及審核辦法」。

國防部發布「國軍老舊眷村文化保存計畫審議會設置要點」。

高雄岡山國軍老舊眷村拆除，為全臺全面性拆除國軍老舊眷村規模最大的一次。

二月，「南瀛眷村文化館」正式成立於臺南市永康區「精忠新城」內，成為改建眷村國宅第一個成立的「眷村文化館」。

六月十五日，國防部公布「國軍老舊眷村保存計畫審議期程規劃表」（五月：十三日，上午臺北縣「三重一村」、下午桃園縣「馬祖新村」；十四日，臺中縣清水鎮「信義新村」、大雅鄉「忠義村」；二十日，雲林縣「建國一、二村」；二十一日，彰化縣「中興新村」；二十八日，澎湖縣「篤行十村」；六月：三日高雄市「明德新村」；四日，上午高雄縣「海光四村」、下午屏東縣「勝利新村」與「崇仁新村」；八日，上午新竹市「忠貞新村」、下午新竹縣「湖口裝甲新村」；十日，臺東縣「岩灣新村」；十七日，嘉義市「建國二村」與「復興新村」；二十四日，上午基隆市「建實新村」、下午臺北市「中心新村」）。

十一月，《創世紀》詩刊的誕生地—明德新村四十六號（原「軍中之聲左營軍中廣播電臺」的餐廳），因廢置多年，海軍陸戰隊指揮部將之拆除。

十二月，出身桃園八德眷村的朱立倫，當選新北市長，成為「眷村子女」當選直轄市長的第一人。

民國一〇二年

六月，高雄市政府公告「黃埔新村」為「文化景觀」；此乃國軍最早在臺設立的眷村，獲得官方保存，深具意義。

民國一〇三年

二月，國防部核定左營海軍明德新村，全村保留作為眷村文化保留區；此乃全臺最豪華的國軍眷村，獲得官方保存之首例。

監委黃煌雄、葛永光提調查「為保存臺灣多元文化與住居型態之共同生活記憶，行政院相關部會已推動眷村文化保存工作多年，究其執行現況、遭遇困難、資源整合情形、工作進度及保存內容為何？實有進一步瞭解之必要」乙案（一〇三國調〇〇五號）。

十月，高雄市政府文化局，於「黃埔新村」，推出「以住代護—人才基地計畫」，獲千人參觀。

十月二十六日，「全國眷村保存聯盟」成立（但未登記立案）。

民國一〇四年

二月三日，國防部「國軍老舊眷村文化保存選擇及審核辦法」修正。

三月二十五日，高雄市文化局「計畫審核委員會」，自一〇六件申請案中，評選出五組，包括服裝設計師、手工書創作者、木工師傅、動畫設計師和舞蹈家等，成為「以住代護—人才基地計畫」，進駐「黃埔新村」者。

四月，「信誼基金會幼兒文學獎」頒獎，「圖畫書文字創組」前三名從缺，僅取佳作三名；其中，靜宜大學中文系顏淑敏同學，以岡山眷村雜貨店為題材的作品〈有一家雜貨店〉，成為獲獎佳作之一。

十月，桃園市埔心眷村故事館，結合眷二代，出版《埔心眷村故事集》。

十一月十一日，召開「國軍老舊眷村文化保存與活化工作整合平臺會議」，分由國防部軍政副部長及文化部政務次長擔任召集人員。

民國一〇五年

五月二十日，出身高雄左營海軍自治新村的子弟林全出任行政院長，係臺灣第一位「眷村子弟」的行政院長。

五月二十八日，《自由時報》報導：昨左營自治新村強制眷戶遷出，經聲援暫緩執行；今東港共和眷村二十多位眷戶，齊聚眷改大樓外，舉布條、倒舉國旗抗議，百歲老兵金英（即金仕傑之父）也出席，反對眷改，認為違法也違反程序正義。

七月十二日，「岡山眷村文化協會」，上午十點假樂群村五號招待所，舉行成立大會，民進黨籍立委邱志偉，高票當選創會理事長。

七月二十一日，民進黨籍立委邱志偉，於十四時，假岡山區公所三樓會議室，召開「推動岡山空軍眷村位文化創意產業園區公聽會」，邀集：國防部眷服處、文化部、高市府文化局以及岡山眷存化協會等單位出席，民進黨籍立委劉世芳、民進黨及市議員高閔琳，也與會關心。

十二月一日，文化部公布修正「文化部文化資產局文化資產保存修復及管理維護補助作業要點」。

十二月二十六日，文化部召開「眷村文化保存條例立法公聽會」。

附錄一　臺灣國軍老舊眷村重要記事簡表

年份	記事
民國一〇六年	四月二十六日，立法委員劉世芳、邱志偉、許智傑、吳思瑤、張廖萬隆、楊曜等提案，鄭寶清、鍾任濱、鍾孔炤、羅致政、林俊憲、蘇巧慧、陳曼麗、林昶佐、李昆澤、吳玉琴、邱泰源、林靜儀、賴瑞隆、陳亭妃等連署，擬定「眷村文化保存與發展條例草案」。 八月，高苑科技大學觀光系，提「翻轉岡山眷村文化，鏈結空軍軍事觀光」計畫，獲教育部「USR計畫」審核通過。 九月底至十月初，高雄市岡山眷村文化協會主辦，在高雄與臺北辦理各一場：為期兩天的「全國眷村文化保存與發展政策論壇」，並首採「公民代表參與審議制度」進行。 十二月，桃園大溪「太武新村景觀修復再利用工程」開工。
民國一〇七年	一月，高雄市岡山眷村文化協會，創辦全國第一分探討國軍老舊眷村的刊物《我村》，正式發行。 四月，桃園中壢「馬祖新村文創園區」開幕。 七月二十八日，高雄市左營眷村文化館，遷往明德新村（二、四、十、十一號）的「臺灣眷村文化園區」正式開幕。 七月，屏東縣東港「共和新村」四十一棟日據時期將官眷舍，獲「歷史建築」審查通過，得以保留。 七月，桃園市蘆山園社區大學，獲教育局補助，開設眷村文學、眷村菜製作，計兩門試探性課程。 十二月一日，高雄市「臺灣眷村文化園區」，舉辦首場演講，邀請眷村子女作家開講。
民國一〇八年	四月三日，全國第一座眷村民宿，在高雄市建業新村掛牌營運；第一批有七戶取得民宿登記證。 五月九日，宜蘭市「化龍一村眷舍群」，舉行修復工程開工典禮，預計民國一〇九年底修復完成。 六月二日，「臺灣種子協會」會員大會通過，接納「眷盟」成為其附屬的委員會；「眷盟」自此走向「立案社團」運作模式。 八至九月，北北桃基四市文化局，合作委託松菸臺北創意學院，辦理：「以臺北眷村文化節的辦理為例」、「以北北基桃的跨域合作為例」等兩場創意工作營活動。 十月十九日，高雄市文化局舉辦「第一屆國軍眷村嘉年華活動暨眷村名人論壇」。 十一月，桃園龜山憲光二村，開始進行整修工程，預計三年後將啟用為「移民博物館」。
民國一〇九年	一月九至十三日，「二〇二〇臺南市眷村美食節暨大林商圈宣傳」，於「市立棒球場」展開；十七日至十九日，「二〇二〇臺南水交社眷村年貨大街」，又於緊鄰「市立棒球場」旁的「水交社文化園區」展開。

附錄二　臺灣眷村研究的探討

（一）前言

臺灣的眷村，乃特殊時空下的產物；隨著國軍老舊眷村的拆遷與改建，眷村議題受到社會各界的關注。基此，眷村研究也成為「顯學」，僅就臺灣地區碩博士論文檢索，即可發現二百一十八筆；換言之，「國家圖書館」所藏的「全國碩博士論文」，即有二百一十八本學位論文，以「眷村」作為研究的主題。若加上，單篇論文與出版書籍，其數量更形龐大。由此觀之，「臺灣眷村研究」足以成為獨立的一項「學門」，應毋庸置疑。

由眷村所形構的「眷村文化」，更是臺灣文化圈中，不可忽視的一環；其中，最為人們熟知並津津樂道者，不外乎「眷村美食」。不過，僅就「眷村美食」而言，即有多個層面的問題，非膚淺的「作工」、「好吃」等浮面文辭，可以含括其深層文化意識；這也突顯了目前眷村研究「表象化」的隱憂。深入的研究，事實上仍有待突破。

如今，方興未艾的眷村研究與議題，再再顯示著——有待合乎學術規範與深化的問題；甚至於應該是提升到學術殿堂，好好開幾門課，以便給欲從事眷村研究者，一些基本的訓練。是以本文試從此一方向考量，進行探討。

（二）臺灣眷村溯源

臺灣在歷史文獻上，進入中國的版圖，應屬宋代將澎湖納入水師巡弋的基地之一；至元代於澎湖正式設官。宋、元兩代，是否於澎湖設有「眷屬官舍」，則不得而知。

其後，荷蘭與西班牙於明代，先後占據臺灣本島並分據南、北；後來，荷蘭人北上成功驅逐西班牙人。然而，無論荷人或西人，皆未攜眷來臺，但卻與臺籍婦女有婚姻或非婚姻關係而留下的子女。

直至明遺臣鄭成功擊敗荷蘭人，領有臺灣之後，方有部分明鄭部將攜眷來臺，並構築「眷屬官舍」；為了長期抗清，軍師陳永華幫鄭成功設計了「軍墾」的計畫：由鄭軍拓墾荒地為良田。這樣，平時分區居住耕種並儲軍糧，戰時放下鋤頭拿起兵器出征，形成「兵農合一」，應該即是「臺灣眷村」的原始雛形。

如今，高雄市岡山區的劉厝里，則是當年典型的「明鄭眷村」遺蹟；其次，臺南市的官田區的地名，則顯示了它當年也是「明鄭眷村」。而農閒無爭戰之時，則從事軍訓教育，以不忘戰鬥；這從日據時期，高雄內門所遺留下的「廟會陣頭」的「宋江陣」，可以窺知「明鄭眷村」的殘存的軍訓教育痕跡。

好友吳炳輝老師提供了另一條資料：林杞為鄭氏部將，率部赴斗六門、水沙連等地拓墾，因與原住民爭戰被殺，其墓位於竹山竹園仔，原僅土堆一座，至昭和十五年始立碑重建。明鄭部將的拓墾範圍，估計已達臺中地區；是以臺中地區，極可能是「明鄭眷村」在臺灣最北的範圍。

清領時期，朝廷有令：官員父母不得隨同赴任，所以臺灣地區也有官員的「眷屬官舍」；胡適的父親胡鐵花至臺東任官時，年幼的胡適與母親，就住過清代臺東的「眷屬官舍」。

甲午戰敗，清割臺與日；日本官員來臺赴任，亦配備「眷屬官舍」，以供眷屬入住。日軍完成全臺占領後，建立警察制度，各地之派出所、駐在所，亦配備警察單身及眷屬宿舍；「盧溝橋事變」後，日本加強擴張，其中為完成「南進」政策，於南臺灣迅速增設海、陸軍基地，中高軍官的眷屬宿舍需求激增。此一時期，日本中高軍官攜眷來臺赴任者，比例亦高。

日本戰敗，臺灣光復，國民政府來臺接收的文武官員，基本上亦攜眷入住日遺官舍。當國共內戰失利，國民政府大舉遷臺，人數在民國三十八年達到高峰；其中政府人員，尤以軍人、軍眷最多。在日遺官舍不敷所需之下，將部分日遺醫院、機關、營舍，改成眷舍以供居住；或搭蓋「克難眷舍」，以求遮風避雨的應急方法，紛紛誕生。

韓戰爆發，美國政策轉彎，開始援助臺灣；在「中美合作」下，美援進入臺灣，穩定了臺海情勢。國民政府運用部分美援，興建軍公教眷舍；接著，「婦聯會」亦募款，興建「國軍眷村」改善「克難眷舍」，以及為安定在臺結婚軍人的軍心，而配給新增建眷舍。

基本上，臺灣眷村就在如此的背景之下，形成了「眷村聚落」；此同時，並也展現了特有的「眷村文化」。而軍公教眷村中，因「國軍眷村」占最大宗，所以，軍眷村往往成為所謂「臺灣眷村」的代名詞。

（三）臺灣眷村研究的範疇

民國五〇、六〇年代，臺灣經濟起飛，國民政府開始有能力改建或新建新眷村，以照顧廣大軍公教與公營事業體人員，提供較佳的居住空間與品質。到了民國八〇年代，尤其都市的建設土地愈來愈難取得，國民政府於是逐步推動「國軍老舊眷村改建」，採集中興建高層大型國宅方式，取代原本散建的平房老舊眷村，以釋出更多的建地。

此舉在民間，正反評價皆有。雖然新型眷村住戶擁有了產權，但造成原住戶被打散、房屋買賣也造成非眷屬身分的居民激增等問題產生；原本形構的眷村文化，因而形同崩盤。如此氛圍下，促成了民間文史工作團體與人士，投入了眷村搶救與保存的抗爭，以「文化資產」身分，成功爭取到了部分眷村的保存。

接著，開始有了部分學者投入了眷村課題的探討與研究；並且，也有了部分文史工作者投考研究所，以及一部分的年輕研究生，一起醞釀了一本本以「眷村研究」為題的學位論文誕生。不過，這部分的論文，多集中於「國軍老舊眷村」的範圍；相對之下，非「國軍老舊眷村」的論文，就十分難尋。

說到「臺灣眷村」的範疇，事實上不該只局限於所謂「國軍眷村」的部分而已。因為，公、教、警的眷村與公營事業機關的眷村，都不該被摒棄於門外（如此，便失之於狹隘，不能涵蓋全部）；否則，不僅是畫地自限，也是以偏概全。

唯有在正確的認知之下，「臺灣眷村研究」的基本範疇，才能公允客觀地呈現；接著，也才能談更細微的分項範疇。

截至目前為止，「臺灣眷村研究」普遍關注在建築、族群、文學創作、拆除後土地利用、文化保存爭議、老舊眷村再利用、飲食、藝術創作、高齡化等議題的方面。然而，過度將眷村一致化的結果，往往形成忽略眷村中的個別差異現象，簡化了眷村多元的因子。

以眷村涵蓋層面而言，尚有石門水庫建造當時為遷居居民所建的安置眷舍（在桃園市龍潭區）；其次，臺北市信義區吳興街的「吳興新村」、六張犁原軍功路（今劃屬和平東路）的「大我山莊」，皆乃政府為單身退役軍人，不願進住「榮民之家」，所興建的宿舍（類似於今日所說，自行繳費入住的「老人公寓」），但在兩岸開放之後，許多承租者皆娶了陸籍配偶回來續住，又變成了「另類眷村」。而在「國軍老舊眷村」的範疇之下，也還包含了「退除役官兵輔導委員會」的眷村；以及民國四十四年二月，政府為了浙江省沿岸的大陳島、漁山列島、披山島、南麂列島等地區，撤退來到臺灣的「大陳義胞」，所興建的眷村。

以建築方面來說，眷村建築從日據時期迄今，老舊眷村皆為黑瓦；但是，好友鍾耀寧博士提供了以往所住桃園八德「福興新村」（係鍾父部隊所建）照片，顯示為閩南建築的紅瓦屋頂。這雖是少數例外之一，卻也不能忽略。

文學創作方面，散見各報章雜誌的散文作品，才是「眷村文學」的最大宗；但是，被研究最多的部分，反而局限於「眷村文學」中的小說作品，且以結集出版者為主。

以族群結構來說，眷村也非全是外省人；例如：高雄左營海軍自強新村住戶劉源桃（Willen H. Van Lennep）中校，原係荷蘭人，民國二十一年來到中國，歸化中國籍，並畢業於中央軍校十二期步科，歷經抗戰、國共內戰，來到臺灣編入海軍，最後擔任「中山堂」主任。桃園大園的空軍建國十村有三戶人家，女主人是白俄羅斯人。而好友顧超光副教授的父親，即是陸軍官校在臺復校的第一屆學生，後擔任該校教官；顧家是高雄鳳山黃埔眷村群中的臺籍成員。另外，我也認識一位軍情局退役人員，原住改建前的軍情局眷村；他說得一口外省鄉音很重的國語，但卻是道地的臺東阿美族南王部落人。

至於，老舊眷村保存議題上，中央大學法律與政府研究所李廣均副教授的研究，指出：國軍眷屬入住國防部列管的「國軍眷村」，僅占遷臺軍人的五分之一至六分之一左右；而對於國軍各單位中，中低階軍人自力救濟所興建的「國防部非列管眷村」（簡稱「自力眷村」），李廣均將之分為村營周邊型與都市空地型兩種），他大力主張亦應列入保存範圍的考量，以呈現「國軍老舊眷村」保存的完整與多樣性。

在其他特殊方面，大家常忽略了眷村中，其實有著相當比例的回教徒，也有相當比例來自被勸降的原共軍（含「古寧頭大捷」受俘共軍、「韓戰」受俘自願來臺的反共義士）。

諸如上述的舉例，都說明了眷村研究的範疇，還有很大的開拓空間，這絕對不是目前所見的研究成果就已經足夠了。所以，我們對於「臺灣眷村研究」範疇，實有再做釐清與詳細界定的必要性。

（四）臺灣碩博士論文的眷村研究

在「臺灣眷村研究」的成果上，若簡單地就目前可知的「臺灣地區碩博士學位論文」的二百一十八本來檢視，亦可發現其畢業校系所框架與研究領域方面，其實並未跳脫上節一開始所談的局限範疇；是以仍有很大的突破空間可以努力。

有關這一部分的學校系所與論文數量，筆者特別簡單製表臚列以明：

編號	校名	系所	數量
1	國立臺灣大學	社會系	2
2	國立臺灣大學	城鄉所	4
3	國立臺灣大學	國發所	1
4	國立臺灣大學	考古人類學系	1
5	國立清華大學	人類學系	2
6	國立清華大學	社會人類學系	1
7	國立中央大學	中文系	2
8	國立中央大學	土木系	1
9	國立成功大學	中文系	1
10	國立成功大學	歷史系	2
11	國立成功大學	都市計畫所	2

12	國立成功大學	建築系	3
13	國立中興大學	歷史系	1
14	國立中興大學	國家政策所	1
15	國立中興大學	景觀與遊憩所	1
16	國立中興大學	公共行政系	1
17	國立中興大學	企業管理學系所	1
18	國立中山大學	公共事務管理所	3
19	國立中山大學	政治學研究所	2
20	國立中山大學	中山學術所	1
21	國立政治大學	中文系	1
22	國立政治大學	臺灣史研究所	2
23	國立政治大學	地政系	1
24	國立政治大學	公共行政系	1
25	國立中正大學	語言學所	1
26	國立海洋大學	河海工程系	1
27	國立東華大學	中文系	1
28	國立東華大學	教育系	1
29	國立東華大學	鄉土文化研究所	1
30	國立東華大學	族群關係與文化研究所	1
31	國立東華大學	公共行政系	1

32	國立高雄大學	都市發展與建築系	3
33	國立臺南大學	臺灣文化研究所	2
34	國立臺南大學	戲劇系	1
35	國立臺南大學	社會科學教育系	1
36	國立臺南大學	經營研究所	1
37	國立臺南大學	音像紀錄與影像維護所	1
38	國立嘉義大學	土木與水資源工程系	2
39	國立嘉義大學	應用歷史學系	1
40	國立臺灣師範大學	國文學系	2
41	國立臺灣師範大學	臺灣語文研究所	1
42	國立臺灣師範大學	地理系	1
43	國立臺灣師範大學	政治學研究所	3
44	國立臺灣師範大學	教育心理與輔導系	1
45	國立臺灣師範大學	社會教育系	1
46	國立臺灣師範大學	公民教育與活動輔導系	1
47	國立臺灣師範大學	東亞系	1
48	國立臺灣師範大學	美術系	1
49	國立高雄師範大學	國文學系	1
50	國立高雄師範大學	教育系	1
51	國立高雄師範大學	臺灣歷史文化及語言所	2

52	國立高雄師範大學	地理系	2
53	國立高雄師範大學	成人教育研究所	1
54	國立高雄師範大學	跨領域藝術研究所	1
55	國立高雄師範大學	美術系	1
56	國立高雄師範大學	視覺設計系	1
57	國立彰化師範大學	臺灣文學研究所	1
58	臺北立教育大學	歷史與地理學系	2
59	臺北立教育大學	國民教育研究所	1
60	臺北立教育大學	視覺藝術學系	2
61	臺北市立大學	歷史與地理學系社會教學碩班	1
62	國立屏東教育大學	社會發展研究所	1
63	國立臺北藝術大學	博物館研究所	2
64	國立臺北藝術大學	建築研究所	1
65	國立臺北藝術大學	藝術行政研究所	1
66	國立臺灣藝術大學	藝術管理與文化政策所	1
67	國立臺灣藝術大學	設傳達與設計所	1
68	國立臺灣藝術大學	應用媒體藝術所	1
69	國立臺南藝術大學	音像紀錄研究所	1
70	國立臺北護理大學	護理系	1
71	國立臺北大學	民俗藝術研究所	1

72	國立臺北大學	都市計畫研究所	1
73	國防大學政戰學院	新聞系	2
74	國防大學政戰學院	資訊管理系	1
75	國防大學管理學院	法律系	1
76	國防大學	戰略所	1
77	輔仁大學	博物館研究所	1
78	輔仁大學	大眾傳播係	1
79	東海大學	社會系	2
80	東海大學	建築系	2
81	高雄醫學大學	性別研究所	1
82	淡江大學	中文系	1
83	淡江大學	建築系	2
84	淡江大學	公共行政系	1
85	中原大學	建築系	4
86	中原大學	室內設計系	1
87	中原大學	企管系	2
88	中原大學	設計學博士學位學程	1
89	東吳大學	社會系	2
90	逢甲大學	建築與都市計畫研究所	3
91	逢甲大學	土地管理研究所	1

92	逢甲大學	經營管理碩士在職學程	1
93	中國文化大學	美術系	1
94	中國文化大學	藝術研究所	1
95	中國文化大學	觀光休閒事業研究所	1
96	中國文化大學	建築及都市計畫研究所	1
97	中國文化大學	政治系	1
98	靜宜大學	臺灣文學研究所	1
99	靜宜大學	觀光系	1
100	世新大學	社會心理學系	1
101	世新大學	行政管理研究所	2
102	世新大學	圖文傳播暨數位出版學所	1
103	實踐大學	企管系	1
104	銘傳大學	商業設計系	1
105	銘傳大學	設計創作研究所	1
106	銘傳大學	管理研究所	1
107	元智大學	社會暨政策科學研究所	2
108	元智大學	機械系	2
109	元智大學	資訊社會研究所	1
110	元智大學	管理研究所	1
111	元智大學	藝術管理所	1

112	中華大學	科技管理研究所	9
113	中華大學	企管系	1
114	中華大學	建築與都市計畫研究所	2
115	中華大學	行政管理研究所	2
116	中華大學	營建管理系	4
117	佛光大學	中國文學與應用學系	1
118	南華大學	文學系	1
119	南華大學	文創系	1
120	南華大學	生死學研究所	1
121	南華大學	環境與藝術研究所	2
122	華梵大學	環境與防災研究所	1
123	慈濟大學	人類發展研究所	1
124	大葉大學	休閒管理系	1
125	開南大學	觀光與餐飲旅館研究所	2
126	康寧大學	休閒管理系	1
127	長榮大學	土地管理與開發研究所	3
128	亞洲大學	休閒與遊憩管理學系	1
129	國立臺灣科技大學	工程技術研究所	1
130	國立臺北科技大學	建築與都市計畫研究所	3
131	國立雲林科技大學	漢學資料整理研究所	1

132	國立雲林科技大學	文化資產維護研究所	2
133	國立雲林科技大學	休閒運動管理研究所	1
134	國立雲林科技大學	漢學應用所	1
135	國立雲林科技大學	創意生活設計系	1
136	國立屏東科技大學	社會工作研究所	1
137	國立屏東科技大學	熱帶農業暨國際合作所	1
138	國立屏東科技大學	景觀暨遊憩管理所	1
139	國立屏東科技大學	高階經營管理碩士在職專班	1
140	國立臺中科技大學	室內設計系	1
141	國立虎尾科技大學	休閒遊憩系	1
142	高雄餐飲大學	臺灣飲食文化研究所	1
143	正修科技大學	營建工程系	1
144	大仁科技大學	文創研究所	2
145	東方科技大學	文創研究所	1
146	吳鳳科技大學	餐旅研究所	1
147	高苑科技大學	資訊系	1
148	樹德科技大學	經營管理所	2

（備註：編號88及117為博士論文。）

（五）臺灣眷村研究的盲點與問題

若由上節來看，亦可見論文多集中在碩士學位的部分，博士學位論文僅兩本（分別為霍鵬程與鍾耀寧兩位所撰寫）。何以如此？的確值得好好探討。

現今「臺灣眷村」在拆除改建之下，因受到法律限制與政治操弄的影響，使老舊眷村所剩無幾；即使幸運以「文化資產身分」保留下來的老舊眷村，其真正風貌亦遭到破壞（文化保存事實上近乎蕩然無存）。而政府從中央到地方，高喊「活化再利用」之下，紛紛釋出大量的研究經費；但這不僅主導了學者的研究方向，也間接影響了擔任學者研究助理的研究生的學位論文方向。

即或有少數學者之大聲疾呼，終究是「狗吠火車」而徒勞無功。目前所見文獻資料裡的老舊眷村，幾乎也都成為歷史紀錄；真正的「活生生老舊眷村」，全臺灣約剩不到十座（其中最多的是「國防部非列管眷村」）。

囿於法令限制，儘管文化人士與部分學者，要求刪除「國軍老舊眷村改建條例」中，「騰空」的規定；但是，政府相關單位依然紋風不動。相對來說，如何完整保存一個老舊眷村，讓住戶繼續安居的實驗計畫，當然也沒有；學者也沒有提出此一方面的研究（即使是針對外國相關的「保留區」或「保護區」，來作為對比的研究，也都闕如）。

臺灣地區眷村研究，整體而言可說是充斥著歷史懷舊、「死氣沉沉」的文物館、藝術家進駐、ROT開發等方向，堆積研究報告；至於，如何真正建立特色、使其生氣蓬勃的思考近乎為零，更遑論呈現什麼研究成果了。當然，另一方面若談要如何去耙梳大量散見報章雜誌描寫眷村的散文，不但沒有人願意，也申請不到經費與補助。而目前成立的眷村文物館所，既缺經費也缺人，完全沒有研究人員，解說導覽亦賴志工。其沉疴已深，便難回頭。

（六）健全臺灣眷村研究的淺見

「臺灣眷村」的研究，若要起死回生，筆者願提出以下淺見，以供參考：

1. 設立基金會：只有一個獨立不受政治與商業利益干擾的基金會，才能建立真正的學術研究空間，並辦理公正的研討會。這個基金會未必要仰賴政府來設立，民間亦可以募資、捐資的方式來成立；尤其，出身臺灣眷村的優秀第二代、第三代成員，更應該有所共識。有了基金會才能為客觀的眷村深化研究，提供獎助與支援；如此，也才能讓真正的學術研究與大專校院的相關課程開課，得以獲得生根與提升。
2. 設立學會：目前臺灣各縣市皆有「眷村文化協會」之類的相關民間社團，甚至也結盟成立了「全國眷盟」；但是，專門學術研究的學會，卻一直沒有成立。若有了獨立的基金會，再來協助學會成立，並作為學會的後盾，相信會有好的研究論文與專門學術期刊出現，而且也不會永遠只見兩本博士論文而已。
3. 成立專門的眷村圖書館：「眷村文化」既是臺灣豐富多元文化中，不可或缺的一環，我們實在不應該再任其流失；利用保留下來的一座老舊眷村，成立專門的眷村圖書館，保留文獻、圖書、影像與訪談紀錄等資料，將是極有意義的建設。專門圖書館不僅是供研究者所需，也可供一般民眾與國外遊客利用，一舉兩得。

4. 國防大學成立眷村研究中心：國防部的「史政編譯室」，是唯一對國軍老舊眷村進行過研究、訪談，並出版相關書籍的單位。誠如本文開宗明義所言，眷村研究已經可以是一個專門學門，作為眷村中占最大比例的國軍，實在有必要在國防大學成立「國軍眷村研究中心」，作為國防部相關的學術幕僚單位與研究中心；並且，針對已有「文資身分」的老舊眷村，進行調查與保護，避免繼續殘破與受到宵小的偷盜。「國軍老舊眷村」是國寶，而國防大學作為最高軍事學府，實責無旁貸。

5. 全面的田野調查：產官學界應該捐棄成見，共同攜手進行全臺的眷村田野調查，建構出完整的調查；如此，才能建立先後順序，有效進行測繪和搶救。這一方面，尤其對於類似「國防部非列管眷村」與長期受到忽略的公教、公營事業眷村，相信必能產生莫大的助益。這同時也是臺灣社會發展史中，亟待努力的方向與目標；筆者呼籲停止口水與爭辯，即刻挽起袖子來做事，才是真正對得起臺灣的人。

6. 支持《我村》雜誌出版：《我村》是近年由高雄市「岡山眷村文化協會」創刊發行的雜誌；其「創刊號」乃是主編謝宏偉先生（高雄人，非眷村第二代或第三代的年輕碩士），仰賴高雄市文化局申請的研究案經費挹注而來。作為一分提供普羅大眾認識、介紹臺灣眷村的專門雜誌，《我村》風格的深入淺出與工作團隊的投入，實不該再受到苛責；但是，這樣一分小眾市場的刊物，如何持續出刊並保持品質，卻是必須嚴肅面對的課題。以現今紙本出版品的維繫困難程度而言，《我村》能否持續出版，是十分令人憂心的問題。筆者相信《我村》的繼續發行出版，絕對有助於臺灣眷村的研究與成長（因專門期刊的有無，也為評價某一學門可否獨立的標準之一）；所以，《我村》的存續是我們大家都須關注的問題。

7. 舉辦眷村文學或文化營：現下，各縣市政府文化或觀光單位，每每推出光鮮亮麗、消化預算，卻未見到實質文化內涵的「眷村文化節」活動；這真是令人難過的事。想想：「眷村文化節」可以吸引多少人潮，也可以對多少年輕學子產生影響？若以這些經費，投入舉辦眷村文學或文化營，相信可以真正為將來眷村研究，培養出基本的人力；而且，此一方面也免除了「政治大拜拜」，另一方面亦端出了有品味、有深度的「牛肉」。

8. 成立讀書會：筆者參訪眷村文化館所，或受邀參加活動與演講，時常發現其解釋錯誤的現象；這或許因為建檔者的疏忽或認識不足，間接也影響了「解說志工」的解說。以眷村文物管所為主體，來成立讀書會，邀請學有專精者進行帶領；相信必有助於訪客正確知識的認識，以及有志投入研究者得以正確解釋文物資料。如此，也將是很好的推廣教育。

（七）結論

正在迅速消失的臺灣老舊眷村，是臺灣珍貴的文化資產，也是臺灣的「活歷史」，實不容漠視。眷村保存與眷村研究，相輔相成。固然，對於已經消失的老舊眷村研究，純屬必要；但對於尚未拆除的老舊眷村如何保存，也是研究重要的主題，不可或缺。

臺灣眷村研究，代表著我們對於自己國家歷史發展的關注；它是否發展得好、是否發展得健全，則關係著我們對於社會文化演進，能否公正客觀的解釋。

其次，臺灣眷村研究在現有的基礎上，是否能夠再求「深化」，也是我們必須嚴肅正視的問題；因為，唯有「深化」才能讓學術研究成長茁壯。臺灣眷村研究的確有具備世界社會變遷課題中，獨樹一幟的領先研究地位實力；但是，當務之急仍須從健全體系著手，才是正本清源之途。

筆者投入眷村研究的時間，正好滿十年；但是，作為臺灣國軍老舊眷村的第二代，深感若不再投入，就是對不起臺灣的學者之一了。是以，老驥伏櫪勉力而為。面對諸多學者前輩，以及學有專精、長期投入的文史工作者，筆者除感敬佩，也願意與大家一同努力。由於個人學力不足，提出的淺見，可能流於「野人獻曝」，其疏漏之處恐怕尚多。此一方面，亦待博雅君子，不吝指正為幸。

附錄二　臺灣眷村研究的探討

代跋——明月幾時有

民國一〇三年（西元二〇一四年），筆者與友人合作出版《竹籬長巷與麵疙瘩——高雄三軍眷村憶往》一書，並得到兩位「出版界」前輩的青睞；於是這本書的寫作構想，才在她們的鼓勵下，化夢想為真。

這本書中所介紹的眷村、眷村遺蹟與眷村文物館所，都是目前我能尋訪得到，而非已成遺憾的「黃花」；其用意，無非是讓讀者在閱讀之後，可以走出家門，前去尋蹤，親自感受領會，不要一直看我的「賣瓜」。唯獨目前仍健在的將軍們，其將領眷舍的部分，本書不做介紹（以免造成住戶受打擾，以及讀者尋訪的安全困擾）；期盼這樣的「美中不足」，讀者可以包容。

本書書稿的部分，原已在民國一〇五年（西元二〇一六年）暑假便已交稿；但照片部分，我仍在做最後的確認與更新，這其中有不少朋友的協助，才得以完成。甚至有些朋友還貢獻出自己所拍照片，供我使用；此方面，有關攝影友人的姓名，已在照片說明上註明；就恕我不一一致謝了。

在補拍照片的過程中，我有些感觸：

先是，來到宜蘭縣羅東鎮的金陵眷村，已全部拆建了，當真「金陵夢斷」，令我不得不刪去文稿；但是，對於兩位熱心的里長與「南陽義學」負責人，我仍然由衷感謝。在雲林縣虎尾鎮建國眷村群，我遇見的一位退休公務員，他以濃濃的臺灣國語感慨地說著道：「臺灣曾被荷、西、日統治，但何以對國民政府的一切，要連根拔去？二三十年後，無人知曉這些曾經的記憶！」然後，默默地撿拾車來車往丟棄的垃圾，讓近於傾圮中的眷村道路，有整潔的「觀瞻」。

其次，全臺各地來回跑，很多地方與上次的到訪，已經相隔數十年。而初遇的「路人甲、路人乙」，不吝嗇地回應我的問路，甚至幫助我找到這些國軍老舊眷村，使我能順利完成拍攝。此外，朱明輝老師開車陪我至臺中、周志強老師陪我至基隆、吳炳輝老師陪我至新竹，以及一對公立中學退休的教師夫婦（不願我寫下他們的姓名）的協助，都讓我拍攝工作少了許多壓力。

有關臺東的岩灣新村，原先在保存之列，後來仍被拆建，我依樣忍痛刪稿；而蘭嶼的稻香新村資料與照片，都必須感謝顧超光老師的幫忙，解決了我從未到過蘭嶼的窘境。

然而，此書的出版後來並不順利，我就將之擱置下來。如今，因陸淑宜小姐提供的資訊，我才向「婦聯會」提出申請，幸而獲得贊助審核的通過，方使這塵封已久的書稿，得以面世，能與大家見面。為了修正這些年來現實情況的變化，我又著手於文字上，更新了資訊，以求符合現下實況！

還有：秀威資訊科技股份有限公司的宋總經理、編輯部鄭經理、杜副主編、尹編輯與全體協助本書出版工作人員的一致努力，才使這本書得以美麗地出版發行。

我想，若沒有上述這些「生命中的貴人」，我無法完成心願；所以，在此我也要致上深深的敬意與謝意！

高雄岡山眷村的「大哥哥」——前臺大校長李嗣涔教授，以及新竹縣長楊文科先生的賜序，令本書增光不少！也是我必須於此一併致謝的對象。

最後，容我也感謝母親、岳母、內子與小犬們的體諒，讓我可以再恣意地為大家寫一本書。

原先的跋，乃丙申年兩個颱風夾擊的中秋之夜，我於燈下所寫；如今，又已兩度中秋雨夜之後，我再又修改這篇跋，作為此書出版坎坷的印記……

繆正西己亥年末於臺北

※本書於民國一〇八年底，幸獲「婦聯會」審核通過，並予贊助出版；作者特此誌之，以申謝忱！

釀時代26　PC0915

尋覓臺灣老眷村

作　　者	繆正西
責任編輯	杜國維、尹懷君
插　　圖	鄭素月
圖文排版	周怡辰
封面設計	蔡瑋筠

出版策劃	釀出版
製作發行	秀威資訊科技股份有限公司 114 台北市內湖區瑞光路76巷65號1樓 電話：+886-2-2796-3638　傳真：+886-2-2796-1377 服務信箱：service@showwe.com.tw http://www.showwe.com.tw
郵政劃撥	19563868　戶名：秀威資訊科技股份有限公司
展售門市	國家書店【松江門市】 104 台北市中山區松江路209號1樓 電話：+886-2-2518-0207　傳真：+886-2-2518-0778
網路訂購	秀威網路書店：https://store.showwe.tw 國家網路書店：https://www.govbooks.com.tw
法律顧問	毛國樑　律師
總 經 銷	聯合發行股份有限公司 231新北市新店區寶橋路235巷6弄6號4F 電話：+886-2-2917-8022　傳真：+886-2-2915-6275

出版日期	2020年11月　BOD一版 2021年5月　修訂二版
定　　價	390元

Printed in Taiwan

國家圖書館出版品預行編目

尋覓臺灣老眷村 / 繆正西著. -- 一版. -- 臺北市：
釀出版, 2020.11
面； 公分. -- (釀時代；26)
BOD版
ISBN 978-986-445-426-6(平裝)

1.眷村 2.文化保存 3.臺灣

545.4933 109016015

讀者回函卡

感謝您購買本書，為提升服務品質，請填妥以下資料，將讀者回函卡直接寄回或傳真本公司，收到您的寶貴意見後，我們會收藏記錄及檢討，謝謝！如您需要了解本公司最新出版書目、購書優惠或企劃活動，歡迎您上網查詢或下載相關資料：http:// www.showwe.com.tw

您購買的書名：________________________________

出生日期：_______年_______月_______日

學歷：□高中（含）以下　□大專　□研究所（含）以上

職業：□製造業　□金融業　□資訊業　□軍警　□傳播業　□自由業

□服務業　□公務員　□教職　□學生　□家管　□其它_____

購書地點：□網路書店　□實體書店　□書展　□郵購　□贈閱　□其他

您從何得知本書的消息？

□網路書店　□實體書店　□網路搜尋　□電子報　□書訊　□雜誌

□傳播媒體　□親友推薦　□網站推薦　□部落格　□其他__________

您對本書的評價：（請填代號　1.非常滿意　2.滿意　3.尚可　4.再改進）

封面設計____　版面編排____　內容____　文／譯筆____　價格____

讀完書後您覺得：

□很有收穫　□有收穫　□收穫不多　□沒收穫

對我們的建議：________________________________

____

____

____

請貼
郵票

11466
台北市內湖區瑞光路 76 巷 65 號 1 樓
秀威資訊科技股份有限公司 收
BOD 數位出版事業部

(請沿線對折寄回,謝謝!)

姓　名:＿＿＿＿＿＿＿＿　年齡:＿＿＿＿　性別:□女　□男

郵遞區號:□□□□□

地　址:＿＿＿＿＿＿＿＿＿＿＿＿＿＿＿＿

聯絡電話:(日)＿＿＿＿＿＿＿＿　(夜)＿＿＿＿＿＿＿＿

E-mail:＿＿＿＿＿＿＿＿＿＿＿＿＿＿＿＿